21世纪高职系列教材
SHIJI GAOZHI XILIE JIAOCAI

现代企业管理

主编/唐 芳 张 辉 副主编/刘志坚 季 华 祝 强 沈秀梅 主审/施 颖

HEUP 哈尔滨工程大学出版社
Harbin Engineering University Press

内容简介

本书理论先进，结构合理，突出实践性。本书共十一个模块，系统介绍了企业管理基础知识、企业战略管理、企业市场营销管理、企业生产管理、企业设备管理、企业物流管理、企业质量管理、企业技术管理、企业财务管理、企业人力资源管理以及企业文化与公共关系。每模块前列有本模块的知识目标和技能目标，每模块后附有复习思考题、案例分析题和实训课题。

本书既可作为高职高专学生的教材，也可作为企业管理及相关人员的参考用书。

图书在版编目(CIP)数据

现代企业管理/唐芳，张辉主编. —哈尔滨：哈尔滨工程大学出版社，2012.1

ISBN 978-7-5661-0307-9

Ⅰ.①现… Ⅱ.①唐… ②张… Ⅲ.①企业管理 Ⅳ.①F270

中国版本图书馆 CIP 数据核字(2012)第 010172 号

出版发行 哈尔滨工程大学出版社
社　　址 哈尔滨市南岗区东大直街 124 号
邮政编码 150001
发行电话 0451-82519328
传　　真 0451-82519699
经　　销 新华书店
印　　刷 黑龙江省地质测绘印制中心
开　　本 787mm×1 092mm 1/16
印　　张 14
字　　数 337 千字
版　　次 2012 年 2 月第 1 版
印　　次 2012 年 2 月第 1 次印刷
定　　价 30.00 元

http://press.hrbeu.edu.cn
E-mail:heupress@hrbeu.edu.cn

前言

本教材全面阐述了现代企业管理的基本理论、知识和方法，介绍了大量国内外先进管理经验，反映了现代企业管理的发展趋势。本教材有以下特点：

1. 系统性。本教材共有十一个模块，从分析企业管理的内涵出发，系统介绍了企业管理基础知识、企业战略管理、企业市场营销管理、企业生产管理、企业设备管理、企业物流管理、企业质量管理、企业技术管理、企业财务管理、企业人力资源管理以及企业文化与公共关系，基本涵盖了现代企业管理的主要业务知识，揭示了企业管理的一般性规律。

2. 实践性。管理理论来源于管理实践，最终又指导管理实践。因此，我们将实践性作为本书的主要编写原则，在基本概念阐述方面力求简明扼要，将主要篇幅放在应用上，如具体管理业务的操作程序、方法等。

3. 人本性。本教材编写强调读者为本。为了引导和帮助读者更好地把握教材要点，每一模块开头都列出了本模块的知识目标和技能目标，结尾设有复习思考题、案例分析题和实训课题，有助于读者巩固所学知识，检查学习效果。

本教材由唐芳和张辉担任主编。编写分工情况如下：信阳农业高等专科学校祝强编写了模块一、模块五，南京工业职业技术学院沈秀梅编写了模块二，江西农业工程职业学院张辉编写了模块三、模块十，信阳农业高等专科学校唐芳编写了模块四、模块七，常州职业技术学院季华编写了模块六、模块八、模块九，江西农业工程职业学院刘志坚编写了模块十一。本教材由常州机电职业技术学院施颖担任主审。

本教材编写过程中参考和借鉴了大量国内外专家、学者的研究成果，在此对这些文献的作者们表示衷心的感谢。

由于编者水平有限，加之企业管理科学发展迅速，书中难免有疏漏、失当之处。恳切希望使用本教材的师生提出批评和改进意见，我们将在再版时加以修改、补充和完善。

编　者

2011年11月

目录

模块一　企业管理基础知识 …… 1

1.1　企业与企业管理 …… 2

1.2　企业管理基础工作 …… 4

1.3　现代企业制度 …… 6

模块二　企业战略管理 …… 13

2.1　战略管理概述 …… 13

2.2　战略环境分析 …… 16

2.3　战略管理过程 …… 23

2.4　基本竞争战略 …… 26

2.5　企业成长战略和防御战略 …… 27

2.6　战略评价和选择 …… 31

模块三　市场营销管理 …… 37

3.1　市场营销管理概述 …… 37

3.2　市场调研与市场预测 …… 40

3.3　市场细分与目标市场定位 …… 43

3.4　市场营销组合策略 …… 46

模块四　生产管理 …… 58

4.1　生产管理概述 …… 58

4.2　生产过程组织 …… 63

4.3　生产计划与生产作业控制 …… 69

4.4　网络计划技术 …… 71

4.5　准时生产方式 …… 77

模块五　设备管理 …… 83

5.1　设备管理概述 …… 84

5.2　设备的选择 …… 88

5.3　设备维护保养 …… 91

5.4　设备修理 …… 95

5.5　设备改造与更新 …… 99

模块六　企业物流管理 …… 105

6.1　企业物流管理概述 …… 105

6.2　企业供应物流 …… 108

6.3　企业仓储管理 …… 112

6.4　企业销售物流 …… 115

6.5　回收物流与废弃物流 …… 118

模块七　质量管理 ……………………………………………………………… 123
7.1　质量管理概述 ……………………………………………………………… 124
7.2　全面质量管理 ……………………………………………………………… 126
7.3　质量控制方法 ……………………………………………………………… 128
7.4　ISO9000 族标准与质量认证 ……………………………………………… 136
模块八　企业技术管理 ………………………………………………………… 143
8.1　企业技术管理概述 ………………………………………………………… 144
8.2　技术引进 …………………………………………………………………… 146
8.3　技术改造 …………………………………………………………………… 148
8.4　技术创新 …………………………………………………………………… 150
8.5　价值工程 …………………………………………………………………… 153
8.6　新产品开发 ………………………………………………………………… 156
模块九　企业财务管理 ………………………………………………………… 160
9.1　企业财务管理概论 ………………………………………………………… 161
9.2　企业筹资管理 ……………………………………………………………… 162
9.3　企业资产管理 ……………………………………………………………… 166
9.4　企业利润管理 ……………………………………………………………… 172
9.5　财务分析与评价 …………………………………………………………… 173
模块十　人力资源管理 ………………………………………………………… 178
10.1　人力资源管理概述 ……………………………………………………… 179
10.2　企业人力资源规划 ……………………………………………………… 183
10.3　人员选聘与培训 ………………………………………………………… 186
10.4　绩效考核 ………………………………………………………………… 190
10.5　薪酬 ……………………………………………………………………… 195
模块十一　企业文化与公共关系 ……………………………………………… 200
11.1　企业文化 ………………………………………………………………… 200
11.2　企业文化建设 …………………………………………………………… 204
11.3　公共关系 ………………………………………………………………… 206
11.4　公共关系工作的基本程序 ……………………………………………… 209
参考文献 ………………………………………………………………………… 215

模块一 企业管理基础知识

★**知识目标**：熟悉企业的概念、特征；
熟悉企业管理的内涵；
了解企业管理基础工作。

★**技能目标**：掌握企业管理的基本原理；
理解现代企业制度。

引导案例：

美国的狮王食品公司自诞生以来，不仅在竞争激烈的超市行业中站稳了脚跟，而且每年以平均20%的增长速度扩大，谁又可曾想到创业之初，公司差点倒闭，后来由于果断改变策略，终于起死回生。狮王食品公司在美国的东南部地区经营着800余家连锁商场，而且每年还要新开业近100家商场。目前，它拥有3.5万名雇员，年销售额为40亿美元。

其实，狮王食品公司的成功秘诀众人皆知：品种全、价格低。但是别的公司照此方抓药却并不灵验，总也达不到狮王食品公司的水准。该公司在价格低这一点上可为全美消费者的口碑，公司以仅略高于成本价、甚至有时以低于成本价的价格令购物者闻风而至。最难能可贵的是别的公司仅在岁尾节前才削价出售商品，而狮王食品公司却能做到"天天在降价"。狮王食品公司的历史可追溯到1957年12月，当时拉尔夫·W·凯特纳、布朗·凯特纳和威尔森·史密斯三人合伙在北卡罗来纳州的索尔兹伯里开设了一家名为"都市食品"的超级市场。开业后的近10年中，商场的生意极为清淡。1967年，拉尔夫手上拿着一张拯救公司的"药方"：把公司货架上3 000余种商品大幅度削价，只要销售额能上升50%，公司就仍处于赢利状态。

这是一场生死攸关的赌博，都市食品公司这样一个底气不足的小公司竟然敢抢先挑起价格战来与大公司争夺顾客，在许多人眼中看来无异于玩火。但出乎顾客预料的是在"大甩卖"后的第一年，都市食品公司仍以北卡罗来纳州食品最低价经营着；第二年依然如此；第三年不仅没有倒闭，反而还购入几家中小型商店。事实证明拉尔夫的"药方"灵验了，其秘密就在于都市食品公司绝大多数商品以仅比成本高出些微的价格经营，而一小部分商品以低于成本价经营。这一小部分却对顾客有巨大的诱惑力，把顾客引进了商场，从而促进了那些占大多数的薄利商品的销售。大量的薄利的积累，不仅弥补了小量的亏本，而且使公司在总体上处于赢利状态。1974年，比利时第二大超级市场连锁公司狮王公司买下了都市食品公司的大部分股权，将该公司收入名下。不少零售公司纷纷效仿，但只经营几个月就发现支撑不下去了。其实,都市食品公司能够长期维持低价的诀窍很简单,就是节俭。公司的员工想方设法地从进货、运输、管理、营销等各个环节节省开支,把公司的经营费用压缩到最低点。

有些人认为,既然母公司名叫狮王公司,那么子公司当然会选择"狮王"这个名称了。可事后拉尔夫透露:当初公司根本没有想到用母公司的名称,最后之所以选择了"狮王",是因为一个雇员提出这是一个最省钱的方案。使用这个新名称,只需更换两个字母:把T换成L,把W改为I,然后把I和O的位置作一个对换,新名称就改好了。使用这个新名称的结果是狮王食品公司下属的300家商店在更换招牌的过程中省下了10万美元。狮王食品公司在日常经营的点点滴滴中把费用压下来。香蕉包装纸板箱一般是比较结实的,所以在香蕉摆上柜台后,公司的员工又利用这些包装箱去装载化妆品、保健用具。当这些箱子已有些破损时,员工们又用它们去装冷冻鱼虾。最后这些反复使用多次的包装箱被集中起来,出售给回收公司。

1.1 企业与企业管理

1.1.1 企业的产生与发展

企业是一个历史范畴,它是生产力发展到一定水平的产物,是劳动分工发展的产物。企业生产组织的萌芽产生于手工业作坊,正式形成于手工业工场。早期的企业规模较小,企业的所有者往往就是企业的管理者。这是当时落后的生产力水平和小商品经济的生产方式所决定的。产业革命后,随着深刻的技术革命和剧烈的市场扩张,资本主义生产开始全面向大机器体系生产过渡,传统的手工业工场也相应向大机器工厂转化。企业的生产经营规模迅速扩张,出现了一批大型工厂,传统的企业组织形式已难以适应企业发展的要求。

从19世纪开始,以公司为代表的现代企业组织形式,开始被产业部门采用并逐步得到推广。早期的现代企业主要集中于交通运输和通信等行业。第二次世界大战后,随着主要资本主义国家对外直接投资迅速增长,跨国公司的数目和规模有了空前发展。像通用汽车、沃尔玛、IBM、三菱贸易、松下电器、富士胶卷等大型跨国公司已延伸到世界几乎每个角落。

综上所述,伴随着市场经济的发展,企业不断地发展壮大和完善。同时,企业的变革也推动着社会经济的发展,企业已成为现代社会经济活动中的一支强大力量。企业的改革和发展是实现经济发展、提高人民生活水平的重要途径。

1.1.2 企业的概念与特征

企业是从事生产、流通、服务等经济活动,以生产或服务满足社会需要,实行自主经营、独立核算、依法设立的一种赢利性的经济组织。企业可进一步分为公司和非公司企业,后者如合伙制企业、个人独资企业、个体工商户等。

企业具有以下基本要素:

(1)拥有一定数量的生产设备和资金;

(2)有一定的生产经营活动的场所;

(3)有一定数量和质量的工人和管理者;

(4)从事产品的生产、流通等经济活动;

(5)企业自主经营、自负盈亏,具有法人地位;

(6)企业生产经营活动的目的主要是为了获得利润。

企业具有以下特征:

(1)企业是一个经济性组织——赢利性。

(2)企业是一个社会性组织。目前,企业已不再被看作只是为拥有者创造利润和财富的工具,它还必须对整个社会的政治、经济发展负责。

(3)企业是一个独立的法人。从法律的角度说,企业是自主经营、自负盈亏,依法独立享有民事权利,并承担民事责任的从事经营活动的法人组织。

(4)企业是一个自主经营系统。这就要求我们减少对企业的干预,特别是行政干涉。

1.1.3 企业的分类

1. 按企业的内部结构分类

按企业的内部结构可以将企业分为单厂企业、联合企业和企业集团。

(1)单厂企业。单厂企业是指一个工厂具备了企业的全部特征,全厂实行统一核算、统一经营。这样的工厂即为一个企业,所以称之为单厂企业。

(2)联合企业。联合企业是指由若干工厂按照专业化协作和经济合理的原则组成的联合体。它往往是把一些具有密切联系的生产经营单位,集中在一个企业范围内。这样的企业可以是由同类产品或相同技术工艺的工厂组成的专业公司,也可以是由装配厂与所需零部件生产厂联合组成的总厂,还可以是建立在物资综合利用基础上的联合企业。另外,也可以是由产品与工艺不相关的工厂组成的联合企业。

(3)企业集团。所谓企业集团是指一些具有内在技术经济联系的企业或企业群体在共同利益的基础上,由多元成分通过多重纽带所组成的具有多种功能的经济实体。它们多数是以大型骨干企业为主体,以名优产品为龙头,集科研、设计、金融、技术开发、资金运用、内外贸易等多方面功能为一体,根据自愿互利、经济合理的原则组成的。这种联合可以是技术方面的紧密联合,也可以是半紧密或松散的联合。

2. 按照企业的性质分类

按照企业的性质可以将企业分为工业企业、农业企业和商业企业。

(1)工业企业。工业企业是从事工业性生产经营活动(生产工业产品或提供工业性劳务),并独立进行经济核算的经济组织。工业企业是国民经济的基本单位,是构成工业的经济细胞,它在国民经济中具有极为重要的地位和作用。它为整个国民经济提供技术装备、生产工具、生产原料、动力能源和工业消费品,是国民经济不断进行技术改造的装备部门。它具有如下特点:①大规模地采用机器或机器体系进行生产,并且系统地将科学技术应用于生产中。②劳动分工精细,协作关系复杂、严密。③生产过程具有高度的比例性和连续性。④生产社会程度高,有广泛、密切的外部联系。

(2)农业企业。农业企业是从事农、林、牧、渔的采集和加工等生产经营活动的企业,如粮食生产、棉花生产、淡水养殖等生产企业。建国后,特别是1978年党的十一届三中全会以后,我国农业企业有了飞速的发展,许多农业企业冲破了所有制和地区与行业的制约,形成了多层次、多形式、多部门的农业企业结构。

(3)商业企业。商业企业是指在社会再生产活动中专门从事商品交换活动的企业。商业企业在现代生产和社会生活中起着非常重要的作用,它是工业企业、农业企业与消费者之间的桥梁。

3. 按照企业规模的大小分类

按照企业规模大小可以将企业分为大型企业和中小型企业。

(1)大型企业。大型企业是指生产规模大,即劳动力、资金和生产资料集中程度高的企业。大型企业有利于采用高效率的专用设备,能够广泛应用先进的科学技术成果,有利于能源和原材料的综合利用,便于采用先进的社会生产组织形式。但是,大型企业往往基本建设投资大、建设周期长、投资效果发挥慢。

(2)中小型企业。中小型企业又称中小企业,简称中小企,是指在经营规模上较小的企业,雇用人数与营业额皆不大,此类企业通常是由单一个人或少数人提供资金组成,因此在经营上多半是业主直接管理而较少受外界干涉。

知识链接:

《中华人民共和国中小企业促进法》于2002年6月29日第九届全国人民代表大会常务委员会第二十八次会议通过,自2003年1月1日起施行。这是我国国家制定的扶持和促进中小企业发展的第一部专门法律。

1.1.4 企业管理

所谓企业管理就是由企业管理人员或机构对企业的经济活动过程进行计划、组织、指挥、协调和控制,以提高经济效益,实现赢利为目的的活动的总称。企业的生产经营活动包括生产管理前的市场调研、销售预测、经营决策、产品开发、资金筹措以及产品出产后的产品销售、售后服务、信息反馈等工作。

企业管理的性质即管理的性质。管理的二重性是指管理的自然属性和社会属性,即一方面具有与生产力社会化大生产相联系的自然属性;另一方面,它又具有与生产关系、社会制度相联系的社会属性。管理的自然属性指它在生产过程中处理人和自然的关系,合理组织生产力的属性,表现为管理的一般职能。管理的自然属性是管理的共性。管理的社会属性是指它在管理过程中要处理人与人之间的关系,维护一定社会的生产关系的属性,表现为管理的特殊职能。

1.2 企业管理基础工作

不同行业、不同的规模和管理要求的企业,其对于基础工作的要求有所不同。一般而言,管理的基础工作包括以下六项。

1.2.1 标准化工作

标准化工作包括技术标准和管理标准的制定、执行和管理工作。技术标准是对生产对象、生产条件、生产方法以及包装、储运等方面所规定的标准。管理标准是关于企业各项管理工作的职责、程序、方法和要求等方面的规定。标准化有助于提高社会效益和企业经营效益,通过"标准"的提供,可大大减少具体的经营协调、技术协调和管理协调工作。

在推行标准化过程中,企业应注意逐步实行管理业务标准化,即要把企业经常重复出现的日常管理业务，如签订购销合同、编制生产计划、进行生产派工、检查产品质量、处理违纪事项等，在学习国外先进经验和总结本企业成功经验的基础上，根据现实条件规定出标准的工作程序、工作方法和工作质量要求；并明确有关职能机构、岗位和个人的工作职责和相互配合的关系，用规章制度的形式把上述内容固定下来，并加以贯彻执行。实践证明，实行管理业务标准化，有利于建立正常的管理秩序，使管理工作按科学的程序办事，避免杂乱无章、凭经验办事、职责不清、互相扯皮等情况的发生，即使出现问题，也容易查出、及时解决；有利于岗位人员的培训，使他们通过学习既有图表又有文字说明的管理业务标准，比较快也比较准确地全面掌握自己的工作内容和方法，并且知道自己在整个管理工作流程中所处的地位以及工作好坏对整体的影响，从而促进他们更加负责地做好自己的工作；有利于减轻企业高层领导人员的负担，使他们得以授权下级人员按标准处理那些大量重复出现的管理业务，以便抽出更多的时间和精力研究解决企业重大经营决策问题；有利于推进管理现代化，为广泛运用电子计算机，大幅度提高生产经营及管理活动的自动化水平，创造前提条件。

1.2.2　定额工作

定额是企业在一定的生产技术条件下，为合理利用人力、物力、财力等经营资源所规定的消耗标准与占用标准。定额工作是包括制定、贯彻和修订各类定额在内的一系列管理工作的总称，主要是指各项技术经济定额的制定、执行和日常管理工作。定额工作是制定、实施计划、考核的重要依据。

定额的种类，主要有劳动定额、物资消耗定额和储备定额、流动资金定额等。

对定额工作的要求如下：

(1)建立和健全完整的、先进的定额体系，并认真地贯彻实施，包括按定额来编制计划、安排生产、采购和储备物资、领发材料与工具、控制费用开支、考核工作效率和经济效益等；

(2)企业制定的各种定额，必须有充分的技术和经济依据，既要先进，又要合理，符合多数工人经过一定努力即可以达到的水平；

(3)企业制定定额时，应采用科学方法；

(4)当企业的生产技术发生了变化，生产组织和劳动组织得到改进，职工的业务技术水平和熟练程度有了提高时，原有定额就要及时修订。

1.2.3　计量工作

计量是指用一种标准的单位量，去测定另一同类量的量值。计量工作主要是指测试、检查、化验、分析等方面的计量技术、器具、规则、要求和计量管理工作。

企业生产经营过程中各种原始记录反映出来的数与量，都是利用计量手段显示出来的。如果没有健全的计量工作，就不会有真实可靠的原始记录，就不能提供正确的核算资料，也就无法分清企业与企业、企业内部各部门以至个人之间的经济责任。在生产过程中，没有计量器具或者计量不标准，还会给生产带来损失，甚至造成事故。因此，企业必须从原材料、燃料等物资进厂，经过生产过程，一直到产品出厂，在供、产、销各个环节上，都要配置必需的计量器具，保证其准确性，完善计量工作，提高计量工作水平。

1.2.4　信息工作

在企业管理基础工作中，一般把包括原始记录、统计分析、技术经济情报、科技档案工作以及数据和资料的收集、处理、传递、储存等管理工作，统称为信息工作，如市场信息、经营环境信息、客户信息、各种原始记录、台账、统计报表和档案工作。信息是企业经营管理的重要资源，信息管理是企业经营决策和绩效评价的重要依据。

1.2.5 建立以责任制为核心的规章制度

企业的规章制度是用文字的形式，对各项管理工作和生产作业的要求所作的规定，是全体职工行动的规范和准则。建立和健全企业规章制度，是企业管理的一项极其重要的基础工作。

企业需要建立的规章制度大体可划分为三类。

(1)基本制度。如厂长责任制、职工民主管理制度等。

(2)工作制度。即有关计划、生产、技术、物资、销售、人事、财务等专业管理方面的工作制度。

(3)责任制度。它是根据社会化大生产对劳动分工和协作的要求制定的，它规定了企业每一项工作落实到各个职工身上，从领导到工人，人人都有确定的岗位，人人都有明确的责任，事事都有人负责，这样才能建立良好的生产秩序，各项技术经济指标的实现才有保证。如工人岗位责任制，不仅要规定干什么，还要规定怎样干、什么时间干、在什么地方干、干到什么程度等内容，以便对工人的生产作业真正起到指导和约束的作用。干部岗位责任制一般由基本职责、业务流程和考核标准三部分内容组成。制度从内容到形式，一定要简明扼要，便于执行。

1.2.6 职工技术业务培训工作

职工技术业务培训是指按照企业内部各个岗位的“应知”与“应会”的要求，对职工进行基础知识教育和基本技能的训练，以提高职工素质。这是关系企业长远发展的基础，在科学技术迅猛发展的当今时代，对劳动力的质量要求越来越高，开展职工技术业务培训，是使职工具有良好的文化科学知识素质，具有较高的劳动操作技能，适应现代化大生产客观要求的基本保证。

上述六项，是企业最基本、最一般的管理基础工作。随着企业管理的发展以及对管理工作要求的进一步提高，管理基础工作的内容也在不断地充实和完善，如班组建设、团队建设、内部价格、内部合同等。

1.3 现代企业制度

1.3.1 现代企业制度的含义

现代企业制度最早产生于资本主义发展较早的西方国家，是实行市场经济体制的国家在古典企业制度基础上经过近百年的发展而建立起来的，是一种适应社会化大生产和市场经济体制、使企业真正成为面向市场的独立法人实体和市场竞争主体的企业制度。

所谓现代企业制度，是指以企业法人制度为基础，企业产权制度为核心，适应社会主义市场经济要求的产权明晰、权责明确、政企分开、管理科学的一种新型企业制度。现代企业制度是最大限度发展和解放生产力的制度，它以公司制为企业组织制度的主体形态。现代企业制度包括以下几层含义。

1. 现代企业制度是市场经济体制的基础

市场机制在市场经济循环过程中真正能够发挥作用的前提是企业真正成为市场主体。如果企业不是真正意义上的市场主体，市场机制便会出现扭曲而无法引导企业，市场经济循环就不能顺利实现。政府利用宏观调控体系干预经济是必不可少的。但是，由于宏观调控是通过直接作用于利率、汇率、税率等一系列宏观经济变量，弥补市场的缺陷使之更充分地发挥配置资源的作用，因此政府的宏观调控是不能代替企业制度的。企业、市场和政府宏观调控作为市场经济体制的三大基本要素是相互联系、缺一不可的。市场是市场经济运行的中介环节，在资源配置中起主导作用，无论是市场机制还是宏观调控，最终都要看企业对此作出何种反应。只有当企业成为自主经营、自负盈亏的市场主体，它才会在利润目标的驱使下，及时对市场信号作出反应，调整其行为。

2. 公司制度是现代企业制度的主要形态

所谓公司制度，就是指适应社会化大生产和现代市场经济要求的公司法人制度，其典型形式是股份有限公司和有限责任公司。公司制度是市场经济发展和社会化大生产发展的产物，是适合企业集中巨额资本扩大社会经济生产规模的现代企业制度。公司制为联合许多分散的个人资本成为一个集中的股份资本提供了有效的组织形式。在理解现代企业制度时应注意以下两点：不能认为建立了公司制就建成了现代企业制度，现代企业制度还具有其他丰富的内容；不能认为除了股份有限公司和有限责任公司以外，其他的企业组织形式就不算现代企业制度，我们应鼓励企业围绕现代企业制度的特征和内容，探索其他有效形式。

3. 产权制度是现代企业制度的核心

现代企业制度是以财产终极所有权与法人财产权的分离为前提的。现代企业产权制度就是企业法人财产权制度，在此制度下，终极所有权的实现形式主要是参与企业重大决策，获得收益。企业法人则享有财产的占有权、处置权等。

4. 企业法人制度是现代企业制度的基础

企业作为法人，有其独立的民事权利能力和民事行为能力。法人企业享有充分的经营自主权，并以其全部财产对其债务承担责任，而企业所有者在享有终极所有权的同时，以其出资额为限对企业法人的债务承担责任。正是在现代企业法人制度的基础上，才建立了有限责任制度。

1.3.2 现代企业制度的特征

1. 产权明晰

企业的设立必须有明确的出资者，必须有法定的资本金，由此就产生了企业的产权问题。企业中的国有资产所有权属于国家，企业拥有包括国有资产投资形成的全部法人财产权，享有民事权利、承担民事责任。产权明晰是指产权关系与责任的清晰。完整意义上的产权关系是多层次的，它表明财产最终归谁所有、由谁实际占有、谁来使用、谁享受收益、归谁处置等财产权中一系列的权利关系。财产的所有权及其增值部分都属于出资者，企业破产清算时，其剩余财产也属于出资者所有。无论是出资人还是企业法人，他们各自的权利、义务和责任，都用法律作出了界定，既有利于保证出资者财产的保值增值，又赋予企业独立的法人地位。

2. 权责明确

主要表现在出资者和企业法人之间权利和责任的划分。出资者按投入企业的资本额享有所有者的权益(资产受益)、重大决策和选择管理者等权利。企业破产时,出资者只以投入的资本额对企业债务负有限责任。出资者投资于企业,企业法人财产权随之确定。对内,通过建立科学的法人治理结构,形成规范的企业领导体制和组织制度,界定股东大会、董事会、经理机构、监事会的权利和责任;对外,企业以其全部法人财产,按照市场需求组织生产经营,以提高生产效率和经济效益为目的,依法自主经营、自负盈亏、照章纳税,同时对出资者承担资产保值增值的责任。在国家与企业的关系上,要明确国家作为出资者与企业之间权利和责任的划分。

3. 政企分开

首先是政府的行政管理职能与经营性国有资产的所有者职能分开。政府的行政职能是属于政府的行政权力,由行政法进行调整,而经营性国有资产的所有者职能是一种财产权,由民法来调整。其次是经营性国有资产的管理、监督职能与经营职能分开。政府作为经营性国有资产的所有者代表,对经营性国有资产承担有管理、监督的权利和义务,但企业的经营权应交还给企业,政府不再直接干预企业的决策和生产经营活动。“企业办社会”的职能应由政府接过来,使企业将目标真正集中到追求经济效益上去。再次是政府的行政管理职能与企业的经营职能分开。政府与企业的关系体现为法律关系,政府依法通过宏观调控来影响和引导企业的生产经营活动,企业依法自主经营,根据市场需求来组织生产经营,以提高经济效益为目的。企业在市场竞争中优胜劣汰,长期亏损、资不抵债的企业应依法破产,政府不再为企业托底。

4. 管理科学

首先,应建立科学的组织制度。所有者将资金投入企业,最关心的就是资产的保值增值问题,既要让经营者有充分的经营空间和经营权力,又要对这一权力进行适当的控制和制约。在公司制企业中,实行董事会领导下的经理负责制,所有者通过股东大会选出董事会、监事会,董事会再聘任总经理,使权力机构、监督机构、决策机构和执行机构之间职责分明、相互制约,形成一套完整的组织体制。其次,应建立科学的企业管理制度,包括人力资源管理制度、财务管理制度、激励与约束制度、科学的领导制度、员工日常行为规范制度等。第三,应建立科学的市场管理制度。企业的经营管理应以消费者为导向,随时把握市场信息并有效地作出反应。第四,应注重企业的经营发展战略规划。第五,注重有形资产管理的同时,注重无形资产的管理,特别是企业形象的塑造。

1.3.3 现代企业制度的形式

在数百年的孕育和发展过程中,市场经济逐步形成了以下几种基本的企业制度:个人业主制企业、合伙制企业、合作制企业、股份合作制企业、公司制企业。

1. 个人业主制企业

个人业主制企业,即个体企业,由业主个人出资兴建,自己直接经营并享有企业的全部经营所得,同时对企业的债务负有完全责任。其规模一般较小,内部管理机构简单。我国的个体户和许多私营企业就是个人业主制企业。

个人业主制企业的优点是:产权关系简单明确、产权转让比较自由、经营方式灵活、决策迅速、利润独享、保密性强、精打细算等。缺点是:财力有限、偿债能力弱、难以取得贷款。所以,这种企业制度很难从事需大量投资的大规模商业活动,主要存在于零售业、服务业、农业、自由职业(如律师)等行业。

2. 合伙制企业

合伙制企业是指由两个或两个以上出资者共同投资并分享企业所得、共同监督和管理、对企业债务共同承担无限责任的企业制度。

合伙制企业的优点是:与个人业主制企业相比,由于合伙人共负偿债责任,筹资能力和信誉明显提高。缺点是:增减合伙人具有法律和经济的复杂性;由于所有合伙人都有权从事经营和参与决策,因而容易造成决策的迟缓和差错;由于所有合伙人对企业债务负有连带无限清偿责任,从而使那些投资少且又不控制企业的合伙人面临很大风险。一般来说,合伙制企业存在于规模较小、个人信誉具有明显重要性的企业,如律师事务所、会计师事务所、诊所等,常采用合伙制企业的组织形式。

3. 合作制企业

合作制企业是指由农村和城镇劳动者联合起来,共同进行经营的自愿、自助、自治的经济组织。它是本企业或合作经济实体的劳动者平等持股、合作经营,股本和劳动共同分红为特征的企业。

在这种企业组织形式中,企业的产权属于企业职工和合作社成员所有。利润中的一部分用于企业内部劳动者的按劳分配,另一部分则按股本分红。这样的合作制企业实现了两个结合,即劳动者与所有者结合,按劳分配与按股金分配结合。

4. 公司制企业

公司是依法设立,由法定数额的股东所组成,以赢利为目的的企业法人。它有自己的独立财产和法人资格,可以独立承担民事责任。公司制企业是现代市场经济中占支配地位的企业组织形式,大中型企业通常都采用公司制形式。公司制企业有多种形式,其中主要的是有限责任公司和股份有限公司。

有限责任公司又称有限公司,是指由两个以上股东共同出资,每个股东以出资额为限对公司行为负有限责任,公司是以其全部资产对其债务承担责任的企业法人。有限公司不对外发行股票,股东的出资额由股东协商确定。因此,这种公司筹资能力有限,难以适应社会化大生产的需要。一般来说,中小规模的企业常采取这种公司形式。

股份有限公司又称股份公司,是指注册资本由等额股份构成,并通过发行股票或股权证筹集资本,股东以其认购股份对公司承担有限责任,公司以其全部资产对其债务承担责任的企业法人。在现代市场经济中,大中型企业最适合采用这种公司形式。

在股份有限公司中,公司的最高权力机构是股东大会或股东会,股东大会由持有公司股票(或股权)的成员组成。股东大会的常设机构是董事会,股东大会选举并委托董事会负责处理公司重大经营管理事宜。董事会聘任总经理,负责公司的日常经营。此外,公司还设立监事或监事会,对董事会和经理执行公司职务时违反法律、法规或损害公司利益的行为进行监督,是公司的监督机关,对股东大会负责。

股份有限公司筹集资金的一种方式是发行股票。股票是股份公司发给股东的入股凭证,是股东取得股息的一种有价证券。持有股票的人就是股份公司的股东,股东凭股票定期从股份公司取得收益。股票可以自由转让,能够依法买卖或抵押,买卖股票实际上就是购买或转让一种领取股息收入的凭证。在我国,并非所有的股份有限公司的股票都能上市交易。股份有限公司申请其股票上市必须符合一定的条件,其中要求股本总额 5 000 万元以上,连续 3 年赢利，并且须经国务院证券管理部门或证券管理部门授权的部门批准。股票买卖一般是在股票交易所进行，我国现在有上海证券交易所（沪市）和深圳证券交易所（深市）。

1.3.4 现代企业制度的基本内容

1. 现代企业产权制度

产权制度是对财产权利在经济活动中表现出来的各种权利加以分解和规范的法律制度。产权制度的核心是通过对所有者和财产使用者的产权分割和权益界定以实现资源的优化配置。产权制度的实质是所有者终极所有权与企业法人财产权的分离，企业法人享有独立的法人财产权。而落实企业产权制度的前提条件是企业拥有真正的法人地位，即完善企业法人制度。

完善企业法人制度是我国建立现代企业制度的首要基础。在传统的计划经济体制下，国有企业作为国家行政机构的附属物，没有独立的法人地位，国家是唯一的投资主体、运营主体和利益主体，没有形成经济主体的多元化。企业之间无法形成竞争，社会经济效益提高缓慢。即使在1988年4月13日《中华人民共和国全民所有制工业企业法》诞生后，国有企业名义上虽有法人地位，却仍不具备独立的财产权。企业与国家的产权关系和企业之间的财产边界都清楚，企业难以建立起财产约束机制，只能是负盈不负亏，国家对企业实际上仍负有无限责任，企业还不是真正独立的法人。

完善企业法人制度，实行投资者所有权与法人财产权的分离，进而理顺国家与企业的产权关系。投资者所有权在一定条件下表现为股权，即以股东的身份依法享有的权力，但投资者不能对法人财产中属于自己的部分进行支配，只能运用股东权力影响企业行为，不能直接干预企业经营活动。法人财产权表现为企业依法享有法人财产的占有、使用、支配和处分权，以独立的财产对自己的经营活动负责。

确立法人财产权，对国有企业来说，不会改变国家的所有者地位，改变的只是国家对国有资产的管理方式，即由资产实物形态的管理转变为资产价值形态的管理，从管理国有企业转变为管理国有资产，国有资产的总量并未减少和流失。

2. 有限责任制度

有限责任是与无限责任相对立的概念，公司企业实行有限责任制度既是对投资者的保护，又是对企业经营者积极性的释放。这种有限责任包含两个方向：一是对投资者而言，他们以其出资额为限对公司的债务承担有限责任，投资者可以比较放心地把资本投给企业，公司出现经营亏损资不抵债时，股东只以其投资行为为限承担责任，即便该公司破产了，股东的损失也仅限于投资额的部分，不会连累到自己的其他财产，减轻和分散了投资风险；二是对公司法人而言，它以其全部财产为限对公司的债务承担责任，这有利于经营者放开手脚，独立负责，自主经营，推动公司的快速发展。美国的巴特勒曾经说过："有限责任公司是近代最重大的一个发现，甚至连蒸汽机和电的发现都不如有限责任公司来得重要。"有限责任制度的出现，是企业财产组织形式的一个重大进步，是企业发展史上的一次跳跃，也是现代企业制度的一个重要标志。

3. 现代企业的组织制度

现代企业制度有一套完整的组织制度，其基本特征是所有者、经营者和生产者之间，通过公司的决策机构、执行机构、监督机构，形成各自独立、责权分明、相互制约的关系，并以国家相关的法律法规和公司章程加以确立和实现。

现代企业组织制度有两个相互联系的原则，即企业所有权和经营权相分离的原则，以及由此派生出来的公司决策权、执行权和监督权三权分立的原则。在此原则基础上形成股东大会、董事会、监事会和经理层并存的组织机构框架。按其职能，分别为权力机构、执行机构、监督机构和管理机构。由股东大会、董事会、监事会及经理层相互制衡的现代企业组织制度，既赋予经营者充分的自主权，又切实保障所有者的权益，同时又能调动生产者的积极性，它是我国的国有企业建立现代企业制度的核心依托。

4. 现代企业管理制度

现代企业制度的运作和完善需要有科学的管理制度作保障，加强企业管理是我国企业面临的迫切与长期的重要任务。

现代企业管理制度包括以下几个方面的内容：有一套股东大会、董事会、监事会与经理层相互制衡的公司治理结构；具有正确的经营思想和能适应企业内外环境变化、推动企业发展的经营战略；建立适应现代化生产要求的领导制度；拥有熟练地掌握现代管理知识与技能的管理人才和具有良好素质的职工队伍；在生产经营各个主要环节普遍地、有效地使用现代化管理方法和手段；建设以企业精神、企业形象、企业规范等内容为中心的企业文化，培育良好的企业精神和企业集体意识。按照市场经济发展的需要，积极应用现代科学技术成果，在企业内部设置科学合理的治理机制，建立起现代企业管理制度是建立现代企业制度的根本保障。

1.3.5 现代企业制度的法人治理结构

法人治理结构又译为公司治理（Corporate Governance），是现代企业制度中最重要的组织架构。狭义的公司治理主要是指公司内部股东、董事、监事及经理层之间的关系，广义的公司治理还包括与利益相关者（如员工、客户、存款人和社会公众等）之间的关系。公司作为法人，也就是作为由法律赋予了人格的团体人、实体人，需要有相适应的组织体制和管理机构，使之具有决策能力、管理能力，行使权力，承担责任。

按照公司法的规定，法人治理结构由四个部分组成。

(1)股东会。股东会也称股东大会，由公司股东组成，所体现的是所有者对公司的最终所有权。

(2)董事会。董事会是公司的常设机构，受股东的委托，代表股东对公司进行领导和管理，是公司的业务执行机构，董事会由股东会选出的董事和公司职工代表组成，对股东会负责，并受股东会的监督和指导。

(3)监事会。监事会是公司设立的监督机构，由股东大会和公司职工选出的人员组成，对董事会和经理实施监督。

(4)经理。经理层是公司行政工作的总负责人，管理公司的业务工作和行政工作，处理日常生产经营活动。经理由董事会聘任或者解聘，对董事会负责。

公司法人治理结构的四个组成部分，都是依法设置的，它们的产生和组成、行使的职权、行事的规则等，在公司法中作了具体规定。所以说，公司法人治理结构是以法制为基础，按照公司本质属性的要求形成的。

复习思考题：

1. 什么是企业，它有哪些要素和特征？
2. 简述企业管理基础工作的内容。

3. 简述现代企业制度的基本内容。

案例分析题：

输入管理模式，催醒“休克鱼”

海尔选择的兼并目标很有特点：主要是选择技术、设备、人才素质均优良，只是管理不善，处于休克亏损状态的企业，海尔人称之为“吃休克鱼”。海尔选择“休克鱼”是基于以下两个方面考虑：首先，体制不顺使效益好的企业没有被兼并的动力，真正以资本为纽带的强强联合在国内条件尚不成熟；其次，资金匮乏使优势企业无力兼并那些需要巨大投资的亏损企业。在我国，企业出现亏损的原因多种多样，但企业经营机制不健全，管理不善是普遍的根本原因。对被兼并的企业，注入资金和技术固然重要，但这只是外部条件的优化，可治标，却不能治本。因此，关键在于解决企业发展动力和经营机制问题，变输血为造血。海尔选择那些硬件不错，只是管理不善的企业，通过输入海尔的管理和文化模式，可以很快使它起死回生，从休克状态苏醒，变得很有活力。顺德海尔电器有限公司是海尔1997年实施低成本扩张的成功之作，被并购的顺德爱德洗衣机厂符合海尔“吃休克鱼”的兼并策略，该公司硬件设施良好，因管理不善造成企业停产一年多。合资后，海尔集团洗衣机本部仅派去了3名管理干部，但带去的却是海尔倾心培育多年的管理模式、企业文化及雄厚的科研开发能力。6周后，新公司第一台洗衣机诞生，随后大批高质量的洗衣机走下和平线。而值得一提的是，签署这条“休克鱼”的洗衣机本部，正是两年前被海尔集团认作是“休克鱼”的红星电器厂。短短两年时间里，在海尔管理文化模式的浸润下，昔日“休克鱼”不仅苏醒，在市场中纵横驰骋，而且又催醒了另一条“休克鱼”。

思考与讨论：

1. 你认为企业亏损的原因有哪些？
2. “休克鱼”选择的原则是什么，为何遵循这样的原则？

实训课题：

查找某上市公司的相关资料，了解上市公司的上市经历。

要求：通过对该上市公司上市过程的了解，熟悉企业的概念、特点；企业管理的性质、职能；现代企业制度的基本内容等。

模块二 企业战略管理

★知识目标：熟悉战略管理的含义与特点；
了解战略管理的基本过程；
掌握企业基本竞争战略的类型和特点；
熟悉企业成长战略和防御战略类型与应用等。

★技能目标：掌握战略环境分析的方法；
理解某企业的发展战略；
掌握战略评价和选择的方法等。

引导案例：

很久以前，加拿大原住民地区活跃着几支部落，他们均以狩猎为生。经过长时间的生存博弈之后，只剩下一支印第安部落得以存留。这支部落成为幸存者的原因令人匪夷所思：其他部落在狩猎之前，都会总结过去的成功经验，然后选择最可能获取猎物的方向全力出击；而这支印第安部落却是请巫师作法，在仪式上焚烧鹿骨，然后根据鹿骨的纹路确定出击的方向。通过竞争生存下来的强者却是焚烧鹿骨和巫师做法的那个印第安部落，而看似准备充分的部落最终销声匿迹，到底是什么原因呢？

2.1 战略管理概述

2.1.1 经营战略的概念

战略(Strategy)一词最早是军事方面的概念，指军事将领指挥军队作战的谋略。《孙子兵法》被认为是中国最早对战略进行全局筹划的著作。在现代，“战略”一词被引申到政治和经济领域，泛指统领性的、全局性的、左右胜败的谋略、方案和对策。

企业经营战略是指企业为谋求长期生存和发展，在对外部环境和内部资源条件分析研究的基础上，对企业的目标、经营方向、重大经营方针、实施步骤作出总体性的谋划。它回答的是“企业现状如何”“去往何处”“怎么达成目标”的问题。

2.1.2 经营战略的特点

1. 整体性

经营战略以企业整体发展为目标,规定了经营方向和整体行为,它对企业各个部门和各个层次的经营活动和管理行为都具有制约作用和指导作用。

2. 长期性

经营战略以企业未来发展为指向,规定了企业在一个较长时期内的发展方针和目标,在调研预测和科学策划的基础上,高瞻远瞩、深谋远虑地谋求长远发展和长远利益。它既兼顾企业现实,又制约着只顾"当年红""当届红"、靠拼设备和滥用资源的短期行为。

3. 权威性

经营战略以发挥战略整体功能为指向,规定了企业的战略目标、战略重点和战略对策,是一种经营全局的战略决策,对企业一切经营活动和管理行为都具有权威性的纲领性作用。

4. 竞争性

经营战略以市场占有率为指向,规定了寻求市场机会、排除风险威胁和与竞争对手争高低的战略及策略,从而谋求提高企业竞争的整体能力,争得企业竞争的主动地位,使企业在激烈的竞争中持续发展和不断振兴。

5. 适应性

经营战略以企业外部环境变化为指向。在保持相对稳定的基础上,不断追踪市场环境变化。与时俱进地作出必要的调整,从而确保企业经营战略目标与市场环境变化不断适应,保持适应—稳定—应变—再适应的良性循环。

2.1.3 经营战略的层次

企业经营战略一般分为三个层次,即企业战略、经营(事业部)战略和职能战略。对企业战略进行层次划分的意义在于既保持了企业方向和战略的统一与整体性,使企业资源的调动最大限度地符合企业长期发展目标的要求,同时又能适应分权管理的要求,提高企业活动的灵活性,更好地适应市场。

1. 企业战略(企业总体战略)

企业战略是企业最高层次的战略,由企业的最高管理层制定,是企业最高管理层指导和控制企业一切行为的最高行动纲领。

企业总体战略类型可分为成长战略、稳定战略、防御战略和组合型战略,其中最重要的是成长战略。在成长战略中需要决定企业向什么方向发展,是在原行业中进行产品或市场的扩张,还是通过一体化、多样化进入新的经营领域。

2. 经营(事业部)战略

经营战略也称事业部战略、一般战略或竞争战略,是战略性经营单位竞争战略的简称,由企业内各事业部或经营单位制定。战略经营单位指企业内产品和服务有别于其他部分的一个单位。每一个战略经营单位一般有自己独立的产品和细分市场。为了保证企业的竞争优势,各战略经营单位要有效地控制资源的分配和使用。同时,战略经营单位还要协调内部各职能层的战略,使之成为一个统一的整体。

3. 职能战略

职能战略又称职能部门战略,是为了贯彻、实施和支持公司的总体战略与经营战略而在企业特定的职能管理领域制定的战略，由各职能部门制定。职能战略一般可分为营销战略、人力资源战略、财务战略、生产战略、研发战略等。如果说公司战略和经营战略强调"做正确的事"，则职能战略强调"正确地做事"。

2.1.4 战略管理的含义

战略管理是指企业确定使命与目标，以及保证目标实现的动态管理过程，即企业为实现目标而进行的根本行动方案的制定及实施过程。

战略管理回答的是关于企业发展和经营的长远与全局性的问题，主要包括如何增长业务量，如何满足客户需求，如何超越竞争对手，如何对变化的市场环境作出反应，如何管理下属企业并建立必要的组织能力，如何达到企业的战略目标和财务目标等事关企业生存和发展的根本问题。

战略管理主要包括战略制定和战略实施两部分，具体包括以下八个方面的内容：战略制定与实施，战略计划与决策过程，战略激励与控制，资源分配，多角化与业务组合战略，竞争战略，总经理的遴选及其行为，高级管理层的组成过程及状态。

2.1.5 战略管理的特点

1. 战略管理具有全局性

企业战略管理以企业全局为对象，根据企业总体发展的需要而制定，它所管理的是企业的总体活动，所追求的是企业的总体效果。战略管理不是强调企业某一事业部或某一职能部门的重要性，而是通过制定企业的使命、目标和战略来协调企业各部门的行为，以有效实现企业使命、目标和战略，这样也就使战略管理具有综合性和系统性的特点。

2. 战略管理的主体是企业的高层管理人员

战略决策涉及企业活动的各个方面，虽然它需要企业各层管理者和全体员工的参与和支持，但企业最高层管理人员介入战略决策是非常重要的。这不仅是由于他们能够统观企业全局，了解企业的全面情况，更重要的是他们具有战略实施所需资源进行分配的权利。

3. 战略管理涉及企业大量资源的配置问题

在任何情况下，战略决策都需要在相当长的一段时间内致力于一系列的活动，而实施这些活动需要有大量的资源作为保证。因此，这就需要为保证战略目标的实现，对企业的资源进行统筹规划，合理配置。

4. 战略管理具有长远性

战略管理中的战略决策是对企业在未来较长时期（五年以上）内，如何生存和发展等所进行的统筹规划。虽然这种决策以企业外部环境和内部条件的当前情况为出发点，并且对企业当前的生产经营活动有指导、限制作用，但是这一切是为了更长远的发展，是长期发展的起步。从这一点上来说，战略管理也是面向未来的管理，战略决策要以经理人员所期望或预测将来要发生的情况为基础。在迅速变化和竞争性的环境中，企业要取得成功必须对未来的变化采取预应性的态势，这就需要企业制定战略计划。

5. 战略管理需要考虑企业外部环境的诸多因素

现今的企业都存在于一个开放的系统中，在竞争的环境中，企业要想占据有利地位并取得竞争优势，就必须考虑外部环境因素，包括竞争者、顾客、资金供给者、政府等，以使企业的行为适应不断变化中的外部力量，从而获得发展。

2.2 战略环境分析

战略环境分析包括企业外部环境分析和内部环境分析两部分，其中外部环境分析又可分为宏观环境分析和任务环境分析。

2.2.1 宏观环境分析

企业的宏观环境是指给企业造成市场机会或威胁的主要社会因素，由短期内不受企业所支配的变量组成，即不可控的因素。企业可以通过收集信息来认识宏观环境。

1. 政治环境

政治环境是指制约或影响组织的各种政治要素及其运行所形成的环境系统。构成政治环境的要素具有层次性，它大体上可以分为三个层次：一是特定性环境要素，主要是指作为一个国家的政治制度和政治体制，它处于系统的最高位置，控制着整个系统的行动方向，一般不发生变化，因而是最稳定的环境因素；二是相对稳定的环境因素，包括政党、政治团体及相关的政治制度，主要是指政治方针和政策，这类要素是大量的、广泛的，也是富于变化性的，因而是政治环境最重要的部分；三是附属性政治环境要素，主要是由上述两类环境要素共同决定的政治气氛，这也是一个不可忽视的政治环境因素，它虽然由其他要素决定，但却反过来影响上述要素的作用状况及政治环境。

政治环境对组织的影响有两个方面：一是保障作用；二是规范作用。因此，组织活动中的对策也有以下两方面：

(1)组织的经营活动要服务国家有关发展战略与政策的要求。某些政策或规定对某类组织来说是不能违背和跨越的，这时，组织应该将自己的经营活动规范在国家政策和规定的要求内。

(2)组织应积极利用国家政策给组织带来的机会对组织进行改革和创新，以谋求发展。

2. 法律环境

法律环境是指能对组织的经营管理活动起到规范和保障作用的有关法律、法令、条例以及规章制度等法律性文件的制定、修改与废除及其立法与司法等因素的总称，是与组织相关的社会法制系统及其运行状态。组织的法律环境要素，主要有法律规范、国家司法和执法机关、法律意识等。其中，法律规范是最基本、最重要的要素，是一个完整的体系。由社会法律体系中与组织及其活动相关的一系列法律规范所组成。

法律环境对组织的影响具有硬性约束和刚性约束的特征，这是由法律的强制性决定的。法律环境对组织的影响表现在法律环境自身所表现出的不同性质和状态，不仅为组织提供完全不同的生存发展条件，而且可以对组织行为产生导向和规范作用。例如，良好的法律环境对组织的成长、发育有着积极的促进作用。因此，企业要积极运用国家法律法规武器，保护自己在经营管理活动中的合法权益。

3. 经济环境

经济环境主要指整个国民经济的发展状况，包括经济发展阶段、国民经济增长状况、地区与行业的发展及国家经济政策等。

(1)经济发展阶段。根据美国经济学家罗斯托的理论，一国经济发展的阶段可以划分为传统社会阶段、为经济起飞准备阶段、经济起飞阶段、经济成熟阶段、生活高消费阶段和追求生活质量阶段等六个层次。一个国家或地区所处的经济发展阶段,会对这个国家或地区的组织起到直接或间接的作用。例如,经济发展较高的阶段,社会科技管理水平相对较高,从而对组织的各个环节产生影响。

(2)经济结构。经济结构是指国民经济中不同经济成分、不同产业部门以及社会再生产各个方面在组成国民经济整体时相互的适应性、量的比例关系和排列状况。经济结构实质上反映经济部门、行业性质的联系和量的比例。一般来说,经济结构主要包括产业结构、分配结构、交换结构、消费结构、技术结构等,其中重点是产业结构。

(3)经济发展水平。经济发展水平是指一个国家经济发展的规模、速度所达到的水准。反映一个国家经济发展水平的重要指标有国内生产总值、国民收入、人均收入、经济发展速度、经济增长速度等。经济发展的水平和状态对组织的影响主要体现在:第一,经济发展水平高、状态好,会给组织提供宽松的经营环境和较多的发展机会;第二,社会经济结构与经济发展水平的交互作用又为组织在宏观经济发展格局中的位置、组织的发展目标作出限定与制约。

(4)经济体制。经济体制是指国家组织经济的形式。经济体制规定了国家与组织、组织与组织、组织与各经济部门的关系,并通过一定的管理手段与方法,从根本上调节、控制或影响社会经济活动的范围、内容及方式等。经济体制不同,组织与国家及社会经济组织的关系就不同,组织的行为准则也就不同。

(5)经济政策。经济政策是国家在一定时期内为了实现经济发展目标而制定的战略及策略,包括综合性的全国经济发展战略和产业政策、国民收入分配政策、价格政策、金融货币政策、对外贸易政策等。经济政策是国家管理经济的重要手段,它规定组织活动的范围,引导组织经营活动的方向,协调组织与其他经济组织和社会组织的关系。

应当指出的是,经济环境中的这几个主要因素对组织经营活动的影响并不是单方面发生作用,而是相互交叉结合在一起影响和制约组织的经营活动,并影响着组织的生存和发展。同时,一个国家的经济发展水平、国民经济的运行状况、社会购买力水平和人们的消费模式也对组织产生影响。

4. 文化环境

文化环境是指社会环境中由文化诸多要素以及与文化要素直接相关联的各种社会现象而构成的实际状态。它是人们对客观物质世界的一种主观认识,或者说是人们对客观的无差别的物质世界赋予的有差别的、主观的、意识形态的内涵。文化环境主要包括认识体系、宗教信仰、风俗习惯、语言文字以及文学等要素。

(1)认识体系。认识体系是由感知、思维方法、世界观、信仰、宗教、艺术、伦理道德、审美观念以及其他具体科学构成。其中,价值观和世界观最为重要,是认识体系的核心。

(2)宗教信仰。宗教是支配人们的自然力量和社会力量在人们头脑里虚幻的反映,在这种反映中人间的力量采取了超人间力量的形式。虽说宗教与科学是不相容的,但其在某些国家、某些地区人们的生产、生活中存在着较大的影响。为了增加组织管理的有效性,企业必须了解各种宗教崇拜什么、忌讳什么。

(3)风俗习惯。风俗习惯是指世代相袭固化而成的一种风尚。不同国家之间,同一国家不同地区、不同民族之间,往往存在着不同的风俗习惯,从而人们在生活方式、消费偏好、饮食习惯、穿着打扮等方面也常常是大相径庭。组织开展经营活动,必须了解各地的风俗习惯,根据不同的地区、不同民族的风俗习惯实施有针对性的管理活动和管理方法。

(4)文化禁忌。文化禁忌是指犯忌讳的语言行为。组织在经营管理活动过程中,在信息发布、寄送电子邮件、网页图案颜色设计、讨论主题等方面时需要注意,切不可违反某一国家或某一民族的文化禁忌。

置身于一定的文化环境中的组织,必然要受到文化环境的影响和制约。因此,组织应当充分认识文化的作用及其作用方式,强化组织的文化环境意识,建设具有自己特色的组织文化。

5. 技术环境

技术环境是指社会科技总水平及其发展趋势。科学技术是第一生产力。科学技术环境是影响组织活动最直接、力度最大、变化最快的因素。技术的含义很广,它既包括生产技术的劳动手段,工艺流程的改进、发展与完善,特别是新技术、新设备、新工艺、新材料、新能源的生产与制造等,也包括管理技术的管理方法、计划决策方法、组织方法及推销方法的改进与更新等,还包括生活技术、服务技术等内容。

具体影响表现为以下几方面:

(1)科技的变革为企业带来了机遇与挑战。新技术对企业来说是一种极具创造力或毁灭性的力量,技术的每一次进步都会给组织带来新的机会,同时,新技术的出现,特别是科技浪潮的推动,也会给某个行业的企业带来环境威胁,甚至是行业的淘汰,如因特网的出现给小企业带来了无限商机,而给中介组织带来的却是威胁。

(2)科技的变革为组织管理提供了技术支持。科技的进步为组织经营管理的改善提供了有力的技术保障,科技的发展不仅对组织经营管理提出了更高的要求,也为组织改善经营管理提供了物质条件和手段。如网络技术在管理中的应用,使远程管理成为可能。

(3)技术的进步降低了管理成本。每一次科技的进步,都会降低组织的管理成本,极大地提高产品的质量,增强产品在国际市场上的竞争力。

6. 自然环境

自然环境是指影响组织开展经营管理活动的气候、地貌、资源以及生态等因素。相对于其他影响环境因素而言,自然环境是相对稳定的。自然环境可从地理位置、资源状况和气候状况三个方面进行分析。

(1)地理位置。地理位置是指组织坐落的地理方位。不同的地理方位不仅自然条件有差异,而且还影响着社会经济条件的差异,因为社会经济条件本身就离不开一定的地理位置。如我国东部沿海地区的道路建设相当完善,这就有利于组织向外界提供自身的产品和服务。

(2)资源状况。资源状况既包括组织所需的原材料和电力等需求,也包括需要组织提供产品和服务的顾客源。对于企业来说,资源状况是发展中的重要制约条件之一,因为原材料的供应直接决定了企业生产的连续性;而顾客源的多少又直接影响到企业的销售业绩。当资源条件丰富时,组织生存发展的条件就好,反之就差些。

(3)气候状况。气候状况不仅影响到组织的正常运作,而且还影响到人们的生活习惯。例如,在寒冷地区人们更习惯于室内的工作,而不太愿意到户外去开展活动。

随着社会的发展,自然资源环境将越来越受到更多的关注。组织不仅要选择有利于自身发展的自然资源环境,以有效地利用、开发自然资源环境,而且组织在自身的发展过程中,应尽量避免对自然资源环境产生危害,以更好地保护环境。

2.2.2 任务环境分析

迈克尔·波特认为，构成企业环境的最关键部分就是企业投入竞争的一个或几个行业，行业结构极大地影响着竞争规则的确立以及可供企业选择的竞争战略。为此，波特创造性地建立了五种竞争力量分析模型。他认为一个行业的竞争状态和赢利能力取决于五种基本竞争力量之间的相互作用，即潜在进入者威胁、替代威胁、买方讨价还价能力、供方讨价还价能力和现有竞争对手的挑战，而其中每种竞争力量又受到诸多经济技术因素的影响，如图 2－1 所示。

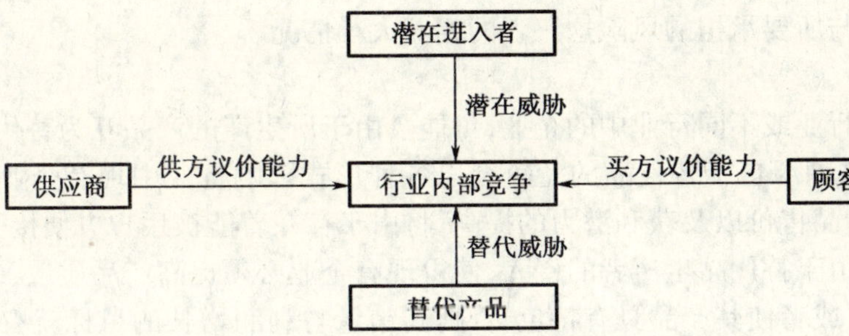

图 2－1 波特五力模型

1. 供应商

供应商主要通过提高投入要素价格与降低单位价值质量的能力来影响行业中现有企业的赢利能力与产品竞争力。供方力量的强弱主要取决于他们提供给买方的是什么投入要素，当供方所提供的投入要素其价值构成了买方产品总成本的较大比例，对买方产品生产过程非常重要，或者严重影响买方产品的质量时，供方对于买方的讨价还价力量就大大增强。一般来说，满足如下条件的供方集团会具有比较强大的讨价还价力量。

(1)供方行业为一些具有比较稳固市场地位而不受市场激烈竞争困扰的企业供货，其产品的买方很多，以至于每一单个买方都不可能成为供方的重要客户。

(2)供方各企业的产品各具有一定特色，以至于买方难以转换或转换成本太高，或者很难找到可与供方企业产品相竞争的替代品。

(3)供方能够方便地实行前向联合或一体化，而买方难以进行后向联合或一体化。

2. 购买者

购买者主要通过压价与要求提供较高的产品或服务质量的能力来影响行业中现有企业的赢利能力。一般来说，满足如下条件的购买者可能具有较强的讨价还价力量。

(1)购买者的总数较少，而每个购买者的购买量较大，占了卖方销售量的很大比例。

(2)卖方行业由大量相对来说规模较小的企业所组成。

(3)购买者所购买的基本上是一种标准化产品，同时向多个卖主购买产品在经济上也完全可行。

(4)购买者有能力实现后向一体化，而卖主不可能实现前向一体化。

3. 新进入者的威胁

新进入者在给行业带来新生产能力、新资源的同时，亦希望在已被现有企业瓜分完毕的市场中赢得一席之地，这就有可能会与现有企业发生原材料与市场份额的竞争，最终导致行业中现有企业赢利水平降低，甚至还有可能危及这些企业的生存。潜在进入者威胁的严重程度取决于两方面的因素，一是进入新领域的障碍大小；二是预期现有企业对于进入者的反应情况。

进入障碍主要包括规模经济、产品差异、资本需要、转换成本、销售渠道开拓、政府行为与政策（如国家综合平衡统一建设的石化企业）、不受规模支配的成本劣势（如商业秘密、产供销关系、学习与经验曲线效应等）、自然资源（如冶金业对矿产的拥有）、地理环境（如造船厂只能建在海滨城市）等方面，这其中有些障碍是很难借助复制或仿造的方式来突破的。因此新企业进入一个行业的可能性大小，取决于进入者主观估计进入所能带来的潜在利益、所需花费的代价与所要承担的风险这三者的相对大小情况。

4. 替代品

两个处于同行业或不同行业中的企业，可能会由于所生产的产品互为替代品，从而产生相互竞争行为，这种源自于替代品的竞争会以各种形式影响行业中现有企业的竞争战略。首先，现有企业产品售价以及获利潜力的提高，将由于存在着能被用户方便接受的替代品而受到限制；第二，由于替代品生产者的侵入，使得现有企业必须提高产品质量、或者通过降低成本来降低售价、或者使其产品具有特色，否则其销量与利润增长的目标就有可能受挫；第三，源自替代品生产者的竞争强度，受产品买方转换成本高低的影响。总之，替代品价格越低、质量越好、用户转换成本越低，其所能产生的竞争压力就强；而这种来自替代品生产者的竞争压力的强度，可以具体通过考察替代品销售增长率、替代品厂家生产能力与赢利扩张情况来加以描述。

5. 行业内竞争者

大部分行业中的企业，相互之间的利益都是紧密联系在一起的，但作为行业整体一部分的各企业的竞争战略，其目标都在于使得自己的企业获得相对于竞争对手的优势，所以，在实施中就必然会产生冲突与对抗现象，这些冲突与对抗就构成了行业内现有企业之间的竞争。现有企业之间的竞争常常表现在价格、广告、产品介绍、售后服务等方面，其竞争强度与许多因素有关。

一般来说，出现下述情况将意味着行业中现有企业之间竞争的加剧：行业进入障碍较低，势均力敌的竞争对手较多，竞争参与者范围广泛；市场趋于成熟，产品需求增长缓慢；竞争者企图采用降价等手段促销；竞争者提供几乎相同的产品或服务，用户转换成本很低；一个战略行动如果取得成功，其收入相当可观；行业外部实力强大的公司在接收了行业中实力薄弱企业后，发起进攻性行动，结果使得刚被接收的企业成为市场的主要竞争者；退出障碍较高，即退出竞争要比继续参与竞争代价更高。在这里，退出障碍主要受经济、战略、感情以及社会政治关系等方面考虑的影响，具体包括：资产的专用性、退出的固定费用、战略上的相互牵制、情绪上的难以接受、政府和社会的各种限制等。

知识链接：

成熟市场不乏大量的竞争者，其中有市场领先者、市场挑战者、市场追随者和市场补缺者。在分析竞争对手时，多竞争对手进行分析是不现实的，也是不必要的。确定主要竞争对手，并对其进行详细分析，以确定其优势和劣势、对公司的威胁、以及其成功的关键因素，这是公司制定进攻或防守战略的关键。

具体来说,主要竞争对手分析,可从以下四方面进行:

①长远目标。例如,谁是主要竞争对手,未来的重点在哪里,我们的目标与对手的目标相比如何,对待风险的态度如何?

②竞争者的现行战略。例如,对手在做什么,我们现在如何竞争,这种战略是否符合竞争规则?

③关于自身和产业的假设。例如,我们认为未来容易变化吗,我们的对手对行业及其自己做什么样的假设,竞争环境稳定吗?

④能力的强项和弱项。例如,对手的优势和劣势是什么,与对手相比我们的能力如何,对手未来会做什么,我们在哪些方面具有竞争优势,这会如何改变我们与对手之间的关系?

根据对五种竞争力量的分析,企业可以采取尽可能地将自身的经营与竞争力量隔绝开来,努力从自身利益需要出发影响行业竞争规则,先占领有利的市场地位再发起进攻性竞争行动等手段来对付这五种竞争力量,以增强自己的市场地位与竞争实力。

2.2.3 内部环境分析

企业的资源是指能够给企业带来竞争优势的任何要素,是企业参与市场竞争的必备条件,包括有形资产、无形资产和人力资源。这些资源各有不同的特点和作用。

1. 有形资源

有形资源是比较容易确认和评估的一类资产,它包括财务资源和物质资源,一般可以从企业的财务报表上查到。企业财务资源是指可用于生产或投资的资金来源。它构成企业最基本的资源之一,包括各种内部及外部融资渠道。例如,未分配利润,股票发行,贷款,租赁,调整应收、应付款项,出售资产等项目。物质资源是企业从事生产的基础,包括企业所拥有的土地、厂房、机器设备、运输工具、办公设施,还有企业的原材料、产品、库存商品等,是企业的实物资源。

在评估有形资产的战略价值时,必须注意以下两个问题:第一,是否有机会更经济地利用财务资源、库存和固定资产,即能否用较少的有形资产获得同样的产品或用同样的资源获得更大的产出;第二,怎样才能使现有资源更有效地发挥作用。

2. 无形资产

资产负债表上标明的有形资产一般可以从市场上直接获得,可以用货币加以直接度量,并可以直接转化为货币。而无形资产是企业不可能从市场上直接获得,不能用货币直接度量,也不能直接转化为货币的那一类经营资产,包括企业的商誉、技术、文化等。无形资产往往是企业在长期的经营实践中逐步积累起来的,虽然不能直接转化为货币,但却同样能给企业带来效益,因此同样具有价值。

(1)技术资源。技术资源是重要的无形资产,包括其先进性、独创性和独占性。企业要把适应顾客的需求变化,生产并不断开发新产品及服务作为其首要任务。产品及服务的开发和生产依赖企业所拥有的技术资源,一旦企业拥有了某种专利、版权和商业秘密,它就可以凭借这些无形资产去建立自己的竞争优势。

(2)商誉资源。商誉是指一家企业由于顾客信任、管理卓越、生产效率高或其他特殊优势而具有的企业形象,它能够给企业带来超过正常收益率水平的获利能力。在产品质量和服务对潜在顾客利益的影响并不明显的行业,企业商誉往往是最重要的资源。一般来说,商誉往往与企业联系在一起,有时也与特定的品牌有关。例如,在软饮料行业,可口可乐和百事可乐是世界上商誉很高的两家企业,这种巨大的无形资产已成为它们最重要的竞争资源。医疗、教育等行业都是更多地依赖信誉和知名度的行业。信誉和知名度高的企业不仅其产品和服务容易被消费者接受,在同样的质量下可以卖出较好的价格,而且可以在融资、借贷方面得到方便和优惠。可见,在激烈的市场竞争中,建立并合理应用商誉关系到企业的市场绩效。

(3)企业文化资源。所谓企业文化是基于共同价值观,企业全体职工共同遵循的目标、行为规范和思维方式的总称。当今,企业文化的价值越来越被企业界所重视。人们从海尔等许多大企业成功的范例中发现,这些企业之所以能在快速发展中立于不败之地,是由于它们成功地创造了具有自身特色的企业文化。

企业文化分析包括以下内容。

①企业文化现状分析。应对企业的物质文化层、制度文化层、精神文化层逐一分析。例如,精神文化层需重点分析为绝大多数员工认同的经营宗旨、价值观、思维方式、行为道德准则、心理期望、信念、具有企业个性特点的群体意识等内容。

②企业文化建设过程分析。应从以下几方面进行分析:企业领导人是如何塑造企业文化的,是否有科学的文化建设目标、计划、工作内容、预算保证等,企业是如何宣传贯彻现行企业文化的,现行文化是否为广大员工接受并付诸实践。

③企业文化特色分析。企业文化是企业具有独特的传统、习惯和价值观的积淀。企业文化的生命力和感召力在于其独具特色、震撼人心。例如,海尔文化中,海尔生存理念的特色是突出危机意识、居危思进、开拓进取。CEO 张瑞敏形象地归结为“永远战战兢兢,永远如履薄冰”。做好企业文化特色分析,准确把握企业文化的特点,是成功进行文化建设的关键。

④企业文化与战略目标和内外环境的一致性分析。分析过去几年,企业文化是否与制定的战略目标协调一致,所起的作用是正面,还是负面的,对企业绩效的影响有多大。企业文化是否与社会文化环境和产业文化环境相适应。

⑤企业文化形成机制分析。分析研究现有企业文化的形成机制,弄清企业未来战略目标、战略方向、战略业务选择以及政策方针与员工已接受的企业文化的相容或相悖程度,进而明确下一步文化建设的方向和思路。

3. 人力资源

一个组织最重要的资源是人力资源。大量研究发现,那些能够有效利用其人力资源的组织总是比那些忽视人力资源的组织发展得更快。是人的进取心和掌握的技术创造了企业的繁荣,而不是实物资源和财务资源。在技术飞速发展和信息化加快的知识经济时代,人力资源在组织中的作用也越来越突出。

确认和评价一个企业人力资本价值是一项困难和复杂的工作,这是因为人们常常根据他们的工作业绩、经验和资历来评价个人的技巧和能力。然而,个人能力能否充分发挥作用还取决于他所在工作环境的状况。有时,很难直接评价个人对组织业绩的贡献。因此,企业常常通过间接的方式来评价个人的业绩,如考查个人的工作时间、热情、职业习惯和态度等。在环境迅速变化的条件下,如果一个企业想要适应这种变化,并利用新的机会求得发展,更重要的不是考查其雇员过去或现在具有怎样的能力和业绩,而是评估他们是否具有挑战未来的信心、知识和能力。近年来,许多企业,如深圳华为等都已开始对其成员做更广泛、更细致的知识、技巧、态度和行为测评。与此同时，越来越多的企业认识到在评估其人力资源状况时，不仅要考查其成员个人的专长和知识，尤其要评价他们的人际沟通技巧和合作共事能力。

2.3 战略管理过程

战略管理是为了企业长期生存，在对企业内部资源条件和外部环境进行分析的基础上，确定战略目标，并将战略目标付诸实施和对战略实施过程进行控制和评价的动态过程。企业战略管理一般经过战略环境分析、战略制定、战略实施、战略控制四个过程。

2.3.1 战略分析

战略分析指企业在制定战略之前，对企业所处的环境进行分析、评价，预测这些环境因素未来变化的趋势，以及这些趋势可能对企业造成的影响及影响方向。

1. 确定企业愿景与使命

愿景与使命回答的是“我们想成为什么和我们的使命是什么”。企业愿景和使命是企业生存的根本目的，是企业发展的根本动力，是企业最深层次的激励因素，它决定了企业的长远发展方向及存在价值。

确定企业愿景与使命要考虑以下几方面：

(1) 界定企业现有业务；

(2) 明确企业将来的筹划能力；

(3) 预测顾客的需求趋势；

(4) 确定企业的发展方向。

三家全球知名企业的公司愿景及策略见表 2－1。

表 2－1 三家全球性企业的公司愿景及策略

企业名称	公司愿景	策略
麦当劳	控制全球食品服务业	为顾客满意而建立营运标准，通过公司的便利、价格和所执行的战略来增加市场份额和获利能力
柯达	只要是图片就是我们的业务	主营胶卷
索尼	带给顾客一个数码梦想	为实现那些被数字技术魅力深深吸引的人们的梦想，不断创造出独特的可以带来全新生活享受的新产品

2. 设置目标体系

目标是最重要的表层激励因素，为目标而工作、为目标而行动，目标体系是跟踪企业业绩和进度的标尺。战略目标包括非财务目标和财务目标。非财务目标是描述企业成长规模、市场地位、影响力、发展潜力、品德价值等的目标体系，是对企业发展展望的定性描述。财务目标是从财务角度对企业发展的数量化规定，主要包括利润规模和利润率、资产规模、负债水平等衡量企业财务成长状况的指标。

2.3.2 战略制定

战略制定是指企业的决策机构组织各方面的力量，按照一定的程序和方法，为企业选择合适的经营战略的过程。它是企业在把握时代潮流、发展趋势和经营环境变化基础上，为谋求长远、可持续、协调、稳定的发展，以正确的战略思想指导，对企业的方针目标、方向、产品结构的选择及进行相应的企业经营资源分配。

1. 战略制定的原则

战略首先要贯彻和反映企业文化中蕴涵的经营理念、企业精神、宗旨与价值观。要符合企业的内在条件，充分发挥优势，扬长避短，并营造新的优势资源。

战略制定应遵循以下原则：

(1)企业战略要立足现有企业基础起步。战略目标如果定得太高，“可望不可即”，则变成空中楼阁；战略目标如果定得太低，“可望便可即”，则没有足够的吸引力和动力。

(2)企业战略要有前瞻性。制定企业战略时要预测到未来规划期内社会、经济、科技、环境、人口、市场诸多方面的重大变化的影响，并考虑相应对策，从而使战略有相当的适用性。

(3)企业战略要突出特色，形成自身独特模式。其他企业的战略模式只可供借鉴参考，不能盲目照搬。例如，杰克·韦尔奇曾提出著名的“数一数二战略”，他指出 GE 的所有业务，必须在全球范围内相关领域中占据数一数二的地位，否则，这些业务将被“整顿、出售，或者关闭”。“当你是市场中的第四或第五的时候，老大打一个喷嚏，你就会染上肺炎。当你是老大的时候，你就能掌握自己的命运，你后面的公司在困难时期将不得不兼并重组。”

(4)企业战略应划分为若干战略阶段，并设定一些战略控制点，渐进式地逼近终极目标。在该进程中，短期利益与长远利益结合、局部利益与整体利益兼顾，既积极推进又非常稳妥，在各约束因素下选择相对合理的发展轨迹。

(5)制定企业发展战略要事先论证，必要时可邀请社会有关专家参加战略制定或咨询论证。

企业战略体系一经确定或批准，则具有长期指导性、持久性、一贯性和严肃性。除非遇到不可抗力事件或未预测到事件的严重影响，一般不宜对发展战略频繁修改或调整，尤其反对“一茬领导一个调”的现象。

2. 制定战略的程序

(1)识别和鉴定企业现行的战略。制定新的战略前，必须识别企业的现行战略是否已经适应于形势。只有确认现行战略已经不适用时，才有必要制定新的战略。同时，也只有在认清现行战略缺陷的基础上，才能制定出较为适宜的新战略方案。

(2)分析企业外部环境。调查、分析和预测企业的外部环境是企业战略制定的基础。通过环境分析，可以使战略制定人员认清企业所面临的主要机会和威胁，觉察现有和潜在竞争对手的图谋和未来的行动方向，了解未来一段时期社会、政治、经济、军事、文化等的动向，以及企业由此而面临的机遇和挑战。

(3)预测和评估企业自身素质。可以通过内部分析来测定和评估企业的各项素质，摸清企业自身的状况，明确自身的优势与劣势。

(4)准备战略方案。根据企业的发展要求和经营的目标，依据企业的内外部环境分析结果，列出所有可能实现经营目标的战略方案。

(5)评价和比较战略方案。根据股东、管理人员以及其他利益相关团体的价值观和期望目标,确定战略方案的评价标准,并依照标准对各项备选方案加以评价和比较。

(6)确定战略方案。在评价和比较的基础上,企业选择一个最满意的战略方案作为正式的战略方案。有时,为了增强战略的适应性,企业往往还选择一个或多个方案作为后备方案。

2.3.3 战略实施

战略实施是将战略构想转化成战略行动的过程。美国管理学者波奈玛曾说道:“一个合适的战略如果没有有效的实施,会导致整个战略失败。有效的战略实施不仅可以保证一个合适的战略成功,而且还可以挽救一个不合适的战略或者减少它对企业造成的损害。”

1. 战略实施的步骤

战略实施阶段包括三个步骤。

(1)制定行动计划和职能部门策略。行动计划通过指明公司在特定时期的特定任务来指导战略实施,而职能部门策略是公司为了实施战略而进行的短期活动。

(2)将战略整合入组织。

(3)建立战略控制和持续改进。持续改进使公司能及时对快速变化的外部环境作出反应;而战略控制有助于追踪战略实施的情况,发现潜在的问题或变化,并且进行必要的调整。

2. 战略实施的基本原则

企业在经营战略的实施过程中,常常会遇到许多在制定战略时未估计到或者不可能完全估计到的问题,以下三个基本原则可作为企业实施战略的基本依据。

(1)适度合理性的原则。该原则是指在战略实施过程中,只要在主要的战略上基本达到了预定的目标,就应当认为这一战略的制定及实施是成功的。因为战略的实施过程不是一个简单机械的执行过程,而是需要执行人员大胆创造、大量革新,战略实施过程也可以说是对战略的创造过程。因此,在战略实施中,战略的某些内容或特征有可能改变,但只要不妨碍总体目标及战略的实现,就是合理的。

(2)统一领导、统一指挥的原则。该原则指战略的实施应当在高层领导人员的统一领导、统一指挥下进行,只有这样其资源的分配、组织机构的调整、企业文化的建设、信息的沟通及控制、激励制度的建立等各方面才能相互协调、平衡,才能使企业为实现战略目标而卓有成效地运行。

(3)权变原则。该原则是指当企业内外环境发生重大的变化,以致原定的战略难以实现目标时,就应该对原定的战略进行重大的调整。这里的关键是如何掌控环境变化的程度,如果环境发生并不重要的变化就轻率修改了原定战略,会造成人心浮动,带来消极后果,甚至会导致一事无成。但如果环境确实已经发生了很大的变化,仍然坚持实施既定的战略,将最终导致企业失败。权变的观念应当贯穿于战略实施的全过程,它要求管理者能够识别出战略实施中的关键变量,并对它作出灵敏度分析,当这些关键变量的变化超过一定的范围时,原定的战略就应当调整,并准备相应的替代方案。为此,企业应该提前对可能发生的变化、对企业造成的后果以及相应的应变替代方案有足够的了解和充分的准备,以增强企业的应变能力。

2.3.4 战略控制

战略控制主要是指在战略的实施过程中,检查企业为达到目标所进行的各项活动的进展情况,评价实施战略后的企业绩效,把它与既定的战略目标与绩效标准相比较,发现战略差距,分析产生偏差的原因,纠正偏差,使企业战略的实施更好地与企业当前所处的内外环境、企业目标协调一致,以实现企业战略。

对企业经营战略的实施进行控制的主要内容如下。

(1)设定绩效标准。根据企业战略目标,结合企业内部人力、物力、财力及信息等具体条件,确定企业绩效标准,作为战略控制的参照体。

(2)绩效监控与偏差评估。通过一定的测量方式、手段、方法,监测企业的实际绩效,并将企业的实际绩效与标准绩效对比,找出偏差。

(3)设计与采取纠正偏差的措施,以顺应变化着的环境和条件,保证企业战略的圆满实施。

(4)监控外部环境的关键因素。外部环境的关键因素的变化意味着战略提前条件的变化,必须给予充分的注意。

(5)激励战略控制的执行主体,以调动其自控与自评价的积极性,保证企业战略实施的切实有效。

2.4 基本竞争战略

迈克尔·波特提出赢得竞争优势的基本战略有三种:总成本领先战略、差异化战略和目标聚集战略。

2.4.1 总成本领先战略

总成本领先战略指通过规模化生产或依靠独特的生产工艺,在生产水平上大大领先于对手,从而获取价格上的竞争优势。成本领先战略往往意味着巨大的生产规模和专业化程度很高的生产设施。

在消费者对价格敏感、产品标准性较强、产品品牌效应不显著的情况下,成本领先战略是有效的,格兰仕就是采用低成本战略的典型。凭借规模经济和专业化生产所带来的成本优势,格兰仕占有中国微波炉市场的60%的份额,世界微波炉市场35%的份额,成为中国乃至全世界的微波炉大王。格兰仕的规模经济表现在生产规模、销售、科研和管理方面。1992年格兰仕引进当时最先进的东芝微波炉生产线,在10年的发展中,通过扩大生产规模,降低了单位产品成本。同时,格兰仕还在降低采购成本、行政管理成本、营销成本和流通成本方面做了巨大的努力,使公司在综合成本竞争中占据了很大优势。除了规模制造以外,格兰仕还通过了专业化生产取得成本优势。格兰仕由一个最初生产羽绒服的企业转而生产微波炉,在10多年的发展中,一直专注于微波炉生产,并且不断发展新产品和专有技术以及关键元器件,降低制造成本。

2.4.2 差异化战略(歧异化战略)

差异化战略是通过形成自己的特色,与其他企业的产品形成区别,从而避开正面价格竞争的战略手段。差异化一般通过品牌、技术性能、新功能、服务等方式来实现。这种战略依赖于基础产品、销售交货体系、营销渠道等一系列因素,为顾客提供附加价值,以它的一种或多种特质在产业内独树一帜。值得注意的是差异化战略并不意味着可以忽略成本控制,不过此时成本不是企业的首要战略目标。

价格优势是所有生产商努力追求的目标,看起来简单,实际操作起来却很难,单单从某一方面降低成本其意义几乎没有,因为价格低廉一般都要带来质量的下降,在能够保持竞争力的质量前提下取得成本优势并不是大部分厂商所能实现的。因此,相对而言,差异化是大部分企业能够快速获取的竞争优势。总之,降低产品价格的难度总体上高于差异化的难度,因为对产品进行局部的创新,也可以引起顾客的兴趣,尽管这种创新未必会真正形成企业的核心竞争力,但操作却比降低成本要容易得多。

2.4.3 目标聚集战略

目标集聚战略着眼于在产业内的一个狭小空间作出选择,即选择产业内一种或一组细分市场,集中力量,并量体裁衣为其提供个性化服务。

企业之所以要选择一个细分的目标市场,一是因为当企业集中力量致力于某一特定目标时,能够更加深入地了解顾客的需求,把产品做得更好,使顾客得到最大的满足,从而在市场竞争中占据有利的地位;二是因为在特定的目标市场中,竞争对手比较少,取得这部分市场领袖地位的概率较大。

目标聚集战略与其他两个基本的竞争战略不同。成本领先战略与差异化战略面向全行业,在整个行业的范围内进行活动。而目标聚集战略则是围绕一个特定的目标市场进行密集型的生产经营活动,要求能够比竞争对手提供更为有效的服务。企业一旦选择了目标市场,便可以通过产品差异化或成本领先的方法,形成目标聚集战略。就是说,采用目标聚焦型战略的企业,基本上就是特殊的差异化或特殊的成本领先企业。

企业实施目标聚集战略的关键是选好战略目标。一般的原则是,企业要尽可能地选择竞争对手最薄弱的目标和最不易受替代品冲击的目标。在选择目标市场之前,企业必须确认:

(1)购买群体在需求上存在的差异;

(2)在企业的目标市场上,没有其他竞争对手试图采用目标聚集战略;

(3)企业的目标市场在市场容量、成长速度、获利能力、竞争强度方面具有相对的吸引力;

(4)企业规模、资源实力有限,无力追求更大的目标市场。

应当指出,企业实施目标聚集战略,尽管在其目标市场上保持一定的竞争优势,获得较高的市场份额,但由于目标市场相对狭小,该企业在总体市场中的份额不会很高。因此,选择目标聚集战略时,企业应该在产品获利能力和销售量之间进行权衡和取舍,有时还需在产品差别化和成本状况中进行权衡。

2.5 企业成长战略和防御战略

企业成长战略包括加强型战略、一体化战略和多元化战略。

2.5.1 加强型战略

加强型战略是对现有核心业务的现状及其未来充满信心的体现,这一类型战略的共同特征是扩大现有业务规模,加强其在行业中的竞争地位。围绕这一核心思想,加强型战略可以分为以下四种形态。

1. 市场渗透战略

市场渗透战略指通过努力，提高现有产品或服务在现有市场上的销售量和市场份额。其基本战略理论是：现有产品在现有市场上还是有足够的增长潜力，通过渗透可以将这种潜力充分地挖掘出来。这种渗透可通过两种途径来实现：一是地理上的渗透，例如，一家名叫“可的”的便利连锁店的战略目标就是将“可的”点的密度加大到每500米一家（据研究，便利点的最佳经营半径是500米）；二是营销上的渗透，例如，“脑白金”这一产品的广告轰炸便是属于这种战略。

在下述情况下，企业可以考虑采用市场渗透战略：

（1）企业特定产品与服务在当前市场中还未达到饱和；

（2）现有用户对产品的使用率还可显著提高；

（3）整个产业的销售额增长使主要竞争者的市场份额在下降；

（4）在历史上销售额与营销费用高度相关；

（5）规模的提高可带来很大的竞争优势。

2. 市场开发战略

市场开发战略指以现有产品或服务打入新的地区市场，这一战略是基于企业对新市场和自身实力的信心。在全球经济一体化和全球产业结构大调整的背景下，市场开发战略越来越被企业所注重。

市场开发战略的使用准则是：

（1）可得到新的、可靠的、经济的和高质量的销售渠道；

（2）企业在所经营的领域非常成功；

（3）存在未开发或未饱和的市场；

（4）企业拥有扩大经营所需的资金和人力资源；

（5）企业存在过剩的生产能力；

（6）企业主业属于迅速全球化的产业。

3. 产品开发战略

产品开发战略是通过开发新型产品或提供新型的服务来拓展公司的业务，这种战略是企业不满于现有产品经营状态的体现。例如，英特尔公司是一个不断追逐技术领先的公司，2003年9月英特尔宣布了其正在研制的多芯设计的芯片，该芯片将在一块硅片上集成16个处理器。同时英特尔还成功将90纳米技术应用于其下一代微处理器芯片上，而其竞争对手如AMD还没有转移到这一技术。除了计算机芯片以外，2004年英特尔还推出数字电视芯片，这种芯片可用于等离子电视、背投电视和液晶电视等产品，不仅可以显著提高高达屏幕数字电视的图像质量，还可以大幅度降低大屏幕数字电视的价格，将有利推动数字电视的普及。

产品开发战略的使用准则如下：

（1）企业拥有的成熟产品；

（2）产业属于快速增长的高技术领域；

（3）能比主要竞争对手提供可比价格下更高质量的产品；

（4）企业拥有很强的研发能力。

4. 协同业务开发战略

协同业务开发战略指战略进入一个新的产业，其根本目的不是在该新业务领域内获利，而是希望通过这一新业务的开发而为企业的现有主业带来更大的回报或增强主业的竞争能力。例如，为了提高在相纸和冲印药水业务上的收入，柯达公司开发了照相机产品。柯达公司在照相机业务上并不赢利,但根据统计分析,每多销售一个照相机,每年市场上就会多销售2.3卷胶卷,按照柯达公司的市场份额,便可测算出柯达公司的收益。

协同产业开发的准则只有一个,就是对现有主业提供强大的支持。

2.5.2 一体化战略

一体化战略基于两个方面考虑:一是看好某一产业的长期发展,期望在这一产业链上获得更多的利润;二是通过一体化战略来提升竞争能力,降低经营风险。一体化战略大体分为横向一体化和纵向一体化两大类,其中纵向一体化分为前向一体化和后向一体化两种类型。

1. 前向一体化

前向一体化指向产业链的下游延伸,即将业务延伸到企业的客户端。如显像管企业向电视机业务延伸,空调压缩机企业向空调器生产领域延伸等。

前向一体化的适用准则为:

(1)销售商成本高昂、不可靠、不能满足企业发展的需要;

(2)产业快速增长或将会快速增长;

(3)前向产业具有较高的进入壁垒;

(4)前向产业收益水平较高;

(5)企业具备进入前向产业的条件;

(6)企业需要稳定的生产。

2. 后向一体化生产

后向一体化生产是指向产业链的上游延伸,就是将业务扩展到自己的供应商领域内。例如,美国金光纸业(APP)在造纸业务扩大后,大规模地建设自己的林业基地,为造纸业务提供原材料上的保障。

后向一体化的适用范围有:

(1)供应商成本过高、不可靠或不能满足企业对供应品的需求;

(2)供应商数量少而需求方竞争对手多;

(3)产业快速增长;

(4)企业具备自己生产原材料的能力;

(5)原材料成本的稳定性极为重要或供应商利润丰厚。

3. 横向一体化

横向一体化指同业间的兼并(合并)。例如,1996年全球的飞机制造公司——波音公司兼并全球第三大航空公司麦道公司,深刻改变了世界航空公司的格局。通过兼并,波音掌握了更大的市场份额,兼并后波音的民用客机的市场份额成为其最强劲对手——空中客车公司的两倍多,而且兼并还使得波音军用产品销售额超过150亿美元,成为世界上最大的军用飞机公司;更重要的是兼并增加了波音军用飞机的技术开发能力,同时也扩大了波音公司的生产能力。这桩兼并案是典型的强强联手。

横向一体化战略的适用准则有:

(1)可以获取一定垄断地位;

(2)企业处于成长型的产业中;

(3)规模具有部分优势;

(4)企业具有扩大经营规模的能力、竞争对手停滞不前。

2.5.3 多元化战略

多元化战略是指不满足于现有产业链的经营,或对现有产业链的前景预期不乐观,基于分散风险的考虑,开展其他多元业务。按照与现有业务相关的程度,他们可从强到弱依次分为集中多元化、横向多元化和混合多元化。

1. 集中多元化

集中多元化指进入一个与原有业务在技术、市场上都有关的新业务领域,以发挥现有业务在技术上、市场上的协同作用。例如,以生产照相器材闻名的日本佳能公司利用其在光学、影像与微处理器控制领域的技术能力,将其产品扩展到复印机、打印机、传真机等办公设备领域。由于这些产品存在技术相关性,因此,这些不同的业务可以在技术上、内部资源上实现共享。再如,当佳能发现数字激光打印机市场大有可为时,它授权该事业部的经理到其他事业部搜罗人才,以便建立业务所需的人才库。当佳能的复印产品部着手开发由微处理器控制的复印机时,也曾向照相产品部门求助,因为后者曾开发了世界上第一台由微处理器控制的照相机。

当以下情况出现时,可考虑采用集中多元化战略:

(1)所属行业处于零增长或慢增长;

(2)增加新的相关产品会显著促进现有产品的销售;

(3)有较强能力提供相关的产品;

(4)新的相关产品所具有的季节性波动正好可弥补现有产品生产周期的波动;

(5)现有产品处于衰退期;

(6)企业拥有强有力的人才队伍。

2. 横向多元化

横向多元化指市场相关但技术不相关的业务领域,即向现有客户提供新的不相关的产品,这一战略发挥的是现有业务的市场协同作用。

横向多元化在下述情况下可以考虑使用:

(1)增加新的不相关产品可以从现有产品市场中获得显著的收益;

(2)现有产品属于高竞争或低增长的行业;

(3)可利用现有销售渠道营销新产品;

(4)新产品的销售波动周期与现有产品的波动周期可以互补。

3. 混合多元化

混合多元化指进入一个与现有业务完全不相关的行业领域。这种战略主要是处于对现有业务增长极限的应对、分散业务风险、吸收企业富裕资金等三个方面的考虑。

混合多元化的使用情况为:

(1)企业主营业务销售和赢利下降;

(2)企业拥有新产业成功竞争的条件;

(3)有机会收购不相关但极具投资价值的企业;

(4)收购与被收购企业间存在资金的融合;

(5)企业现有产品已饱和;

(6)集中经营可能受到垄断和指控。

2.5.4 防御性战略

防御性战略属于一种弱战略,这种战略基本上处于一种退或守的态势,其更多的是出于风险防范或产业退出的考虑。从另一方面看,某一业务的退出在很大程度上是为了在一个更好的领域内有所作为。防御型战略可分为收缩、剥离和结业清算三种类型。

1. 收缩

收缩战略指通过减少某项业务的资产与成本或陆续抽出资金,使该业务逐渐萎缩以减少损失,这种战略也被称为转向或重组战略。收缩战略包括出售资产、压缩产品系列、停产、裁员等一系列方法。破产也是一种常用的收缩战略,它可使公司免除大额的债务或使一些重大的合同失败。

收缩战略的使用准则为:

(1)企业具有明显而独特的竞争力,但没能做到持续实现企业目标;

(2)企业在产业中属于弱者;

(3)企业受低效率、低赢利、低士气的困扰;

(4)企业在战略上遭受失败或企业迅速发展,需要大规模改组。

2. 剥离

剥离战略指出售公司的分公司、分部或一部分业务。剥离可以是全面收缩战略的一部分,也可以是为下一步战略投资筹集资金的手段。在竞争不断加剧,分工日益细化的今天,剥离成为非常风行的战略性活动。例如,1999 年,陕西长岭股份有限公司进行了大规模的剥离,最终公司只保留了一条冰箱的总装线、少部分资产以及军工生产车间。剥离完后,长岭股份的大部分生产来自于外包,通过市场竞争提高了效率,降低了生产成本。

剥离战略的适用准则为:

(1)企业已采取了收缩战略但没得到改善;

(2)为保持竞争力而需要投入的资源超出公司的供给能力;

(3)分公司的失利使公司整体业绩不佳;

(4)分公司与总公司或其他分公司组织不相适宜;

(5)企业急需大量资金而不能从其他途径取得资金;

(6)反垄断措施已对企业构成威胁。

3. 清算

清算战略是指企业为实现其有形资产的价值而将企业资产整体或分块出售。其适用准则为:

(1)已采取收缩和剥离战略,但均未成功;

(2)除清算和破产外没有其他选择;

(3)可通过出售企业资产而将损失降至最小。

2.6 战略评价和选择

2.6.1 SWOT 分析

20 世纪 80 年代初,美国旧金山大学的管理学教授韦里克提出了 SWOT 分析法,该方法常被用于企业战略制定、竞争对手分析等场合。SWOT 分析法就是确认企业所面临的优势(Strength)与劣势(Weaknesses)、机会(Opportunities)与威胁(Threats),并据此确定企业的战略定位,最大程度地利用内部优势和机会,使企业劣势与威胁降至最低限度。

SWOT 分析步骤如下:

第一步,确认企业当前的经营战略。

第二步,利用波特五力模型或 PEST 分析企业外部环境。

第三步,详尽地明确行业状况和企业内部战略环境。

例如,见表 2-2,表中对所列的因素逐项打分,然后按因素的重要程度加权并计算其代数和,以判断其中的内部优、劣势与外部的机会与威胁。

表 2-2 某企业 SWOT 分析

优势(S)	劣势(W)	机会(O)	威胁(T)
• 有力的战略 • 有利的金融环境 • 有利的品牌形象和美誉 • 被广泛认可的市场领导地位 • 专利技术 • 成本优势 • 强势广告 • 产品创新技能 • 优质客户服务 • 优秀产品质量 • 战略联盟与并购	• 没有明确的战略导向 • 超额的负债和恐怖的资产负债表 • 超越竞争对手的高额成本 • 缺少关键技能和资格能力 • 利润的损失部分 • 内在的运作困境 • 落后的 R&D 的能力 • 过分狭窄的产品组合 • 市场规划能力的缺乏	• 服务独特的客户群体 • 新的地理区域的扩张 • 产品组合的扩张 • 核心技能向产品组合的转变 • 垂直整合的战略形式 • 分享竞争对手的市场资源 • 竞争对手的支持 • 战略联盟与并购带来的超额覆盖 • 新技术开发通路 • 品牌形象扩展的通路	• 强势竞争者的进入 • 替代品引起的销售下降 • 市场增长的减缓 • 交换率和贸易政策的不利转换 • 新规则引起的成本增加 • 商业周期的影响 • 客户和供应商的杠杆作用加强 • 消费者购买需求的下降 • 人口和环境的变化

第四步,确定战略。可供选择的战略类型有四种。

(1)增长型战略(SO)。当机会较多、优势较大的时候,采取增长型战略。企业应该集中于某单一经营领域,利用自己的优势占领市场。企业可以选用纵向一体化向自己的上游供应商或下游销售商扩展;可以对少量的相关产品进行多样化的经营,同时利用自己的优势,拓展市场上的机会。

(2)扭转型战略(WO)。当市场机会多,但是企业处于竞争劣势时,企业需要改变现状,摆脱自己的劣势竞争地位时,可采取扭转战略。企业可在某一经营领域制定集中战略,以某一个领域为突破口改变现状。如果条件允许,企业应考虑与同行业的其他企业合并。为了减少风险,企业也可以进行多样化经营,如果这一切难以奏效,则放弃这块市场。

(3)防御型战略(WT)。当市场威胁大,企业又没有优势的时候,企业只能采取防御战略。推荐的方法是谋求与竞争对手合作或合并,以加强竞争地位。企业也可以从某一个领域突破,制定集中的战略。企业可以选用纵向一体化和多样化经营。如果难以成功,企业可以将市场中的业务分离出去,或者把资源收回用到其他领域。

(4)多样化战略(ST)。当企业有较大的竞争优势,但市场机会不多的时候,企业适合采取多样化战略，把企业带向有更大发展空间的市场。另一种进入新领域的方法是寻找合作或合资经营的机会。企业可以通过纵向一体化，进入上游或者下游行业。

根据 SWOT 分析，表 2－2 的例子中，某企业可选择增长型战略。

2.6.2 BCG 矩阵

增长率－市场占有率矩阵法（BCG 矩阵法）是由波士顿咨询公司（BCG）提出的。该矩阵法假定除最小的和最简单的公司外，所有的公司都是由两个以上的经营单位所组成的。一个经营单位的相对竞争地位和市场增长率是决定其经营战略的两个基本参数。以这两个参数为坐标，可形成一个具有四象限的网络图，如图 2－2 所示。

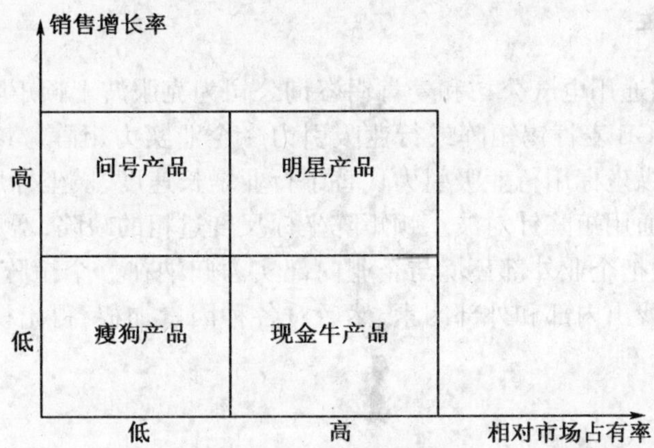

图 2－2　波士顿矩阵

在 BCG 矩阵中，横轴代表经营单位的相对竞争地位，它以经营单位相对其主要竞争对手的相对市场占有率来表示，它决定了该经营单位获取现金的速度。

纵轴表示销售增长率，它代表着市场的吸引力大小，也就是说它决定着投资机会的大小，如果市场增长率迅速，它为迅速收回资金、支付投资收益提供了机会。

根据 BCG 矩阵可以将企业的各种业务分为以下四种类型，并可依据企业所处的地位（相对市场占有率以及市场增长率）采取不同的战略。

1. 现金牛业务

现金牛业务指拥有较低的市场增长率和较高的相对市场占有率的业务。较高的相对市场占有率带来高额利润和现金，而较低的市场增长率只需要少量的现金投入。因此，现金牛业务通常产生出大量的现金余额，可支持其他需要现金的经营单位。

对现金牛类的业务，应采取维护现有市场占有率，保持该地位的战略；或采取抽资转向战略，以获得更多的现金收入。

2. 瘦狗业务

瘦狗类业务指那些相对市场占有率和市场增长率都较低的业务。较低的市场占有率一般意味着较少的利润，而较低的市场增长率，使得通过追加投资来扩大市场占有率也不可取代。因此，瘦狗类常常成为资金的陷阱，一般采用清算或放弃战略。

3. 问号业务

问号类业务指那些相对市场占有率低而市场增长率却较高的业务。高速的市场增长需要大量投资,而相对市场占有率低却只能产生少量的现金。

对问号类业务而言,因增长率高,适宜的战略是对其进行必要的投资,以扩大市场占有率使其转变成明星。当市场增长率降低以后,这颗明星就转变为现金牛。如果认为某些问号业务不可能转变为明星,那就应当采取放弃战略。

4. 明星业务

明星业务指市场增长率和相对市场占有率都较高的业务,它所需要的和所产生的现金流量都很大。明星通常代表着最优秀的利润增长率和最佳的投资机会。

显而易见,最佳战略是对明星类业务进行必要的投资,从而维护或改进其有利的竞争地位。

2.6.3 通用矩阵

通用矩阵是美国通用电气公司和麦肯锡咨询公司为克服波士顿矩阵的局限性而提出的改良分析矩阵,也称 GE 麦肯锡矩阵或行业吸引力 - 企业实力矩阵。该矩阵在理论上与波士顿矩阵类似,但其纵坐标用行业吸引力代替了行业增长速度,横坐标用企业实力代替了相对市场份额。同时,通用矩阵针对波士顿矩阵坐标尺度过粗的缺陷,增加了中间等级。

该矩阵的实质是把企业外部环境与企业内部实力归纳在一个矩阵内,如图 2 - 3 所示。建立通用矩阵,需要找出内部和外部因素,然后对各种因素加权,得出衡量内部因素和市场吸引力外部因素的标准。

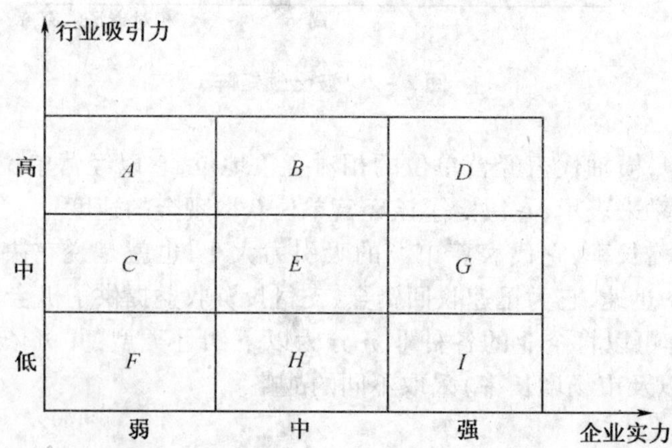

图 2 - 3　通用矩阵

根据业务单元在市场上的实力和所在地市场的吸引力,通用矩阵可以用来对这些业务单元进行评估,评价一个公司的业务单元组合的强弱,并以其为基础进行战略规划。

通用矩阵可以划分为三部分,九个方格。

(1)右下方的三个格子(G,H,I)的产品吸引力很低,企业可采取退出战略,迅速获利,收回投资,放弃该业务。

(2)右上角到左下角对角线的三个格子(D,E,F)的产品吸引力中等,企业可采取区别对待战略,适当赢利策略。

(3)左上角的三个格子(A,B,C)上的产品最具有发展前途,企业应采取积极的投资发展战略、择优重点发展战略,扩大生产,增加赢利能力。

对于不同的行业，通用矩阵往往可以根据行业特点来选取不同的影响因素，同时对因素由于重要性不同赋予不同的权重，而且对两个坐标强、中、弱、大、中、小的档次界限规定也不尽相同，但基本的思路与做法是一致的。

通用矩阵还可以用于预测战略业务组合的产品吸引力和业务实力，只要在因素评估中考虑到未来某个时间每一因素的重要程度及其影响大小，就可以建立预测矩阵。

复习思考题：

1. 战略管理的基本步骤有哪些？
2. 阐述三种基本竞争战略的内涵和适用条件。
3. 分别说明成长和防御战略的应用条件以及存在的风险。
4. 企业战略选择和评价的方法有哪些？
5. 简述 SWOT 分析法及其作用。
6. 简述 BCG 矩阵法的作用及三个领域的各自战略。

案例分析题：

云霄烟草战略决策

云霄烟草是我国烟草行业利税名列前 20 位的大型专业烟草公司。最近，公司高层在公司未来是否实施多元化战略的问题上发生了明显的分歧。

王志刚总经理认为，公司必须走多元化发展道路，因为云霄烟草是省内最大的烟草公司，具有品牌、营销、资金和人才等诸多优势，现在是利用这种优势对外进行扩张的大好时机，实际上公司已经与一家果汁饮料企业和一家医药企业洽谈过参股和控股事宜。王志刚总经理还以著名烟草公司菲利普·莫里斯(Philip Morris)的多元化战略成功的例子来佐证他的观点。早在 1969 年，菲利普·莫里斯公司就以 1.3 亿美元收购了国内市场份额排名第七的米勒啤酒公司 53% 的股份，第二年又收购了其余股份，从而完全控制了米勒啤酒公司。随后菲利普·莫里斯公司挟重塑"万宝路"香烟品牌并使之扬名天下的余威，多方面全力打造新米勒啤酒。如 1975 年推出的一种低热量的啤酒"Miller Lite"就受到消费者热烈追捧。经过多年努力，米勒啤酒的市场份额在 1979 年大幅度上升至 21%。以后，菲利普·莫里斯公司又进行了一系列的收购兼并，发展成为一家拥有烟草分部、食品分部的大众消费品生产商，其食品销售额甚至高于烟草销售额。王志刚总经理还提出了另一个理由，目前国内烟草公司也已经纷纷实施多元化战略，如红塔集团就已经进入证券和医药领域。

刘小明副总经理持相反的观点。他说，菲利普·莫里斯公司在收购米勒啤酒后的另一起收购中，却是以失败告终的。1978 年，利普·莫里斯公司收购了美国第三大饮料公司，当时被认为是其所在的柠檬汽水细分市场中的领先者的七喜饮料公司。菲利普·莫里斯采用与米勒啤酒类似的改进和打造，却回天乏术，最后不得不卖掉七喜饮料公司。俗话说，隔行如隔山，进入一个陌生的领域反而拖累原有的产业，在国内实例比比皆是。发挥自身特长，在利润率较高的烟草行业精耕细作，收获会更大。

思考与讨论：

1. 云霄烟草有限公司是否该实施多元化经营战略？说明你的理由。
2. 菲利普·莫里斯公司实施多元化战略的成败得失对云霄烟草有何启示？
3. 烟草公司环境的不确定性程度如何？

实训课题：

对模拟创业项目的市场环境进行SWOT分析，并根据环境分析结果制定企业总体战略计划及竞争战略计划。

要求：

1. 各模拟公司成员进行内部分工，通过查找网络、书报等资料，了解模拟企业所处的宏观环境。
2. 以实地调研等方法，了解市场微观环境，并对所在的模拟企业进行SWOT分析。
3. 根据环境分析结果，小组讨论制订企业总体战略计划及竞争战略计划。

模块三　市场营销管理

★**知识目标**：熟悉市场营销的概念和市场营销管理过程；
了解市场营销管理哲学；
熟悉市场调查和市场预测的内容；
掌握市场细分的概念；
熟悉目标市场的策略。

★**技能目标**：掌握市场调查的方法；
掌握市场细分和目标市场单位的方法；
理解并掌握市场营销组合策略。

引导案例：

一位香港制鞋商想要知道某个遥远的南太平洋小岛是否有鞋类的市场。他派遣一名订单处理人员到小岛上，在大略看了一下环境之后，此人回电说："这里的人都不穿鞋子，故无市场可言。"这名商人半信半疑，另派遣一名销售人员到当地，结果此销售人员回电："这里的人都不穿鞋子，市场简直大得不可限量。"这名商人又担心销售人员对于这个潜在鞋子市场过于乐观，于是他又派遣第三位人员前往，这次是一位营销人员。在经过和部落酋长及几位原住民的会晤之后，最后他回电："此地的人没穿鞋子，然而他们都有脚疾。我已告诉酋长鞋子对于预防脚疾的功效，他十分感兴趣。根据酋长的估计，如果每双鞋售价 10 美元，大约 70% 的人会购买鞋子，因此我们在第一年大约可售出 5 000 双鞋子。把这些鞋子运到当地，再加上销售的渠道，平均每双鞋子的合计成本大约为 6 美元。扣除成本之后，我们第一年可获利 20 000 美元；若以投资的金额来看，我们的投资报酬率可达到 20%，比我们一般的投资报酬率 15% 还高！更别提我们进入市场后可能带来的高收益。我建议我们可以进军这一市场了。"

3.1　市场营销管理概述

美国市场营销协会认为，市场营销是创造、沟通与传送价值给顾客，以及经营顾客关系以便让组织与其利益关系人受益的一种组织功能与程序。菲利普·科特勒(Philip Kotler)指出市场营销是个人和集体通过创造并同他人交换产品和价值以满足需求和欲望的一种社会和管理过程。简言之，所谓市场营销，就是在变化的市场环境中，旨在满足消费需要、实现企业目标的商务活动过程。

3.1.1 市场营销哲学

市场营销哲学,亦称市场营销观念,指企业在开展市场营销活动的过程中,在处理企业、顾客和社会三者利益方面所持有的态度、思想和观念。根据建立的基础不同,市场营销观念可分为传统市场营销观念和现代市场营销观念。

传统市场营销观念建立在以生产者为导向的基础上,市场处于一种供不应求或由供不应求趋向供求平衡的状态下,而且购买者总体呈现出的是一种无差别的需求。传统营销观念主要包括生产观念、产品观念、推销观念。

现代市场营销观念建立在以消费者或以社会利益为导向的基础上,市场处于一种供大于求的状态下,买方市场已经形成,而且购买者总体呈现出的是一种差异性的需求。现代营销观念主要包括市场营销观念、绿色营销观念、社会市场营销观念、大市场营销观念等。

1. 生产观念

生产观念是指导销售者行为的最古老的观念之一。这种观念产生于20世纪20年代。企业经营哲学不是从消费者需求出发,而是从企业生产出发,其主要表现是"我生产什么,就卖什么"。生产观念认为,消费者喜欢那些可以随处买得到而且价格低廉的产品,企业应致力于提高生产效率和分销效率,扩大生产,降低成本以扩展市场。例如,美国汽车大王亨利·福特曾傲慢地宣称:"不管顾客需要什么颜色的汽车,我只有一种黑色的。"

2. 产品观念

产品观念认为,消费者最喜欢高质量、多功能和具有某种特色的产品,企业应致力于生产高值产品,并不断加以改进。它产生于市场产品供不应求的"卖方市场"形势下。最容易滋生产品观念的场合,莫过于当企业发明一项新产品时,企业最容易导致"市场营销近视症",即把注意力放在产品上,而不是放在市场需要上,只看到自己的产品质量好,看不到市场需求在变化,致使企业经营陷入困境。

3. 推销观念

推销观念产生于20世纪20年代末至50年代前,表现为"我卖什么,顾客就买什么"。它认为,消费者通常表现出一种购买惰性或抗衡心理,如果听其自然的话,消费者一般不会足量购买某一企业的产品,因此,企业必须积极推销和大力促销,以刺激消费者大量购买本企业产品。例如,美国皮尔斯堡面粉公司提出"本公司旨在推销面粉"。这种观念虽然比前两种观念前进了一步,开始重视广告术及推销术,但其实质仍然是以生产为中心的。推销观念仍存在于当今的企业营销活动中,如对于顾客不愿购买的产品,往往采用强行的推销手段。

4. 市场营销观念

市场营销观念的出发点是顾客的需求;其观念前提是"产品只要能满足顾客的需求,就能销售出去";其指导思想是"顾客需要什么,企业就销售什么,市场能销售什么,企业就生产什么"。遵循这种营销观念,企业的主要任务是需求管理,即"发现顾客需求,设法满足顾客需求,通过满足顾客需要,实现企业赢利的目的"。

5. 绿色市场营销观念

企业以保护环境作为经营管理的指导思想之一,以树立绿色企业文化为其价值观念,以消费者绿色消费为中心和出发点,生产绿色产品满足顾客的需求。

绿色市场营销观念的实质就是强调企业在进行营销活动时,要努力把经济效益和环境效益结合起来,努力消除和减少生产经营对生态环境的破坏和影响,尽量保持人与环境的和谐,不断改善人类生存环境。开展绿色营销的前提是产销双方绿色意识的树立,基础是绿色产业的形成与绿色产品的开发与生产,其手段是树立企业绿色形象、获得绿色标准认证(ISO14000 系列标准)、获取绿色产品标志,具体策略则表现在产品的绿色设计、清洁生产、绿色包装、绿色价格、绿色分销、绿色促销及绿色消费等方面。

6. 社会市场营销观念

社会市场营销观念是对市场营销观念的修正和补充。它产生于20世纪70年代西方资本主义出现能源短缺、通货膨胀、失业增加、环境污染严重、消费者保护运动盛行的新形势下,因为市场营销观念回避了消费者需要、消费者利益和长期社会福利之间隐含着冲突的现实。例如,洗衣粉满足了人们对清洗衣服的需要,却污染了河流,不利于鱼类生长;汽油作为主要能源,使人们可以驱车驰骋,但汽油的大量使用,却污染了空气,有害人们的健康。

社会市场营销观念要求企业生产经营的产品和服务,不仅要满足消费者的市场需求或短期欲望,而且要符合消费者的长远利益和社会的长远发展,改善社会福利。企业决策者在确定经营目标时,应当根据自己企业的优势,既要考虑市场需求,又要注意消费者的长远利益和社会利益,综合运用各种营销手段,引导消费者合理消费,实现企业利益和社会效益的统一。

7. 大市场营销观念

大市场营销观念是1984年由美国市场营销学家菲利普·科特勒提出的一种营销观念。他认为,企业不仅必须服从和适应外部宏观环境,而且应当采取适当的营销措施,主动的影响外部营销环境;在实行贸易保护的条件下,企业的市场营销策略除了4P(产品策略、价格策略、渠道策略和促销策略)之外,还必须加上两个P策略,即政治权力(Political Power)和公共关系(Public Relation)。对于这种战略思想,他称之为大市场营销。科特勒还给大市场营销下了这样的定义:企业为了成功地进入特定的市场,并在这个特定的市场上经营,不应该消极地顺从与适应外部环境及市场需求,而应在战略上同时实行政治的、经济的、心理的、公共关系的技巧以赢得参与者的合作。

3.1.2 市场营销管理过程

企业市场营销管理过程是市场营销管理的内容和程序的体现,是指企业为达成自身的目标辨别、分析、选择和发掘市场营销机会,规划、执行和控制企业营销活动的全过程。企业市场营销管理过程包含着下面四个步骤。

1. 分析市场机会

市场需求和市场竞争的发展变化,使得任何企业都不可能永远依靠现有产品和市场长久地发展,必须寻找新的市场机会。分析市场机会就是企业市场营销管理的第一步骤。所谓市场机会是可以做生意赚钱的机会,即市场尚未满足的需求。

企业应该善于通过发现消费者现实的和潜在的需求,寻找各种市场机会,而且应当具有通过对各种“市场机会”的评估,确定本企业最适当的“企业机会”的能力。

对企业市场机会的分析、评估,首先是通过有关营销部门对市场结构的分析、消费者行为的认识和对市场营销环境的研究,还需要对企业自身能力、市场竞争地位、企业优势与弱点等进行全面、客观的评价,还要检查市场机会与企业的宗旨、目标与任务的一致性。

2. 选择目标市场

对市场机会进行评估后，企业要作好进入市场的准备。进入哪个市场或者某个市场的哪部分，这就涉及到研究和选择企业目标市场问题，这是企业市场营销管理的第二步骤。目标市场的选择是企业营销战略性的策略，是市场营销研究的重要内容。

3. 确定市场营销策略

企业市场营销管理过程中，制定企业营销策略是关键环节。企业营销策略的制定具体体现在市场营销组合的设计上。市场营销组合是为了满足目标市场的需要，企业对自身可以控制的各种营销要素如质量、包装、价格、广告、销售渠道等的优化组合。企业可控制的市场营销因素有很多，企业重点应该考虑产品策略、价格策略、渠道策略和促销策略，即“4P”营销组合。

4. 市场营销活动管理

企业市场营销管理的最后一个程序是对市场营销活动的管理。市场营销活动管理又包括以下三个步骤：

(1)市场营销计划。现代市场营销管理，既要制定较长的战略规划，决定企业的发展方向和目标，又要有较为具体的市场营销计划，以具体实施战略计划目标。

(2)市场营销组织。营销计划制订之后，需要有一个强有力的营销组织来执行营销计划。根据计划目标，需要构建起一个高效的营销组织结构，还需要对组织人员实施筛选、培训、激励和评估等一系列管理活动。

(3)市场营销开展。在营销计划实施过程中，可能会出现很多意想不到的问题。因此，需要一个控制系统来保证市场营销目标的实施。营销控制主要包括对企业年度计划控制、企业赢利控制、营销战略控制等。

3.2 市场调研与市场预测

商品生产者、经营者要出售商品，实现商品的价值，就必须了解市场的状况和发展趋势。市场调研与预测是随着市场经济的产生而产生，并随市场经济的发展而发展。

3.2.1 市场调研

市场调研即市场调查与研究的简称，也被称为市场调查、营销调研、市场研究等。市场调研是企业为了达到特定的经营目标，而运用科学的方法和通过各种途径、手段去搜集、整理、分析有关市场营销方面的情报资料，从而掌握市场的现状及其发展趋势，以便对企业经营方面的问题提出方案或建议，供企业决策人员进行科学决策时作为参考的一种活动。

1. 市场调研内容

由于影响市场的因素很多，故市场调研的范围很广，凡是直接或间接影响企业营销状况的因素都可能被列入市场调研的范围。市场调研的内容主要包括市场环境调研、市场需求调研、市场供给调研、市场销售调研和竞争对手调研。

2. 市场调研的方法

市场调研方法选择的合理与否，会直接影响调研结果。因此，合理选用调研方法是市场调研工作的重要一环。市场调研的方法可分为以下几种。

(1)询问法。询问法是由调研者先拟订出调研提纲，然后向被调研者以提问的方式请他们回答，搜集资料。具体包括：

①面谈调查。采用这种方法时，可以与一个人面谈，也可以与几个人集体面谈；可以一次面谈，也可以多次面谈。这种方法能直接与被调研者见面而听取意见并观察其反应，灵活性较大，可以一般地谈，也可以深入详细地谈，并能互相启发，得到的资料也比较真实。但是，这种方式调研的成本高，调研结果受调研人员的政治、业务水平影响较大。

②电话调查。电话调研是由调研人员根据抽样的要求，在样本范围内，用电话向被调研者提出询问，听取意见。这种方式调研搜集资料快，成本低，并能以统一格式进行询问，所得资料便于统一处理。但是这种方法有一定的局限性，只能对有电话的用户进行询问，不易取得与被调研者的合作，不能询问较为复杂的问题，调研不能深入。

③邮寄调查。又称通信调研，是将预先设计好的询问表格邮寄给被调研对象，请他们按表格要求填写后寄回。这种方式调研范围较广，被调研者有充裕的时间来考虑回答问题，不受调研人的影响，收集意见、情况较为真实。但问卷的回收率较低，时间拖延较长，被调研者有可能误解问卷的含义，影响调研结果。

④留置问卷调查。留置问卷调研是由调研人员将问表、问卷当面交给被调研人，并说明回答要求，留给被调研者自行填写，然后由调研人员定期收回。这种方式调研的优缺点介于面谈调研和邮寄调研之间。

(2)观察法。观察法分为直接观察和实际痕迹测量两种方法。

①直接观察法指调研者在调查现场有目的、有计划、有系统地对调查对象的行为、言辞、表情进行观察记录，以取得第一手资料，它最大的特点是在自然条件下进行，所得材料真实生动，但也会因为观察的对象的特殊性而使观察结果流于片面。

②实际痕迹测量是通过某一事件留下的实际痕迹来观察调研，一般用于对用户的流量、广告的效果等的调研。例如，企业在几种报纸、杂志上做广告时，在广告下面附有一张表格或条子，请读者阅后剪下，分别寄回企业有关部门，企业从回收的表格中可以了解在哪种报纸杂志上刊登广告最为有效，为今后选择广告媒介和测定广告效果提出可靠资料。

(3)实验法。实验法通常用来调研某种因素对市场销售量的影响，这种方法是在一定条件下进行小规模实验，然后对实际结果作出分析，研究是否值得推广。它的应用范围很广，凡是某一商品在改变品种、品质、包装、设计、价格、广告、陈列方法等因素时都可以应用这种方法，调查用户的反应。例如，某种产品在大批量生产之前，先生产一小批向市场投放，进行销售试验，观察和收集用户有关方面的反映来获得情报资料。也就是在特定地区、特定时间，向市场投放一部分产品进行试销，故也称“实验市场”。实验的目的一是了解企业生产的产品质量、品种、规格、外观是否受欢迎；二是了解产品的价格是否被用户所接受。目前常采用的产品展销会、新产品试销门市部等都属于实验调研法。

3. 市场调研的步骤

(1)确定市场调研目标。市场调研的目的在于帮助企业准确地作出经营战略和营销决策，在市场调研之前，需先针对企业所面临的市场现状和亟待解决的问题如产品销量、产品寿命、广告效果等，确定市场调研的目标和范围。

(2)搜集信息资料。企业进行市场调研时必须根据已确定目标和范围搜集与之密切相关的资料，没有必要面面俱到。要根据所需资料的性质选择合适的方法，如实验法、观察法、调查法等。为有效地利用企业内外现有资料和信息，首先应该利用室内调研方法，集中搜集与既定目标有关的信息，这包括对企业内部经营资料、各级政府统计数据、行业调查报告和学术研究成果的搜集和整理。

(3)设计调研方案。在尽可能充分地利用现成资料和信息的基础上,再根据既定目标的要求,采用实地调查方法,以获取有针对性的市场情报。市场调研几乎都是抽样调查,抽样调查最核心的问题是抽样对象的选取和问卷的设计。如何抽样,需视调查目的和准确性要求而定。而问卷的设计更需要有的放矢,完全依据要了解的内容拟定问句。

(4)组织实地调查。实地调查需要调研人员直接参与,调研人员的素质影响着调查结果的正确性,因而首先必须对调研人员进行适当的技术和理论训练,其次还应该加强对调查活动的规划和监控,针对调查中出现的问题及时调整和补救。

(5)进行观察试验。在调查结果不足以揭示既定目标要求和信息广度及深度时,还有必要采用实地观察和试验方法,组织有经验的市场调研人员对调查对象进行公开和秘密的跟踪观察,或是进行对比试验,以获得更具有针对性的信息。

(6)统计分析结果。对获得的信息和资料进行进一步统计分析,提出相应的建议和对策是市场调研的根本目的。市场调研人员须以客观的态度和科学的方法进行细致的统计计算,以获得高度概括性的市场动向指标,并对这些指标进行横向和纵向的比较、分析和预测,以揭示市场发展的现状和趋势。

(7)撰写调研报告。市场调研的最后阶段是根据比较、分析和预测结果写出书面调研报告,一般分专题报告和全面报告,阐明针对既定目标所获结果以及建立在这种结果基础上的经营思路、可供选择的行动方案和今后进一步探索的重点。

3.2.2 市场预测

市场预测是运用科学的方法,对影响市场供求变化的诸因素进行调查研究,分析和预见其发展趋势,掌握市场供求变化的规律,为经营决策提供可靠的依据。

1. 市场预测的内容

市场预测的内容相当广泛,从宏观方面来说,主要是指市场供求状况的变化。微观方面的预测主要是根据市场供求变化预测企业营销方面未来趋势的变化和受到各方面的影响及影响程度。

(1)市场需求预测。市场需求预测是指对某种产品未来市场需求前景的推测和估算。产品的需求量始终是预测的主要内容。企业在进行市场预测时,应该以一定的市场环境和企业的营销策略为基础,不能离开具体的时间、地点和环境条件。

(2)产品销售预测。企业产品的销售量受两个因素的影响,一是整个市场需求量的大小;二是市场占有率的大小。

(3)投资效果预测。企业发展要经常进行新的投资,这就需要对投资效果作一番分析预测。首先,要对未来市场和用户情况进行周密的调查,预测社会总的需求动态及变化趋势。其次,对投资项目建成后的能源、原材料的保证程度进行预测。再次,还要对投资项目所需的资金,投产后的产品成本、利润、投资回收年限等作进一步的预测,从而保证投资项目的准确性。

(4)产品生命周期预测。产品的市场生命周期是指产品在市场上投入、成长、衰退的过程。预测产品的市场生命周期的发展变化趋势,使企业可以根据生命周期的不同阶段,采取不同的经营策略,以提高企业的竞争能力和经济效益。

(5)新产品开发前景预测。企业要对新产品开发前景进行预测,要预测新产品的开发方向，顾客对新产品式样、规格、质量、价格、装潢等方面的需求变化以及新产品的上市销售量和销售潜量，使企业在新产品开发工作中目标明确，减少风险和失败。

2. 市场预测的程序

市场预测包括以下步骤：

(1)确定预测目标。进行一项预测，首先必须明确为什么要进行这项预测，要解决什么问题，这关系到预测的一系列问题，如搜集什么资料、怎样搜集资料、采用什么预测方法等。只有目标明确，才能使预测工作有的放矢，按照要求进行。

(2)搜集、整理资料。资料是预测的基础，必须做好资料的搜集工作。资料的搜集必须真实、无误，同时要符合预测目标的要求。对所搜集到的资料要进行认真的审核，对不完整和不适用的资料要进行必要的推算和调整，以保证资料的准确性、系统性、完整性和可比性。

(3)选择预测方法。市场预测的方法很多，各种方法都有自己的适应范围和局限性。要取得较为正确的预测值，必须正确选择预测方法。对于复杂的预测项目，最好同时使用几种预测方法进行综合性预测，或者定量方法和定性方法结合起来进行预测，使预测结果更符合实际。

(4)提出预测模型。预测模型是对预测对象发展规律的近似模拟。因此，在资料的搜集和处理阶段，应搜集到足够的可供建立模型的资料，并采用一定的方法加以处理，尽量使它们能够反映出预测对象未来发展的规律性，然后利用选定的预测技术确定或建立可用于预测的模型。如用数学模型法，则需确定模型的形式并求出模型的参数；如用类推法，则要找到可以应用于本预测的历史的或他人的经验规律等。

(5)预测分析和修正。市场预测毕竟只是对未来市场供需情况及变化趋势的一种估计和设想，由于市场需求变化的动态性和多变性，预测值同未来的实际值总是有差距的。在分析评判的基础上，通常还要根据最新信息对原预测结果进行评估和修正。

(6)编写预测报告。经过预测之后，要及时写出预测结果报告。报告要把历史和现状结合起来进行比较，既要进行定性分析，又要进行定量分析，尽可能利用统计图表及数学方法予以精确表述。要做到数据真实准确，论证充分可靠，建议切实可行。然后，还要对预测的结果进行评估、分析和修正等。

3.3 市场细分与目标市场定位

3.3.1 市场细分

市场细分是指企业通过市场调研，根据消费者需求的差异性，把某一产品的整体市场划分为若干个在需求上具有某种相似特征的消费者群，从而形成各种不同细分市场的过程。每一个消费者群就是一个细分市场，亦称“子市场”或“亚市场”，每一个细分市场都是由在需求上具有某种相似特征的消费者构成的消费者群。

1. 市场细分的标准

消费品市场的细分标准可以概括为地理因素、人口统计因素、心理因素和行为因素四个方面，每个方面又包括一系列的细分变量，见表 3－1。

表3－1 消费品市场细分标准及变量

细分标准	细分变量
地理因素	地理位置、城镇大小、地形、地貌、气候、交通状况、人口密集度等
人口统计因素	年龄、性别、职业、收入、民族、宗教、教育、家庭人口、家庭生命周期等
心理因素	生活方式、性格、购买动机、态度等
行为因素	购买时间,购买数量,购买频率,购买习惯(品牌忠诚度),对服务、价格、渠道、广告的敏感程度等

生产资料市场细分常用的标准和变数有最终用户要求、用户规模、用户地理位置等变数。

(1)按用户的要求细分。不同的用户对同一产品有不同的需求,如飞机制造公司对所需轮胎要求的安全性比一般汽车生产厂商要高许多。因此,企业应针对不同用户的需求,提供不同的产品,以满足用户的不同要求。

(2)按用户经营规模细分。用户经营规模决定其购买能力的大小。按用户经营规模划分,可分为大用户、中用户、小用户。大用户户数虽少,但其生产规模、购买数量大,注重质量、交货时间等;小客户数量多、分散面广、购买数量有限、注重信贷条件等。企业应按照用户经营规模建立相应联系机制和确定恰当的接待制度。

(3)按用户的地理位置细分。每个国家或地区大都在一定程度上受自然资源、气候条件和历史传统等因素影响,形成若干工业区,例如,江浙两省的丝绸工业区,以山西为中心的煤炭工业区。企业按用户的地理位置细分市场,选择客户较为集中的地区作为目标,有利于节省推销人员往返于不同客户之间的时间、费用,降低推销成本。

2.市场细分的要求

消费需求的差异性是市场细分的基础,如何认识这些差异,怎样细分消费者市场,还需要注意以下四方面的要求:

(1)可衡量性。可衡量性指企业对细分市场的购买力、市场需求和市场规模能够进行数量化的准确评估,并可以获取有关顾客的具体资料。

(2)可进入性。可进入性指细分出来的市场是企业通过营销能力能够进入的市场。这些的细分市场能使企业资源得到利用,生产的产品能够满足消费者需求;能将企业的产品送抵给消费者;能把企业信息通过适当媒体传送给顾客。

(3)可赢利性。可赢利性指细分出来的市场要有足够的市场容量,使企业能够获得目标利润。如果市场容量太小,分得过细,则产品销量和赢利都得不到保证,就不能作为细分标准。当然,市场容量不仅要考虑现实的购买力,还要考虑相当的购买潜力,这样的细分市场才有发展前途。

(4)相对稳定性。相对稳定性指细分出来的市场必须具有相对的稳定性,能保证企业有足够时间实施营销方案进入市场并获取赢利。如果市场变化太快,企业还没来得及实施其营销方案,目标市场已面目全非,这样的市场细分就没有意义了。

(5)差异性。差异性是指市场细分后,各个细分市场消费者需求应具有明显差异性,而且细分市场对企业市场营销组合策略中任何要素的变化都能作出迅速、灵敏的差异性反应。差异性原则在于确保企业产品开发和价格策略的针对性,向消费者提供差异化、个性化的产品。

3. 市场细分的程序

市场细分作为一个比较、分类、选择的过程，应该按照一定的程序来进行，通常有如下几步：

(1)选择市场范围。企业根据自身的经营条件和经营能力确定进入市场的范围，如进入什么行业，生产什么产品，提供什么服务。

(2)列出市场范围内所有潜在顾客的需求情况。根据细分标准，比较全面地列出潜在顾客的基本需求，作为以后深入研究的基本资料和依据。

(3)分析潜在顾客的不同需求初步划分市场。企业将所列出的各种需求通过抽样调查进一步搜集有关市场信息与顾客背景资料，然后初步划分出一些差异最大的细分市场，至少从中选出三个细分市场。

(4)筛选。根据有效市场细分的条件，对所有细分市场进行分析研究，剔除不合要求、无用的细分市场。

(5)为细分市场定名。为便于操作，可结合各细分市场上顾客的特点，用形象化、直观化的方法为细分市场定名，如某旅游市场分为舒适型、好奇型、冒险型、享受型、经常外出型等。

(6)复核。进一步对细分后选择的子市场进行调查研究，充分认识各细分市场的特点，本企业所开发的细分市场的规模、潜在需求，还需要对哪些特点进一步分析研究等。

(7)选定目标市场。企业在各子市场中选择与本企业经营优势和特色相一致的子市场作为目标市场。完成了市场细分的工作后，就要可以根据自身的实际情况确定目标市场并采取相应的目标市场策略。

3.3.2 目标市场定位

市场定位是在 20 世纪 70 年代由美国营销学家艾·里斯和杰克特劳特提出的，其含义是指企业根据竞争者现有产品在市场上所处的位置，针对顾客对该类产品某些特征或属性的重视程度，为本企业产品塑造与众不同的，给人印象鲜明的形象，并将这种形象生动地传递给顾客，从而使该产品在市场上确定适当的位置。

市场定位包括以下四方面：

(1)产品定位。侧重于产品实体定位，如质量、成本、特征、性能、可靠性、实用性、款式等。

(2)企业定位。包括企业形象、塑造品牌，员工能力、知识、言表、可信度等。

(3)竞争定位。确定企业相对于竞争者的市场位置。如七喜汽水在广告中称它是“非可乐”饮料，暗示其他可乐饮料中含有咖啡因，对消费者健康有害。

(4)消费者定位。确定企业的目标顾客群。

1. 市场定位的步骤

企业市场定位的全过程，通过三个步骤来完成。

(1)分析目标市场的现状，确认本企业潜在的竞争优势。这一步骤的中心任务是要回答三个问题：一是竞争对手产品定位如何；二是目标市场上顾客欲望满足程度如何以及确实还需要什么；三是针对竞争者的市场定位和潜在顾客的利益要求企业应该及能够做什么。要回答这三个问题，企业市场营销人员必须通过一切调研手段，系统地设计、搜索、分析并报告有关上述问题的资料和研究结果。

(2)准确选择竞争优势,对目标市场初步定位。选择竞争优势实际上就是一个企业与竞争者各方面实力相比较的过程。比较的指标应是一个完整的体系,只有这样才能准确地选择相对竞争优势。通常的方法是分析、比较企业与竞争者在经营管理、技术开发、采购、生产、市场营销、财务和产品等七个方面究竟哪些是强项,哪些是弱项。借此选出最适合本企业的优势项目,以初步确定企业在目标市场上所处的位置。

(3)显示独特的竞争优势和重新定位。这一步骤企业的主要任务是通过一系列的宣传促销活动,将其独特的竞争优势准确传播给潜在顾客,并在顾客心目中留下深刻印象。为此,企业首先应使目标顾客了解、熟悉、认同、喜欢和偏爱本企业的市场定位,在顾客心目中建立与该定位相一致的形象。其次,企业通过各种努力强化目标顾客形象,保持目标顾客的了解,稳定目标顾客的态度和加深目标顾客的感情来巩固与市场相一致的形象。最后,企业应注意目标顾客对其市场定位理解出现的偏差或由于企业市场定位宣传上的失误而造成的目标顾客模糊、混乱和误会,及时纠正与市场定位不一致的形象。

2. 市场定位的策略

(1)避强定位策略。避强定位策略是指企业力图避免与实力最强的或较强的其他企业直接发生竞争,而将自己的产品定位于另一市场区域内,使自己的产品在某些特征或属性方面与最强或较强的对手有比较显著的区别。避强定位策略能使企业较快地在市场上站稳脚跟,并能在消费者或用户中树立形象,风险小;缺点在于避强往往意味着企业必须放弃某个最佳的市场位置,很可能使企业处于最差的市场位置。

(2)迎头定位策略。迎头定位策略是指企业根据自身的实力,为占据较佳的市场位置,不惜与市场上占支配地位的、实力最强或较强的竞争对手发生正面竞争,而使自己的产品进入与对手相同的市场位置。优点是竞争过程中往往相当惹人注目,甚至产生所谓的轰动效应,企业及其产品可以较快地为消费者或用户所了解,易于达到树立市场形象的目的;缺点是具有较大的风险性。

(3)重新定位策略。企业在选定了市场定位目标后,如定位不准确或虽然开始定位得当,但市场情况发生变化如遇到竞争者定位与本企业接近,侵占了本企业部分市场,或由于某种原因消费者或用户的偏好发生变化,转移到竞争者方面时,就应考虑重新定位。重新定位是以退为进的策略,目的是为了实施更有效的定位。例如,万宝路香烟刚进入市场时,是以女性为目标市场,它的口号是“像五月的天气一样温和”。然而,尽管当时美国吸烟人数年年都在上升,万宝路的销路却始终平平。后来,广告大师李奥贝纳为其做广告策划,他将万宝路重新定位为男子汉香烟,并将它与最具男子汉气概的西部牛仔形象联系起来,树立了万宝路自由、野性与冒险的形象,从众多的香烟品牌中脱颖而出。自20世纪80年代中期到现在,万宝路一直居世界各品牌香烟销量首位,成为全球香烟市场的领导品牌。

3.4 市场营销组合策略

市场营销组合是指企业针对目标市场综合运用各种可能的市场营销策略和手段,组合成一个系统化的整体策略,以达到企业的经营目标并取得最佳的经济效益。

3.4.1 产品策略

产品策略指企业制定经营战略时，首先要明确企业能提供什么样的产品和服务去满足消费者的要求，也就是要解决产品策略问题。它是市场营销组合策略的基础，从一定意义上讲，企业成功与发展的关键在于产品满足消费者的需求的程度以及产品策略正确与否。

1. 产品整体概念

(1) 核心产品。核心产品是向消费者提供的产品的基本效用或利益，即产品的使用价值或有用性，它是产品的核心内容，消费者购买某种产品的目的就是为了获得产品的效用。如购买电冰箱的目的是因为电冰箱具有保鲜和冷藏的功效。

(2) 形式产品。形式产品也称有形产品，是核心产品借以实现的形式，是产品外在的实体形象，包括品质、款式、特征、商标和包装五个基本构成要素。它是消费者选择产品的直观依据，核心产品的基本效用必须通过形式产品才能实现。

(3) 附加产品。附加产品也称延伸产品、扩增产品，是消费者购买形式产品时所获得的附加利益总和，包括产品说明书、送货、安装、维修、保修期、付款方式、技术培训、售后服务等。附加产品越多，企业的成本越高，因此企业在设计附加产品时要充分考虑成本因素。

整体产品概念对企业市场营销活动意义重大。整体产品概念体现了以顾客为中心的现代营销理念，在买方市场条件下，顾客对产品越来越挑剔，不仅重视产品本身的效用，而且关注其形式和附加价值，企业只有提供包括各种价值在内的整体产品，才能满足顾客需求。同时，在产品日趋同质化的今天，企业只有将三种产品形式有机结合起来形成自己的产品特色，才能有效地与竞争对手的产品区别开来，形成独特的竞争优势。

2. 产品组合策略

产品组合也称产品经营结构，是指一个企业生产经营的全部产品线和产品项目的组合或结构。产品线也称产品大类，是一组密切相关的产品。产品项目也称产品品种，是指产品线内由尺码、型号、外观、价格、品牌及其他属性来区别的具体产品。如某企业生产彩电、冰箱、空调、计算机等，这就是产品组合，其中彩电、冰箱、空调、计算机等就是产品线，每条产品线中包括的具体品牌和品种就是产品项目。

产品组合包括四个可以衡量的变量，即宽度、深度、长度和关联度。产品组合的宽度也称广度，是指一个企业拥有产品线的数量。产品组合的深度是指企业每条产品线中所拥有的产品项目的数量。产品组合的长度是指企业产品组合中产品项目的总数。产品组合的关联性是指企业各条产品线在最终用途、生产条件、分销渠道等方面的相关程度。

产品组合策略是指企业根据市场需求和内部资源对产品组合的宽度、深度、长度和关联度的最优组合策略。企业通过产品线销售额和利润分析、产品项目市场定位分析对产品组合进行调整和优化，采取下列四种策略：

(1) 扩大产品组合策略。扩大产品组合策略是指企业拓展产品组合的宽度和加强产品组合的深度。拓展产品组合宽度是在原有产品组合中增加新的产品线，扩大经营范围；加强产品组合深度是在原有产品线内增加新的产品项目。

(2) 缩减产品组合策略。缩减产品组合策略指企业减少产品组合中产品线的数量或减少产品线中产品项目数量。一般来讲，在市场经济萎缩、原材料能源供应紧张或行业内有替代品出现、消费者需求爱好发生转变时，可以采取缩减产品组合策略，放弃那些获利少甚至亏损的产品线或产品项目，集中力量发展获利多、有发展潜力的产品线和产品项目，以增加企业赢利能力。

(3) 产品线延伸策略。产品线延伸策略是指企业全部或部分地改变原有产品的市场定位,采取下列三种形式:

①向上延伸策略指在原有产品线中增加高档产品项目;

②向下延伸策略是在高档或中档产品线中增加中档或低档产品项目;

③双向延伸策略指在原来的中档产品线中同时增加高档产品项目和低档产品项目。

实行产品线延伸策略可以充分利用企业资源,开发多种产品满足消费者的不同档次需求,减少经营风险。但是产品线延伸要适度,因为随着产品线的延长,会造成产品成本增加,企业利润减少,也使消费者难以区分各种产品的独特优势,降低品牌忠诚度。

(4)产品线现代化策略。产品线现代化策略是指企业把现代科学技术及时应用到生产经营中,对产品线进行改进,使之符合时代需求。实行产品现代化有两种形式:一是用最快速度对产品线进行全面更新改造,这样做在短时间内需要大量投资,但可以抢占市场先机,击败竞争对手,占据有利的市场地位。这是实力雄厚的企业常采用的方式。二是对产品线进行更新改造,这样做可以节省资金,但容易被竞争者察觉和模仿,一般是中小企业经常使用的方法。

3. 新产品开发策略

新产品开发是从社会和技术发展需要出发,以基础研究和应用研究成果为基础,研制新产品、新系统、新工程的创造性活动。

(1)自主创新策略。自主创新策略指企业通过自己的研究开发力量来完成产品的构思、设计和生产工作。自主创新所需的核心技术来源于企业内部的技术突破,是企业依靠自身力量,通过独立的研究开发活动而获得的,这是自主创新的本质特点。对某一企业而言,自主创新并不要求企业独立研制所有的技术,只要开发其中的关键性核心技术,打通创新中最困难的技术环节,独自掌握核心技术原理即可。辅助性技术研究与开发可自己进行,也可以委托其他企业进行研制开发或通过购买解决,这是因为核心技术是企业所拥有的专利、专有技术,具有独创性,很难去模仿,如丰田公司的精细化能力,奔驰公司的机械设计能力,海尔市场的创新能力,微软的产品开发能力等。

(2)模仿创新策略。模仿创新策略指企业对国际或国内市场上已经出现的产品进行引进或模仿,研制生产出在性能、质量、价格方面具有竞争力的产品。模仿创新产品特别适用于处于成长期的产品,因为在成长期,新产品的技术已过关,废品率减少,消费市场已经形成,老顾客重新购买并且带来新顾客,使销量激增,同时,企业生产规模扩大,生产成本逐步降低,利润迅速增长并达到最高,这给模仿创新者带来了市场机会,只要抓住产品质量、功能、款式等进行创新,就会取得成功。

(3)合作创新策略。合作创新策略是指企业间或企业、高等院校或科研机构利用各自在经济、技术、设备、人才等方面的优势相互协作进行新产品开发。

(4)产品差异化创新策略。产品差异化创新策略是指企业以某种方式改变那些基本相同的产品,以使消费者相信这些产品存在差异而产生不同的偏好。产品差异化创新方法具体包括以下四方面:

①产品品质创新。产品品质创新是指对产品质量进行改进,一方面提高产品的耐久性、可靠性、安全性、节能性等,如降低冰箱的耗电量;一方面可以把产品从低档变为高档,或把低档产品变为中档、高档产品。这种创新策略既能延长成熟期,又能提高产品的竞争力。

②产品特性创新。产品特性创新就是扩大产品的使用功能，增加产品新的特性，如尺寸大小、质量、原材料、添加物、附件等，使产品具有更多的功能，提高其安全性和便利性。

③产品式样创新。产品式样创新是基于美学欣赏观念而进行款式、外观及形态改进，形成新规模、新花色的产品，从而刺激消费者，引起新的需求，如海尔集团生产的把冰箱冷藏柜和保鲜柜分开的新型冰箱。

④附加产品创新。附加产品创新包括向顾客提供良好服务、优惠条件、技术咨询、质量保证、消费指导等。

3.4.2 定价策略

1. 影响产品定价的因素

影响产品定价的因素很多，概括起来，大体上可以有产品成本、市场需求、竞争因素和其他因素四个方面。

(1)产品成本。产品的价格是按成本、利润和税金三部分来制定的。企业产品定价以成本为最低界限，产品价格只有高于成本，企业才能补偿生产上的耗费，从而获得一定赢利。但这并不排除在一段时期内个别产品上价格低于成本。

(2)市场需求。从经济学的角度考虑，企业的定价大体上是遵循价值规律的。一般而言，当企业的产品在市场上处于供小于求的卖方市场条件时，企业产品可以实行高价策略；反之，当企业的产品在市场上处于供大于求的买方市场时，企业应该实行低价策略；当企业的产品在市场上处于供给等于需求的均衡市场时，交易价格的形成基本处于均衡价格处。

(3)竞争因素。根据竞争的程度不同，企业定价策略会有所不同。按照市场竞争程度，可以分为完全竞争、不完全竞争与完全垄断三种情况。在完全竞争条件下，无论是买方还是卖方都不能影响产品价格，只能在市场既定价格下从事生产和交易。在完全垄断竞争情况下，交易的数量与价格由垄断者单方面决定。在不完全竞争情况下，企业的定价策略有比较大的回旋余地，竞争的强度对企业的价格策略有重要影响。

(4)其他因素。这些因素包括政府或行业组织的干预、消费者习惯和心理、企业或产品的形象等。

①政府干预。为了维护经济秩序或为了其他目的，政府可能通过立法或者其他途径对企业的价格策略进行干预。政府的干预包括规定毛利率，规定最高、最低限价，限制价格的浮动幅度或者规定价格变动的审批手续，实行价格补贴等。例如，我国的粮食收购保护价。

②消费者心理和习惯。在现实生活中，很多消费者存在"一分钱一分货"的观念。面对不太熟悉的商品，消费者常常从价格上判断商品的好坏，从经验上把价格同商品的使用价值挂勾。消费者心理和习惯上的反应是很复杂的，某些情况下会出现完全相反的反应。例如，在一般情况下，涨价会减少购买，但有时涨价会引起抢购，反而会增加购买。因此，在研究消费者心理对定价的影响时，要持谨慎态度，要仔细了解消费者心理及其变化规律。

③企业或产品的形象。有时企业根据企业理念和企业形象设计的要求，需要对产品价格作出限制。例如，企业为了树立热心公益事业的形象，会将某些有关公益事业的产品价格定得较低；为了形成高贵的企业形象，将某些产品价格定得较高等。

2. 产品定价方法

定价方法是企业为实现其定价目标所采取的具体方法，可以归纳为成本导向、需求导向和竞争导向三类。

(1)成本导向定价法。以产品的成本为主要依据制定价格的方法统称为成本导向定价法,这是最简单、应用相当广泛的一种定价方法。

①成本加成定价法。即按产品单位成本加上一定比例的毛利定出销售价,其计算公式为

$$P = c \times (1 + r)$$

式中 P——产品的单价;

c——产品的单位总成本;

r——产品的加成率。

②目标利润定价法。即根据企业总成本和预期销售量,确定一个目标利润率,并以此作为定价的标准,其计算公式为

$$\text{单位商品价格} = \text{总成本} \times (1 + \text{目标利润率}) / \text{预计销量}$$

③边际成本定价法。也称为边际贡献定价法,即在定价时只计算变动成本,而不计算固定成本,在变动成本的基础上加上预期的边际贡献。用公式表示为

$$\text{单位产品价格} = \text{单位产品变动成本} + \text{单位产品边际贡献}$$

④盈亏平衡定价。盈亏平衡点又称保本点,是指一定价格水平下,企业的销售收入刚好与同期发生的费用额相等,收支相抵、不盈不亏时的销售量,或在一定销售量前提下,使收支相抵的价格。公式是

$$\text{盈亏平衡点销售量} = \frac{\text{固定成本}}{\text{单位价格} - \text{单位变动成本}}$$

成本导向定价法的优点是计算简便,特别是在市场环境基本稳定的情况下,可以保证企业获得正常利润。缺点是只考虑了产品本身的成本和预期利润,忽视了市场需求和竞争等因素。因此,无论在短期或长期都不能使企业获得最佳利润。

(2)需求导向定价法。需求导向定价法是指根据市场需求状况和消费者对产品价值的理解及需求强度的不同来确定价格的定价方法。

①理解价值定价法。理解价值定价法是以消费者对商品价值的感受及理解程度作为定价的基本依据的一种定价方法。

②需求差异定价法。需求差异定价法以不同时间、地点、商品及不同消费者的消费需求强度差异为定价的基本依据,针对每种差异决定其在基础价格上是加价还是减价。主要有以下几种形式:

a. 因地点而异。如国内机场的商店、餐厅向乘客提供的商品价格普遍高于市内的商店和餐厅。

b. 因时间而异。如五一、国庆、春节假日部分商品有优惠活动,价格较比平时低一些。

c. 因商品而异。如在2008年奥运会举行期间,标有奥运会会徽或吉祥物的T恤及一些商品的价格,比其他同类商品的价格要高。

d. 因顾客而异。如根据顾客职业、阶层、年龄等因素,零售店在定价时给予相应的优惠或提高价格。

③逆向定价法。即依据消费者能够接受的最终销售价格,考虑中间商的成本及正常利润后,逆向推算出中间商的批发价和生产企业的出厂价格。计算公式为

$$\text{出厂价格} = \text{市场可零售价格} \times (1 - \text{批零差率}) \times (1 - \text{进销差率})$$

④习惯定价法。即按照市场长期以来形成的习惯价格定价。

(3)竞争导向定价法。竞争导向定价法是企业通过研究竞争对手的生产条件、服务状况、价格水平等因素,依据自身的竞争实力,参考成本和供求状况来确定商品价格。

①随行就市定价法。在垄断竞争和完全竞争的市场结构条件下,任何一家企业都无法凭借自己的实力在市场上取得绝对的优势,为了避免竞争特别是价格竞争带来的损失,大多数企业都采用随行就市定价法,即将本企业某产品价格保持在市场平均价格水平上,利用这样的价格来获得平均报酬。此外,采用随行就市定价法,企业就不必去全面了解消费者对不同价差的反应,也不会引起价格波动。

②产品差别定价法。产品差别定价法是指企业通过不同的营销努力,使同种同质的产品在消费者心目中树立起不同的产品形象,进而根据自身特点,选取低于或高于竞争者的价格作为本企业的产品价格。

③密封投标定价法。许多大宗商品、原材料、成套设备和建筑工程项目的买卖和承包等,往往采用发包人招标、承包人投标的方式来确定最终价格。一般来说,招标方只有一个,处于相对垄断地位,而投标方有多个,处于相互竞争地位。标的物的价格由参与投标的各个企业在相互独立的条件下来确定。在买方招标的所有投标者中,报价最低的投标者通常中标。

3. 产品定价策略

定价方法是产品定价的科学依据,在确定其具体价格时还要把科学性和艺术性结合起来,针对不同情况,采用不同定价策略,即定价的谋略和技巧。

(1)新产品定价策略。新产品是指市场上第一次出现的全新产品,其定价策略有以下几种:

①高价策略。即在新产品投放市场时定高价,争取在短时间内收回投资,并赚取高额利润。这种策略如同从牛奶中提取奶油一样,首先就把牛奶中精华部分取走,故又称撇脂定价策略。高价格维持一段时间后,随着竞争者的加入,供应产品的增加,企业需把产品价格降下来。

②低价策略。又称渗透定价策略,即企业把新产品价格定得低一些,以吸引顾客,提高市场占有率。低价能使企业取得最大产品销售量,并且能够限制竞争者的加入。

③中间价格策略。又称稳妥价格策略或折中定价策略,它是把价格定在高价与低价之间,在产品成本的基础上加适当利润。这种价格策略稳妥,风险小,一般会使企业收回成本和取得适当赢利。但这也是一种保守策略,可能失去了获得高利的机会。

(2)折扣定价。企业为鼓励顾客及早付清货款、大量购买、淡季购买,可以酌情降低其基本价格。这种价格调整叫价格折扣。它可以分为以下几类:

①现金折扣。这是企业给那些当场或折扣期限内付清货款的顾客的一种减价。如顾客在30天内必须付清货款,如果10天内付清货款,则给予2%的折扣。因折扣带来的回报率通常要比银行利率明显高一些,所以顾客一般都不会放弃这种折扣价格;同时可加强卖方的收现能力,减少信用成本和呆账。

②数量折扣。这种折扣是企业给那些大量购买某种产品的顾客的一种减价,以鼓励顾客购买更多的物品。因为大量购买能使企业降低生产、销售、储运、记账等环节的成本费用。如顾客购买某种商品在100单位以下,每单位要付10元;购买在100单位以上,每单位只付9元,这就是数量折扣。这种折扣通常有累计折扣和非累计折扣两种。非累计折扣则是顾客一次购买达到规定数量所给予的一种折扣方式;累计折扣是指顾客购买物品累加达到一

定数量时给予的折扣方式。

③季节折扣。也称季节差价,是指企业给那些购买过季商品或服务的顾客的一种减价,它可以使企业的生产和销售在一年四季保持相对稳定,加速资金周转和节省费用,鼓励客户淡季购买商品。例如,滑雪橇制造商在春夏季给零售商以季节折扣,以鼓励零售商提前订货;旅馆、航空公司等在淡季营业额下降时给旅客以季节折扣。

④折让。折让也是减价的一种形式。例如,一辆小汽车标价为40 000元,顾客以旧车折价5 000元购买,只需付给35 000元,这叫做以旧换新折让,多用于汽车行业或其他耐用品。如果经销商同意参加制造商的促销活动,则制造商卖给经销商的物品可以打折,这叫做促销折让,是对中间商提供促销的一种回报。

⑤功能折扣。功能折扣指制造商根据中间商的不同类型和不同分销渠道所提供的服务不同给予不同的折扣。例如,制造商报价"100元,折扣40%及10%",表示给零售商折扣40%,即卖给零售商的价格是60元;给批发商则再折扣10%,即卖给批发商的价格是54元。这是因为批发商和零售商功能不同的缘故。

(3)心理定价。消费者购买行为受消费心理支配,而消费心理是非常复杂的,它受到社会地位、收入水平、兴趣爱好等诸多因素的影响和制约。若企业在定价时能给予充分考虑,就会制定出有吸引力的价格。常用的有以下四种:

①尾数定价。尾数定价就是定价时保留小数点后的尾数,这可使购买者对定价增强信任感,同时还可使人感觉价廉。如本应定价100元的商品,定成99.98元,这种方法多用于需求价格弹性较大的中低档商品。

②声望定价。声望定价与上一种方法相反,它不是为了给人以价廉的感觉,而是故意把价格定成整数或定为较高价格,以显示其商品或企业的名望。例如,美国著名的宝洁公司将它的"海飞丝"洗发液打入中国市场时,在同类产品中定价最高,结果反而畅销。

③参照定价。参照价格可能是顾客已了解到的目前市场上这种产品的一般价格,也可能是把以前的价格当作参照价格。企业在定价时可以利用和影响顾客心目中的参照价格,如在柜台陈列时有意识地将某件价格较高的产品放在附近,以表示这些产品都属于高档之列,时装店常把妇女服装按价格的不同放在不同柜台出售,明确显示其档次的不同,以适应不同层次的需要。

④招徕定价。有些企业利用许多顾客有贪图价廉的心理,将某几种商品定低价(低于正常价格甚至低于成本)刺激顾客或利用节假日和换季时机举行"酬宾大减价"等活动,把部分商品按原价打折出售,吸引顾客,以促进全部商品的销售。

4. 定价程序

产品定价程序可以分为六个步骤。

(1)确定定价目标。主要有八种选择,分别为投资收益率目标、市场占有率目标、稳定价格目标、防止竞争目标、利润最大化目标、渠道关系目标、度过困难目标、塑造形象目标(也叫社会形象目标)。

(2)测定需求。在对需求的测定中,首要是了解市场需求对价格变动的反应,即需求的价格弹性。所谓价格需求弹性系数,是指由于价格的相对变动而引起的需求相对变动的程度。通常可用下式表示为

$$需求弹性系数(E)=需求量变动的百分比/价格变动的百分比$$

影响需求弹性大小的主要有三个因素:商品替代品的数目和相近程度,商品在消费者收

入中的重要性以及商品有多少用途。

(3)估算成本。企业商品价格的最高限度取决于市场需求及有关限制因素,商品的经营成本费用是企业价格的下限。成本包括固定成本和变动成本,其中后者又称可变成本、直接成本。固定成本与变动成本之和,即为某产品的总成本。在成本估算中,离不开对“量—本—利”关系的分析,而其中一个重要的方面是分析“边际成本”,边际成本是指企业生产最后一单位产品所花费的成本,或每增加(减少)一个单位生产量所引起的总成本变动的数值。

(4)分析竞争状况。对竞争状况的分析包括企业竞争地位,企业的定价方向,估计竞争对手的反应。

(5)选择定价策略。

(6)确定最后价格。在最后确定价格时,必须遵循以下四项原则:①商品价格的制定与企业预期的定价目标的一致性,应有利于企业总的战略目标的实现;②商品价格的制定符合国家政策法令的有关规定;③商品价格的制定符合消费者整体及长远利益;④商品价格的制定与企业市场营销组合中的非价格因素协调一致、互相配合,为达到企业营销目标服务。

3.4.3 渠道策略

在现实的经济活动中,大多数生产者并不将其产品直接出售给最终用户,而是利用在生产者和最终用户之间执行不同职能的营销中介机构来完成产品的销售,这些中间机构组成了营销渠道。产品的营销渠道是指产品从制造商向消费者转移过程中,承载“商流”和“物流”职能的组织机构的系列。这个组织机构系列,主要由制造商、买卖中间商、代理商、辅助商以及消费者构成。在营销渠道的组织机构中,买进产品,取得产品所有权,再转手出售产品的机构,称作买卖中间商;寻找顾客,有时也代表制造商与顾客谈判,但不取得产品所有权的机构,称作代理商。还有一些只支持产品销售活动,既不取得产品所有权,也不参与买卖谈判的组织,称作辅助机构,如运输企业、仓储企业等。

1. 营销渠道目标

营销渠道目标指企业营销渠道预期要达到的为顾客提供的服务水平。一般情况下,企业确定的营销渠道目标是:在达到期望的服务提供水平的前提下,使整个营销渠道的费用最小化。

2. 营销渠道的层次

产品在其从生产者向消费者或用户的转移过程中,每经过一个对产品拥有所有权或负有销售责任的机构,称为一个“层次”,层次越多,即营销渠道就越长,反之就短。营销渠道可分为消费者营销渠道和产业营销渠道两种类型。

(1)消费者营销渠道

①生产者—消费者。这种模式是生产者直接将产品销售给最终消费者。这是最短的分销渠道,一般表现为制造商自设门市部、顾客向制造商直接邮购、电话购货以及制造商的推销员走访推销等方式。

②生产者—零售商—消费者。这种模式是生产者先将产品出售给零售商,零售商再将产品转销给消费者或社会集团。当前,在我国有厂店挂钩、零售商直接向制造商进货和设置专柜等形式。

③生产者—批发商—零售商—消费者。这是我国消费品销售渠道中典型和通行的模式。它是制造商先将产品出售给批发商,批发商再将产品批发给零售商,零售商最后将产品

销售给消费者。

④生产者—产地批发商—销地批发商—零售商—消费者。此种模式是制造商将产品售给产地批发商,产地批发商将产品转售给销地批发商,销地批发商再将产品批发给当地零售商,零售商将产品销售给消费者。

(2)产业营销渠道

①生产者—用户。这可称为直接销售渠道,就是生产者将产品直接出售给工业用户。它具体表现为下列几种情况:生产者与产业用户有稳定的供需联系;在生产者举行的订货会上看样成交;生产者携样品走访推销等。

②生产者—代理商—经销商—用户。这是制造商先利用代理商,后经过产业分销商将产品出售给用户。在我国,此种模式很普遍,许多产业分销企业充当着制造商与用户的媒介。

③生产者—分销机构—代理商—经销商—用户。这种模式与前者的区别在于,制造商本身设置了分销机构,分销机构委托代理商将产品销售给分销商,然后再由分销商将产品销售给用户。

3.4.4 促销策略

促销策略是指企业通过人员推销、广告、公共关系和营业推广等各种促销方式,向消费者或用户传递产品信息,引起他们的注意和兴趣,激发他们的购买欲望和购买行为,以达到扩大销售的目的。

1.促销策略类型

常用的促销手段有人员推销、广告、销售促进、公共关系。企业可根据实际情况及市场、产品等因素选择一种或多种促销策略的组合。各种促销方式的比较见表3-2。

表3-2 各种促销方式的比较

促销方式	优点	缺点
人员推销	直接信息沟通,针对性强,灵活多变,成交率高,建立友谊,反馈信息	单位接触时间成本高,对销售人员素质要求较高,难以进行大面积推销
广告宣传	传播面广,传播及时,形象生动,节省人力	单向信息沟通,难以形成即时购买
营业推广	刺激性强,短期效果显著	接触面窄,有局限性,促销效果难以持久,有时会降低商品身份
公共关系	影响面广,影响力大,可信度高,提高企业知名度,树立企业形象	设计组织难度大,企业难以进行控制;不能直接追求销售效果

(1)人员推销。人员推销主要是通过与潜在消费者的交谈,对产品或劳务优势进行口头陈述,促使顾客接受的策略。推销人员的主要任务是:探寻市场、传递信息、吸纳订单、搜集情报和开展系统的售前、售中、售后服务。他们的工作一般包括这样几个步骤:寻找顾客、事前准备、约见、接近、面谈、成交和事后跟踪。

(2)广告。广告是传播市场商品信息的主要工具。具有传播商品信息功能的行业或渠道很多,最主要的就是广告信息渠道。一方面,广告通过具有针对性的广告策略,为企业争取一定的市场份额;另一方面,广告还可以帮助企业树立企业形象、品牌形象和企业文化。从消费层面看,广告可以引导消费,刺激消费,甚至创造需求。广告也是一种艺术,好的广告能给人以美的享受,能够美化环境。同时,广告内容设计得当,有利于树立消费者健康的道德观、人生观及优良的社会风尚。广告促销的基本程序如下:

①确立广告目标。广告目标是指在一个特定时期对特定预期的客户群所要完成的特定的传播任务。一般来说,广告目标可分为三种类型,即通知型、说服型和提醒型。

②制订广告预算。广告费用预算有销售百分比法、目标任务法、竞争对抗法和倾力投掷法四种不同的选择方案。

③决定广告信息。在确定了广告目标和预算后,还要设计广告内容,即进行广告的创意制作。广告创意是广告设计制作者在酝酿广告时的构想。根据广告主的宣传目标,经过详尽的市场调查后,经过精心思考和策划,最后完成一个兼顾影楼业务、特色、实力、企业形象的综合广告方案。

④选择广告媒介。广告媒介的种类很多,主要有印刷品广告、电子媒体广告、户外广告、邮寄广告、POP 广告等。在选择广告媒介时,应考虑服务、消费者媒体消费习惯、目标市场范围、广告媒体的知名度和影响力、经济承受能力等因素。

⑤评估广告效果。广告效果的评估是指运用科学的方法来鉴定所做广告的效益。广告效益包括广告的经济效益、广告的心理效益和广告的社会效益。

(3)营业推广。营业推广又称为销售促进,它是指企业运用各种短期诱因鼓励消费者和中间商购买、经销企业产品和服务的促销活动。简言之,营业推广就是短时间、强刺激的促销手段。

(4)公共关系。公共关系是指从事市场营销活动中正确处理企业与社会公众的关系,促进公众对自身的认识、理解及支持,达到树立良好企业形象的目的,从而促进企业的业绩。公共关系作为一门经营管理的艺术,其职能主要表现在信息收集、咨询建议、信息沟通等方面。

建立企业公共关系的方法包括以下几种:

①新闻报道。密切与新闻界的关系,吸引公众对企业品牌或服务的注意。

②服务项目宣传。即具体宣传报道企业的某种特色。

③参与或举办各种公益活动。如支持相关团体,赞助相关活动等。

④咨询协商。提供有关公关事务及企业定位和形象等方面问题的咨询。

⑤开展各项活动。如周年庆祝活动、艺术展览会、义演晚会等。

2. 促销组合策略

促销组合就是通过对人员推销、广告、营业推广和公共关系等促销手段的综合运用,加强产品推销,实现企业预期的销售目标。在制定促销组合时,要以企业的总体营销目标为目标,以消费者和用户为中心,与产品、定价、销售渠道策略相互配合,形成整体关系。

(1)推式策略。推式策略也称从上而下式策略,它主要以人员推销为主,兼顾消费者的消费促进,从而把产品推向市场或劳务的促销策略。其目的是说服消费者接受服务,并层层渗透,最终促成消费。其作用过程为:企业的推销员把产品或劳务推荐给批发商,再由批发商推荐给零售商,最后由零售商推荐给最终消费者。

推式策略适用于:

①企业经营规模小,或无足够资金用以执行完善的广告计划;

②市场较集中,分销渠道短,销售队伍大;

③产品具有很高的单位价值,如特殊品、选购品等;

④产品的使用、维修、保养方法需要进行示范。

(2)拉式策略。拉式策略也称从下而上式策略,即通过广告和公共宣传等措施吸引最终消费者,使消费者对企业的产品或劳务产生兴趣,从而引起需求,主动去购买商品。其作用路线为:企业将消费者引向零售商,将零售商引向批发商,将批发商引向生产企业。

拉式策略适用于:

①市场广大,产品多属便利品;

②商品信息必须以最快速度告知广大消费者;

③对产品的初始需求已呈现出有利的趋势,市场需求日渐上升;

④产品具有独特性能,与其他产品的区别显而易见;

⑤能引起消费者某种特殊情感的产品;

⑥企业有充分资金用于广告。

复习思考题:

1. 简述现代市场营销观念。
2. 市场预测应遵循哪些程序?
3. 什么是市场细分,如何进行市场细分?
4. 什么是市场定位,其内容包括哪些?
5. 影响企业定价的因素有哪些,新产品是如何定价的?
6. 举例说明各种促销手段在现代企业中的应用。

案例分析题:

【案例一】 2003 年 3 月,中国移动在全国范围内正式推出为 15 至 25 岁的年轻时尚人群量身定制的客户品牌——“动感地带”(M-ZONE)。“时尚、好玩、探索”等丰富品牌内涵和直指年轻时尚人群的准确的客户定位,使动感地带很快就在全社会掀起了动感热潮。“动感地带”在营销推广过程中,设立“动感地带”体验店,使用户可以在此办理移动业务、了解最新移动资讯、观看业务演示和体验“动感地带”等最新、最前沿的业务。此外,通过邀请“小天王”周杰伦担任形象代言人、赞助“MTV 音乐盛典”和“华语榜中榜”、举办街舞挑战赛、与麦当劳结盟等一系列与目标客户相吻合的公关活动,同时整合吃、穿、玩、用等时尚生活资源,让客户在使用“动感地带”时感到是在追随属于自己的潮流、享受属于自己的生活,从而将对年轻人的影响力由单一的移动通信领域向生活、文化方面渗透。使用“动感地带”不再是简单地打打电话、发发短信、玩玩游戏,获得的是属于自己的“年轻人的通信自治区”,体味的是“我的地盘,听我的”的良好感觉。正是这种综合价值的难忘体验,“动感地带”在不到一年的时间将 1 000 万年轻人纳入旗下,以每月递增 100 万用户的速度引起了业界瞩目。

【案例二】 1981 年 7 月 29 日是英国王储查尔斯和王妃戴安娜举行婚礼的日子,英国首都伦敦全市轰动起来,成千上万的人涌向街头,为了亲睹这个耗资 10 亿英镑的 20 世纪最豪华的婚礼,当天不少人一清早就来到街头,占领有利地形,有的甚至提前一周晚上就在街头露宿。从作为皇宫的白金汉宫到举行结婚仪式的圣保罗教堂,长约三千米的街道上,竟聚集了近百万人,他们都在静静地等待着。上午 10 时,盛典即将开始,街道两旁已站满了人,里三层、外三层,后面的人竭尽全力踮足翘首,还是难以看到街道上的情景,而浩浩荡荡的婚礼大队马上就要到来。就在这个急煞后面人的关键时刻，突然后面观众附近响起一片喊声："请用潜望镜观看皇家盛典!""一英镑一个!"只见数百名报童几乎同时出现在街道两旁，边喊边兜售潜望镜。这真是雪中送炭，一会儿，数十万个简易的潜望镜就被抢购一空。正好此时王子结婚典礼开始了，那些购买了潜望镜的人不必再踮足翘首了，他们架起潜望镜兴致勃勃地观看盛典。这样，厂商在短短的时间内就赚了一大笔钱。

思考与讨论：

1. 从市场营销角度分析"动感地带"成功的主要原因。
2. 请分析潜望镜大卖的原因。

实训课题：

1. 调查某一知名企业(可上网搜索)，了解其营销观念并分析其特点。
2. 请查询珠江啤酒的网站，并结合周边啤酒消费市场小范围调查，在此基础上分析：为实现珠江啤酒成为国内啤酒消费市场主导品牌，珠江啤酒目前存在哪些障碍及问题，应如何克服？

模块四 生产管理

★**知识目标**：熟悉生产管理的目标和分类；
熟悉生产能力的概念、分类及影响因素；
熟悉合理组织生产过程的要求；
理解 JIT 生产方式的基本原理。

★**技能目标**：掌握生产能力核算方法；
掌握生产过程的空间和时间组织；
掌握生产计划的编制方法；
了解网络计划技术时间参数的计算方法。

引导案例：

1908 年，福特公司生产的 T 型车面世，亨利·福特把它称之为"万能车"，它成为低价、可靠运输工具的象征。仅第一年，T 型车的产量就达到 10 600 辆，打破了汽车业有史以来的所有记录。

到 1913 年底，福特汽车公司的产量已经是全美国汽车总产量的一半。为了满足市场需求，福特在工厂实行批量生产。福特推断如果让每一位工人在一个固定的岗位负责一件工作，而让汽车从一个工序转到另一个工序，汽车会更快地完成，这样就可以节约许多的工时，大幅度地提高工作效率。

为了验证这一理论，1913 年的夏天，在密执安州海安公园制造厂，福特公司用绳子和绞盘将汽车底盘在地板上进行传送，现代汽车流水线批量生产从此开始，大幅度地提高了汽车生产的效率，并最终实现使 T 型车下线的速度达每十秒一辆。后来，这种流水线操作方法被越来越多的公司所采用，到现在已被广泛地应用，成为工业企业必不可少的流水生产线方式。

4.1 生产管理概述

生产管理是对企业生产系统的设置和运行的各项管理工作的总称，又称生产控制。

4.1.1 生产管理的主要任务

通过生产组织工作，按照企业目标的要求，设置技术上可行、经济上合算、物质技术条件和环境条件允许的生产系统;通过生产计划工作,制定生产系统优化运行的方案;通过生产控制工作,及时有效地调节企业生产过程内外的各种关系,使生产系统的运行符合既定生产计划的要求,实现预期生产的品种、质量、产量、出产期限和生产成本的目标。具体内容如下:

(1)生产组织工作。即选择厂址、布置工厂、组织生产线、实行劳动定额和劳动组织、设置生产管理系统等。

(2)生产计划工作。即编制生产计划、生产技术准备计划和生产作业计划等。

(3)生产控制工作。即控制生产进度、生产库存、生产质量和生产成本等。

4.1.2 生产管理的目标

(1)确保生产系统的有效运作,全面完成产品品种、质量、产量、成本、交易期、环保和安全等各项要求。

(2)有效利用企业的制造资源,降低物耗,降低生产成本,缩短生产周期,减少在制品,压缩占用的生产资金,以不断提高企业的经济效益和竞争能力。

(3)为适应市场、环境的迅速变化,要努力提高生产系统的柔性,使企业能根据市场需求不断推出新产品,并使生产系统适应多元化生产,能够快速地调整生产,进行品种更换。

4.1.3 生产的分类

1. 按生产性质分

(1)物质生产型。物质生产型的生产是通过将生产要素输入,经物理、化学变化,转化为有形物品的输出。对物质生产部门而言,生产活动的涵盖范围随着生产系统的前伸和后延也大为扩展。生产系统的前伸是指生产系统在以市场为导向的同时,已将其功能扩展到战略制定、产品创新设计乃至与资源的供应合为一体。生产系统的后延是指企业的生产职能已扩展到产品销售和售后服务方面。

(2)劳动服务型。劳动服务型生产的产出不是物质产品,而是无形的产品“服务”。按照与顾客直接接触的程度,可将服务作业划分为纯服务作业、准制造作业和混合型服务作业。

2. 按生产工艺特点分

(1)采掘提取型。采掘提取型是指从地下或海中采掘、提取产品,如采矿企业、石油企业等。

(2)合成型。合成型是指把不同成分的原材料合成产品,如水泥企业、化工企业等。

(3)分解型。分解型是指原材料加工处理后,分解成多种产品,如炼油企业、焦化企业等。

(4)调制型。调制型是指通过改变加工对象的形状和性能而制成的产品,如橡胶厂、轧钢厂等。

(5)装配型。装配型是指把离散的零部件组装成产品,如机械制造企业等。

3. 按接受生产任务的方式分

(1)备货型生产(Make - to - Stock, MTS)。备货型生产是指预先对市场需求进行预测,在此基础上制订生产计划,然后进行生产,产品有库存。库存是存货生产的主要特点,它多是大批量生产采用的生产方式,如日用生活品的生产。

(2)订货型生产(Make - to - Order,MTO)。订货型生产是指根据用户的订货要求进行生产,生产完成后就立即交货,所以产品不存在库存问题,如锅炉、船舶等。

4. 按生产的连续程度分

(1)连续生产。连续生产是指长时间连续不断地生产一种或很少几种产品,产品工艺流程和使用的生产设备都是固定的、标准化的,工序之间没有在产品储存,如化工生产、冶金生产等。

(2)间断生产。输入生产过程的各种要素是间断地投入,生产设备和运输装置必须适合多种产品加工的需要,工序之间要求有一定的在产品储存,如机床制造厂等。

5. 按生产专业化程度分

(1)大量生产。大量生产亦称量产,是指产品数量很大,大多数工作地点长期按照一定的生产节拍(在流水线生产中,相继完成两件制品之间的时间间隔)进行某一个零件的某一道工序的加工。大量生产的基本特点是品种单一,产量大,生产重复程度高,每个工作地都长期固定完成一道或少数几道工序,工作地专业化程度高。通常采用高效率的专用设备和专用工艺装备,机械化、自动化水平较高,可以按加工对象布置车间的设备,实现流水生产。例如,砖块、轴承等的制造都属于大量生产。由于提高产量,可使每一单位产品所分担的固定成本下降,从而降低单位产品的成本,因此大量生产的最突出优点就在于降低成本。

(2)单件生产。单件生产是指产品品种多,产量很少,各个工作地点的加工对象经常改变,生产的重复程度低。单件生产的特点是:产品对象基本上是一次性需求的专用产品,一般不重复生产。因此,通常使用较多的通用设备和工艺装备,要求工人具有较高的技术水平和较广泛的生产知识,以适应多品种生产的要求。例如,新产品试制、重型机械和专用设备的制造等均属于单件生产。

(3)成批生产。成批生产的产品品种较多,每种都有一定的批量,生产有一定的重复性,工作地的专业化程度比大量生产低。根据生产的稳定性、重复性和工作地专业化程度,通常将成批生产划分成大批生产、中批生产和小批生产三种。由于大批生产与大量生产的特点相近,所以习惯上合称“大量大批生产”。同时,小批生产的特点与单件生产相近,习惯上合称“单件小批生产”。

4.1.4 生产能力核定

1. 生产能力概念与分类

生产能力指在计划期内,直接参与生产过程的固定资产,在既定的组织技术条件下,经过综合平衡所能生产一定种类的产品或加工处理一定数量的原材料的能力。生产能力是反映企业所拥有的加工能力的一个技术参数,它也可以反映企业的生产规模。

生产能力可分为设计能力、查定能力和计划能力。

(1)设计能力。设计能力是企业建厂时在基建任务书和技术文件中所规定的生产能力,它是按照工厂设计文件规定的产品方案、技术工艺和设备,通过计算得到的最大年产量。企业投产后往往要经过一段时间熟悉和掌握生产技术的过程,甚至改进某些设计不合理的地方,才能达到设计生产能力。设计生产能力也不是不可突破的,当操作人员熟悉了生产工艺,掌握了内在规律以后,通过适当的改造是可以使实际生产能力大大超过设计生产能力的。

(2)查定能力。查定能力是指企业没有设计生产能力资料或设计生产能力资料可靠性低的情况下，根据企业现有的生产组织条件和技术水平等因素重新审查核定的生产能力。它为研究企业当前生产运作问题和今后的发展战略提供了依据。

(3)计划能力。计划能力也称为现实能力，是企业计划期内根据现有的生产组织条件和技术水平等因素所能够实现的生产能力。它直接决定了近期所做的生产计划。

在确定企业生产规模、编制企业长远规划、安排基本建设计划和重大技术改造时，应以设计能力和查定能力为依据；在企业编制年度生产计划、确定生产指标时，应以计划能力为依据。

2. 影响生产能力的因素

影响企业生产能力的因素很多，如产品品种、产品结构、产品工艺、质量要求、零部件的标准化和通用性水平、机床设备的数量和性能、工艺方法和通用性水平、有效生产面积、组织管理的水平及工人的劳动积极性和技术水平等。从查定生产能力的角度来考虑，可以将这些因素归结为三个基本因素，即生产设备数量（或生产面积数）、设备工作时间（生产面积利用时间）和设备（生产面积）生产率定额。

(1)生产设备数量（生产面积数量）。生产设备数量是指企业在计划期内所拥有的全部能够用于生产的机器设备数，包括正在运转的机器设备，正在修理、安装或者准备修理、安装的机器设备，因生产任务或其他不正常原因暂时停用的设备。

对已判定不能修复或已决定报废的设备、不配套的设备、企业留用作备用的设备和封存待调的设备，都不应列入企业生产能力的计算范围之列。辅助车间（如机修车间、工具车间）所拥有的设备，不能参与企业基本产品能力的计算，而只能用以计算辅助车间的生产能力。

生产面积的数量对于铸造车间、铆焊车间、装配车间的生产能力有十分重要的意义。在这类车间中，生产面积是指造型、装配等工作地、通道、工作地旁边的零部件存放地及运输设备所占的面积。

(2)设备工作时间（生产面积利用时间）。设备工作时间分为制度工作时间和有效工作时间。制度工作时间是指在规定的工作制度下，设备可工作（或利用）的时间数；有效工作时间是指在制度工作时间中，扣除设备修理停歇时间后的时间总数。制度工作时间用于计算生产面积的生产能力，有效工作时间用于计算设备的生产能力。制度工作时间的计算公式为

$$F_s = (D_r - D_n)f$$

式中 F_s——年制度工作时间；

D_r——全年日历日数；

D_n——全年节假日数；

f——每日制度工作小时数。

有效工作时间的计算公式为

$$F_e = F_s(1-\varepsilon)$$

式中 F_e——设备年有效工作时间；

ε——设备修理停工率。

(3)设备（生产面积）生产率定额。设备（生产面积）生产率定额就是单台设备（单位生产面积）在单位时间内的产量定额，或者单台设备（单位生产面积）制造单位产品的时间消耗定额。这两者成倒数关系，即

$$t = 1/p$$

式中 t——单位产品的时间定额；

p——单位时间的产量定额。

生产率定额受产品的品种与结构、质量、要求、加工工艺、工人技术水平等一系列因素的影响，它是决定生产能力三个基本因素中最易变化而且变化幅度较大的因素。因此，在计算生产能力时，应当采用平均先进的生产率定额。根据确定不同生产能力的要求，设备（生产面积）的生产率定额可以分为设计定额、查定定额和计划定额。设计定额和查定定额是企业在若干年内应该达到的先进水平定额，计划定额是企业在计划年度应该达到的平均先进定额。一般而言，计划定额低于设计定额和查定定额。其中计划定额可以根据现行定额乘计划超额系数（或计划压缩系数）加以确定，其计算公式为

$$P_1 = P_0(1 + \alpha)$$
$$T_1 = t_0(1 - \beta)$$

式中 P_1——计划产量定额；

P_0——现行产量定额；

α——产量定额计划超额系数；

T_1——计划时间定额；

t_0——现行时间定额；

β——时间定额计划压缩系数。

3. 生产能力的计算

（1）单一产品生产能力。其计算公式为

单一产品生产能力 = 同类设备的数量 × 设备有效工作时间 × 单位时间产量定额

（2）多品种生产能力。多品种生产能力可按代表产品计算，即

换算系数 = 某产品台时定额/代表产品台时定额

例 1 某企业生产甲、乙、丙三种产品，资料见表 4－1，选乙产品为代表产品，磨床组共有 3 台磨床，两班制生产，每班 8 小时，设备停工检修率 10%，求磨床组生产能力（设无节假日）。

表 4－1 产品资料

产品名称	计划产量/台	产品台时定额	换算系数	折合代表产品产量/台
甲	50	20	20/40 = 0.5	50 × 0.5 = 25
乙	100	40	1	100
丙	120	60	60/40 = 1.5	120 × 1.5 = 180
合计	270			305

有效工作时间 = 365 × 2 × 8 × (1 − 10%) = 5 256 小时

磨床组生产能力 = (3 × 5 256)/40 = 394.2 台时

设备负荷系数 = 计划任务/设备能力

若设备负荷系数 < 1 表示生产能力有余，设备负荷系数 > 1 表示生产能力不足，设备负荷系数 = 1 表示生产能力与生产任务平衡。

上例中,设备负荷系数 =305/394.2 =0.77 <1,即生产能力有余。

4.2 生产过程组织

生产过程是指从投料开始,经过一系列的加工直至成品生产出来的全部过程,包括劳动过程和自然过程。劳动过程指人利用劳动工具作用于劳动对象,按照预定的方法和步骤改变几何形状和性质,使其成为产品的过程。自然过程指在自然力的作用下,改变其物理和化学状况的过程。

4.2.1 生产过程的构成

对于工业企业,根据承担的任务不同,企业的生产过程可划分为生产技术准备过程、基本生产过程、辅助生产过程、生产服务过程和附属生产过程。

(1)生产技术准备过程。生产技术准备过程是指投产前所做的各项生产技术准备工作过程。如产品设计、工艺设计、工艺准备、材料与工时定额的制定、新产品试制等过程。

(2)基本生产过程。基本生产过程是指与企业的基本产品实体构成直接相关的生产过程,所生产的产品以市场销售为目的。

(3)辅助生产过程。辅助生产过程是指为保证基本生产过程的实现,不直接构成基本产品实体的生产过程。例如,企业不以销售为目的,仅为本企业的需要而进行的动力生产与供应、工具制造、设备修理等。

(4)生产服务过程。生产服务过程是指为基本生产和辅助生产的顺利进行而从事的服务性活动,如原材料、半成品、工具等的供应、运输、库存管理等。

(5)附属生产过程。附属生产过程是指利用企业生产主导产品的边角余料、其他资源生产市场需要的不属于企业专业方向的产品的生产过程。如飞机厂利用边角余料生产铝制日用品的过程。

生产过程的各组成部分既相互区别又密切联系。其中基本生产过程是主要的组成部分,生产技术准备是必要前提,辅助生产过程和生产服务过程都是围绕基本生产过程进行并为基本生产过程服务的。附属生产过程与基本生产过程是相对的,根据市场需要,企业的附属生产产品也可能转化为企业的主导产品。

4.2.2 合理组织生产过程的要求

合理组织生产过程的目的是使产品在生产过程中行程最短、时间最省、耗费最少、效益最好。为此,组织生产过程必须满足以下要求。

1. 生产过程的连续性

生产过程的连续性是指物料处于不停的运动之中,且流程尽可能短,它包括时间上的连续性和空间上的连续性。时间上的连续性是指物料在生产过程的各个环节的运动,自始至终处于连续状态,没有或很少有不必要的停顿与等待现象。空间上的连续性是指生产过程各个环节在空间布置上合理紧凑,使物料的流程尽可能短,没有迂回往返现象。保持生产过程的连续性,可以缩短产品的生产周期,加速流动资金的周转,提高资金利用率。

2. 生产过程的比例性

生产过程的比例性是指在整个生产过程中,基本生产过程同辅助生产过程之间,生产各个阶段、各个工序之间，在生产能力上保持一定的比例关系。保持生产过程的比例性，可以充分利用企业的人力、设备和生产面积，减少产品在生产过程中的停放等待时间，保证各个环节均衡地、成套地出产产品。

3. 生产过程的平行性

生产过程的平行性是指物料在生产过程中实行平行交叉作业。平行作业是指相同的零件同时在数台相同的机床上加工；交叉作业是指一批零件在上道工序还未加工完时，将已完成的部分零件转到下道工序加工，这样可以大大缩短产品的生产周期。生产过程的平行性对缩短生产周期，加速资金周转，减少在制品的数量，合理使用生产设备和仓库占地面积有着重要的作用和意义。

生产过程的平行性，实质上是为了使生产过程的连续性得到进一步体现而提出的一种更高要求。为达到这一要求，首先必须保持生产过程的比例性，否则，即使个别设备或人力的不足，都会形成薄弱环节，影响整个生产过程的正常进行。

4. 生产过程的节奏性

生产过程的节奏性亦即均衡性，是指产品在加工过程中从投料到最后完工产品入库，各阶段、各工序生产都能保持按计划、有节奏地进行，要求在相同的时间间隔内，生产大致相同数量或递增数量的产品，避免前松后紧，即月初完不成任务，月末加班加点突击完成任务那种不正常现象的发生。均衡地进行生产，能够充分利用设备和人力，防止突击赶工，有利于保证和提高产品质量，避免资金积压和各种损失浪费，还有利于安全生产和保持企业的正常生产秩序。生产过程的节奏性应当体现在原材料投入、生产和出产产品三个方面。出产节奏性是计算原料、坯料投入以及生产节奏性的基础，而投入节奏性和生产节奏性又是出产节奏性的可靠保证。

5. 生产过程的适应性

生产过程的适应性是指企业能根据市场需求的变化，灵活进行多品种小批量生产，以不断满足社会需要的适应能力。即用户需要什么样的产品，企业就生产什么样的产品，需要多少就生产多少，何时需要，就何时提供。

以上五项要求是相互联系、相互制约的。生产过程的比例性是实现连续性、平行性的重要条件，是保证均衡性的前提；均衡性、连续性、平行性又相互影响、相互作用；适应性是市场经济对生产过程提出的要求，不与市场需要挂钩，追求连续性、平行性与均衡性是毫无意义的。因此，在组织生产过程时，必须对上述基本要求全面加以综合考虑。

4.2.3　生产过程的空间组织

1. 工艺专业化形式示意图

按工艺性质设置生产单位。在该生产单位里集中了同类型的设备、同工种工人，对企业生产的各种产品进行相同工艺的加工。例如，机械加工车间的车工小组、磨工小组。工艺专业化形式如图 4－1 所示。

按照工艺专业化原则建立生产单位的优点：

(1)产品的制造顺序有一定的弹性，对产品品种变化的适应能力强，在一定程度上能满足多品种生产的要求，企业对市场需求变化的适应能力较强；

(2)同类型机器设备放在一起，便于充分利用设备的生产能力和生产面积，且管理方便；

(3)工人完成工艺相同的加工任务，操作容易熟练，可以缩短操作时间；

(4)生产系统的可靠性较高，某台机器出现故障或者某个工人缺勤，相同的机器或相同技能的工人可以顶替，生产单位不会因为个别原因而不能生产。

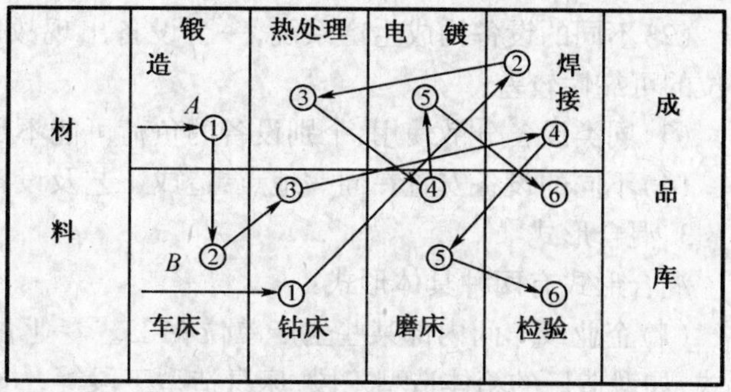

图4-1 工艺专业化形式示意图

按照工艺专业化原则建立生产单位的缺点：

(1)工件在加工过程中要经过不同的加工车间或工段，运输路线长和等待加工时间多，原材料、半成品的运输量大，停顿和等待的时间多，生产周期长，占用的流动资金多；

(2)不同加工单位之间协作关系复杂，协调任务重，零件的成套性难以掌握，生产管理比较复杂；

(3)由于任务经常变化，只能使用通用机床和通用工艺装备，通用设备的生产效率低。

2. 对象专业化形式

对象专业化形式是按产品(零件、部件)为对象设置生产单位的一种形式。在该生产单位内集中了为制造某种产品所需要的各种不同类型的设备和不同工种的工人，对相同的产品按工艺顺序进行不同方法的加工。其工艺过程基本上是封闭的，能独立地生产出产品，如汽车制造厂的发动机车间、底盘车间，电视机厂等。对象专业化形式如图4-2所示。

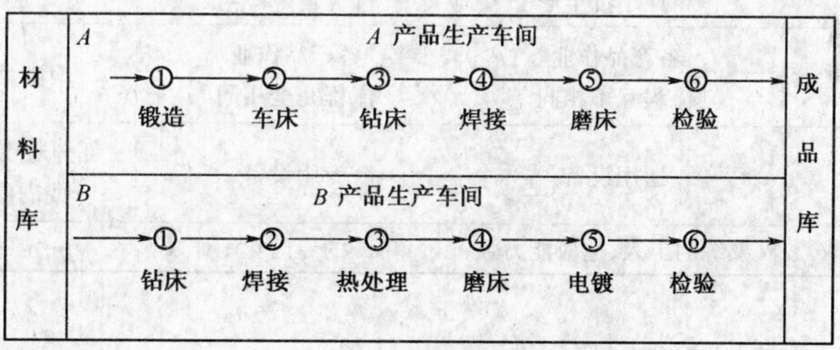

图4-2 对象专业化形式示意图

按对象专业化原则建立生产单位的优点：

(1)可以缩短产品在生产过程中的运输路线，节约运输的人力与设备；

(2)协作关系简单，简化了生产管理；

(3)由于对象固定，有利于采用专用的生产设备和运输设备，便于采用流水生产等先进的生产组织形式；

(4)减少了产品在生产过程中的等待时间，生产周期短，可减少流动资金占用量。

按对象专业化原则建立生产单位的缺点：

(1)按照特定的产品对象建立的生产单位，需要较多的设备投资费用，且对品种变化的适应性差；

(2)不同的设备构成生产系统，一台设备出现故障，可能导致生产线的全部停工，生产单位的可靠性较差；

(3)同类设备分散使用，个别设备的负荷可能不足，设备生产能力不能充分利用；

(4)不同的设备安置在同一地点，造成工艺及设备管理较复杂。

3. 混合形式

混合形式有两种具体形式：

(1)企业或车间内部某些生产单位在工艺专业化形式的基础上，局部采用对象专业化形式，如锻造厂的箱体造型工段、床身造型工段等；

(2)企业或车间内部某些生产单位在对象专业化形式的基础上，局部采用工艺专业化形式，如锅炉厂的铸造车间、锻造车间等。

优点：由于零件组在一个生产模块中用同样的机器和类似工具进行生产，批量变更所引起的调整费用减少了，降低了在制品数量，提高了劳动生产率。

缺点：为了减少零件在模块之间的传送，生产模块内会出现重复的设备；对于单件小批生产来说，生产的零件不可能全都由生产模块完成，剩下的零件加工效率就不高。混合生产方式未来很有发展潜力，混合生产可看成是单件生产和大量生产的中间阶段。

三种生产过程组织方式的特征比较见表4－2。

表4－2　三种生产过程组织方式的特征比较

	工艺专业化形式	对象专业化形式	混合组织方式
产品特性	品种不稳定	标准件、品种单一	品种较稳定
生产类型	单件小批生产	大量生产	成批生产
生产流程	各产品作业 流程互不相同	各产品作业 流程完全相同	有典型工艺流程
生产设备	通用设备	专用设备	部分通用或专用设备， 或需隔离的设备
工人技术要求	熟练的工人，适应能力强	单一的专门化工作	一定的适应能力

4.2.4　生产过程的时间组织

1. 顺序移动方式

顺序移动方式是指一批零件在一道工序全部加工完毕，才一起转到下道工序进行加工，即零件在各道工序之间是整批移动的。一般适用于批量较少、工序时间较短的成批在制品生产中。其优点是组织工作比较简单，设备没有停工时间；缺点是在制品在工序间有等待加工和运输时间，生产周期长，流动资金周转慢，经济效果差。顺序移动方式如图4－3所示(单位：分)。

若以 n 代表一批零件的数量，m 代表工序数，t_m 代表各工序的加工时间，则顺序移动生产方式的生产周期(T_0)可按下式计算为

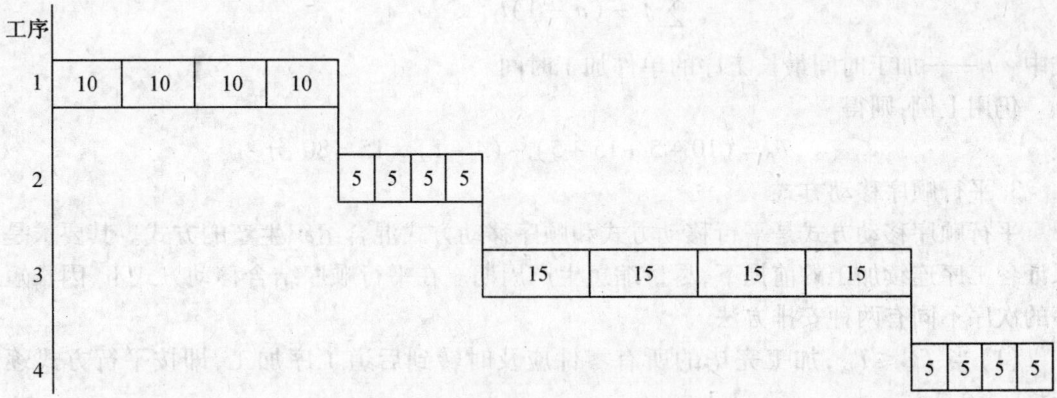

图 4-3 顺序移动方式示意图

$$T_O = nt_1 + nt_2 + nt_3 + \cdots + nt_m = n\sum_{i=1}^{m} t$$

例 2 已知某零件加工需经四道工序，其单件加工时间分别为 10 分、5 分、15 分和 5 分，批量为四件，零件在各工序间顺序移动，求整批零件的加工周期。

解 $T_O = 4 \times (10 + 5 + 15 + 5) = 140$ 分

2. 平行移动方式

平行移动方式是指一批在制品，在上道工序加工完一个零件以后，立即转入下道工序加工，而无需等待整批加工完后，才向下道工序移动的一种组织生产方式。其优点是生产周期短，由于在制品移动快，流动资金占用也就减少；缺点是当下道工序的加工时间小于上道工序的加工时间时，有停工待料现象，但这种停工时间不好利用，还有运输工作量因相对频繁而加大。平行移动方式如图 4-4 所示（单位：分）。

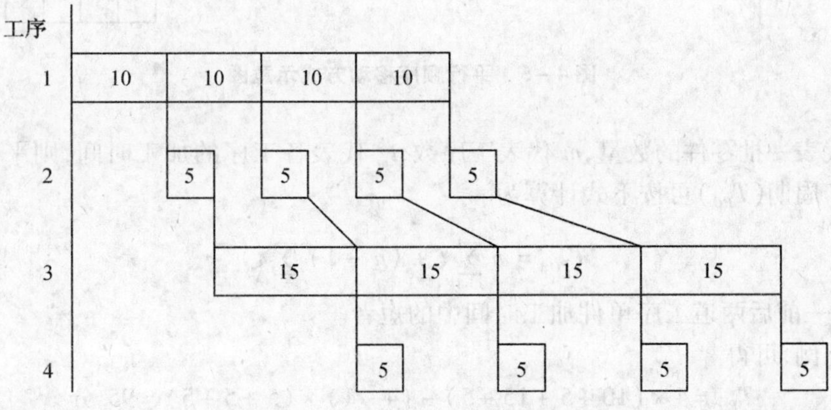

图 4-4 平行移动方式示意图

以 n 代表一批零件的数量，m 代表工序数，t_m 代表各工序的加工时间，则平行移动生产方式的生产周期（T_P）可按下式计算

$$T_P = t_1 + t_2 + t_3 + \cdots + t_m + (n-1)t_l$$

$$= \sum_{i=1}^{m} t + (n-1)t_l$$

式中　t_l——加工时间最长工序的单件加工时间。

仍用上例，则得

$$T_P = (10+5+15+5) + (4-1) \times 15 = 80 \text{ 分}$$

3. 平行顺序移动方式

平行顺序移动方式是平行移动方式和顺序移动方式混合组织生产的方式。其要求是在保证各工序连续加工的前提下，尽量缩短生产周期。在平行顺序结合移动方式下，因长短工序的次序不同有两种安排方法。

(1)当 $T_{前} \leqslant T_{后}$，加工完毕的所有零件应及时转到后道工序加工，即按平行方式逐步转移。

(2)当 $T_{前} > T_{后}$，只有在前道工序完工的零件数足以保证后道工序连续加工时，才开始将前道工序完工的零件转到后道工序进行加工。后移时间的长短，以保证该工序能够连续加工该批制品为原则。这样，既可以防止下道工序时开时停的现象，又可以把工作地的间歇时间集中起来加以利用，使设备和工人都有较充足的负荷。平行顺序移动方式如图4－5所示(单位:分)。

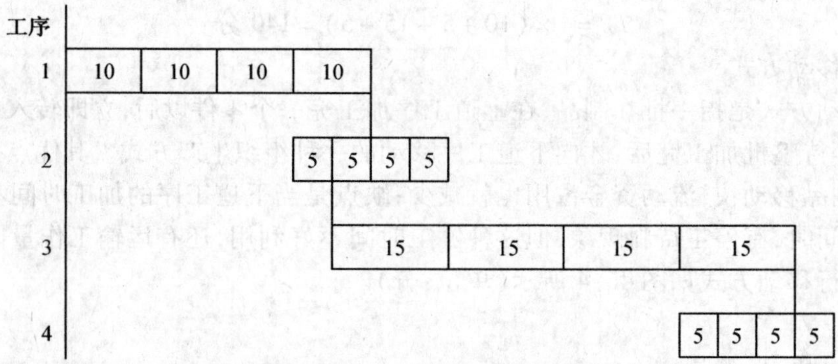

图4－5　平行顺序移动方式示意图

以 n 代表一批零件的数量，m 代表工序数，t_m 代表各工序的加工时间，则平行移动生产方式的生产周期(T_{PO})可按下式计算为

$$T_{PO} = n\sum_{i=1}^{m} t + (n-1)\sum_{i=1}^{m-1} t_d$$

式中　t_d——前后两道工序单件加工时间中的短者。

仍用上例，可得

$$T_{PO} = 4 \times (10+5+15+5) - (4-1) \times (5+5+5) = 95 \text{ 分}$$

平行顺序移动方式对一些工序单件加工时间相差较大(工序同步性较差)的工序来说，是一种较好的组织方式，但这种方式的组织较复杂。

4.3 生产计划与生产作业控制

4.3.1 生产计划

生产计划是关于企业生产运作系统总体方面的计划,是企业在计划期应达到的产品品种、质量、产量和产值等生产任务的计划和对产品生产进度的安排。它反映的并非某几个生产岗位或某一条生产线的生产活动,也并非产品生产的细节问题以及一些具体的机器设备、人力和其他生产资源的使用安排问题,而是指导企业计划期生产活动的纲领性方案。

一个优化的生产计划必须具备以下三个特征:有利于充分利用销售机会,满足市场需求;有利于充分利用赢利机会,实现生产成本最低化;有利于充分利用生产资源,最大限度地减少生产资源的闲置和浪费。

1. 生产计划种类

生产计划依期间不同分为大日程计划、中日程计划、小日程计划。因生产形态的不同,各计划的重点也有所差别。

(1)大日程计划(长期计划)。通常是一年或更长期的生产计划,预定每月生产的品种与生产量的计划。虽因销售的变更、调整,多少会有不确定的地方,但原则上还是要由经营者或高阶主管拟订。

(2)中日程计划(中期计划)。通常是每个月或3~6个月的计划,决定月份生产产品的种类、数量。在中日程计划里生产数量及交货日期已确定,同时开工日期、物料需求也基本确定。中日程计划一般是由生产部门主管拟订。

(3)小日程计划(短期计划)。小日程计划是依据中日程计划来展开的,是将具体生产任务分配给作业场所、作业者,并规定开工与完工日期的计划。计划中应明确谁做、做多少的量、何时开始、何时完成、使用什么机械。

2. 生产计划的内容

(1)生产什么——产品名称、零件名称。例如,生产汽配行业的一种凸轮,名称代号为kj908。

(2)生产多少——数量或重量。例如,因客人订单需要10 000只,那实际生产应考虑到报废的产生,我们需要投产10 500只,方能保证10 000只的交货量。

(3)在哪里生产——部门、单位。细化为在哪些工序、班组间加工,包括铸造、锻压、车床、铣床、高频淬火、磨床、清洗等。

(4)什么时候开始生产。

(5)什么时候完成——期间、交期。假如客人订单的交期要求在本月的20号,那么生产应在20号之前完成,以确保客人能在时限内收货。

3. 生产计划的主要指标

为了有效和全面地指导企业生产计划期的生产活动,生产计划应建立包括产品品种、质量、产量和产值四类指标为主要内容的生产指标体系。

(1)品种。产品品种指标是指企业在报告期内规定生产产品的名称、型号、规格和种类。它不仅反映企业对社会需求的满足能力,还反映了企业的技术管理及专业化协作水平。产品品种指标的确定首先要考虑市场需求和企业实力,按产品品种系列平衡法来确定。

(2)质量。产品质量指标是衡量企业经济状况和技术发展水平的重要指标之一。产品质量受若干个质量控制参数控制。对质量参数的统一规定形成了质量技术标准,包括国际标准、国家标准、部颁标准、企业标准、企业内部标准等。

(3)产量。产品产量指标是指企业在一定时期内生产的,并符合产品质量要求的实物数量。以实物量计算的产品产量,反映企业生产的发展水平,是制订和检查产量完成情况、分析各种产品质检比例关系和进行产品平衡分配、计算实物量生产指数的依据。确定产品产量指标主要采用盈亏平衡法、线性规划法等。

(4)产值。产品产值指标是用货币表示的产量指标,能综合反映企业生产经营活动成果,以便进行不同行业间比较。根据具体内容和作用不同分为工业总产值、工业商品产值和工业增加值三种形式。

4. 生产计划的编制

生产计划的编制有如下四个步骤。

(1)搜集资料,分项研究,编制生产计划所需的资源信息和生产信息。

(2)拟定优化计划方案,统筹安排。初步确定各项生产计划指标,包括产量指标的优选和确定、质量指标的确定、产品品种的合理搭配、产品出产进度的合理安排等。

(3)编制计划草案,做好生产计划的平衡工作。主要是生产指标与生产能力的平衡;测算企业主要生产设备和生产面积对生产任务的保证程度;生产任务与劳动力、物资供应、能源、生产技术准备能力之间的平衡;生产指标与资金、成本、利润等指标之间的平衡。

(4)修正、定稿与报批。通过综合平衡,对计划作适当调整,正确制定各项生产指标。报请总经理或上级主管部门批准。

生产计划的编制要注意全局性、效益性、平衡性、群众性、应变性。

4.3.2 生产作业计划

生产作业计划是企业生产计划的具体执行计划。它把企业的年度、季度生产计划具体规定为各个车间、工段、班组、每个工作地和个人的以月、周、班以至小时计的计划。它是组织日常生产活动、建立正常生产秩序的重要手段。生产作业计划的作用是通过一系列的计划安排和生产调度工作,充分利用企业的人力、物力,保证企业每个生产环节在品种、数量和时间上相互协调和衔接,组织有节奏地均衡生产,取得良好的经济效果。生产作业计划的编制步骤包括:收集为编制计划所需要的各项资料,核算、平衡生产能力,制定期量标准和编制生产作业计划。

1. 生产作业计划的特点

(1)计划期短。生产计划的计划期常常表现为季、月,而生产作业计划详细规定月、旬、日、小时的工作任务。

(2)计划内容具体。生产计划是全厂的计划,而生产作业计划则把生产任务落实到车间、工段、班组、工人。

(3)计划单位小。生产计划一般只规定完整产品的生产进度,而生产作业计划则详细规定各零部件,甚至工序的进度安排。

2. 生产作业计划的编制方法

不同生产类型的企业选择不同的编制方法,传统的生产作业计划编制方法主要有在制品定额法、提前期法、生产周期法和订货点法。随着科学技术的迅速发展,企业生产的品种日益增多,系统分析、运筹学等原理和计算机技术越来越多地用于企业管理,又出现了成组技术计划法、网络法等新的生产作业计划编制方法。

(1)在制品定额法。根据生产计划的要求将预先制定的在制品定额与预计可能结存的在制品数量作比较,使期末在制品数量保持在规定的定额水平上,并据此来规定各车间的生产任务。这种方法适用于大批量生产的企业。

(2)提前期法,又称累计编号法。根据生产计划的要求和预先制订的提前期来规定各车间的某种产品的装配生产提前完成的产量。它通常用累计编号来表示投入出产的产量任务。这种方法通常用于多品种成批生产的企业。

(3)生产周期法。根据生产计划的要求和预先制定的产品生产周期图表,通过生产能力的核算来规定各车间的生产任务。这种方法适用于单件小批生产的企业。

(4)订货点法。这种方法适用于安排生产产量大、品种稳定、价值低、结构简单的小型零件。

(5)成组技术。这种方法打破产品界限,把工艺相似的零件组织成组生产,适用于多品种、中小批量生产的企业。

(6)网络法。它是一种逻辑性的计划手段,其典型的方法是计划评审法。这种方法主要用于复杂的一次性产品(或工程)。

(7)准时生产制(JIT)。它的内容要点是:在必要的时候,按必要的数量,把生产所必要的物料送到必要的地方。它的目的是把在制品储备压缩到最低限度,尽可能地节约流动资金。日本丰田汽车公司的"看板管理"就是准时生产制的一种方式。

(8)混流生产方法。在生产条件和生产能力许可的情况下,经过科学逻辑的运算,制订出在同一生产线上最优品种搭配的生产方案,达到品种、产量、工时的均衡,最大限度地节约资源。这种方法主要用于工艺相似的系列化产品。

3. 生产作业控制

生产作业控制是指在生产作业计划的执行过程中对有关产品的生产数量、质量和进度的控制。其主要目的是保证完成生产作业计划所规定的产品产量和交货期限指标。生产进度控制是生产控制的基本方面,狭义的生产控制就是指生产进度控制。生产作业控制主要包括:生产调度、生产进度控制和在制品占用量控制等工作。

(1)生产调度。按照作业计划的要求,及时、准确、全面地掌握生产过程情况,对企业生产活动进行有效地组织、指挥、监督和控制,加强进度管理,不断克服不平衡和不均衡的现象。

(2)生产进度控制。这是生产作业控制的核心,是指从投产准备到成品入库为止的全部生产过程所进行的(时间、数量)控制,一般包括:投入进度控制、出产进度控制和工序进度控制。

(3)在制品占用量控制。有效地控制在制品占用量,对组织均衡生产、保证产品质量、加速资金、周转等,降低产品成本,提高经济效益有重要意义。

4.4 网络计划技术

网络计划技术是指用于工程项目的计划与控制的一项管理技术。它是 20 世纪 50 年代末发展起来的,依其起源有关键路径法(Critical Path Method,CPM)与计划评审法(Program

Evaluation and Review Technique, PERT))之分。CPM 主要应用于以往在类似工程中已取得一定经验的承包工程,PERT 更多地应用于研究与开发项目。

4.4.1 网络图的基本组成

网络图是因其形状如网络而得名。它是一种表示一项工程或一个计划中各项工作或各道工序的先后、衔接关系和所需要时间的图解模型。这种图解模型是从某项计划整体的、系统的观点出发,全面地统筹安排人、机、物,并考虑各项活动之间相互依存的内在逻辑关系而绘制的,是用箭线及节点连接而成的、有序有向的网络图形。例如,缫丝机修理的简单网络图如图 4-6 所示。

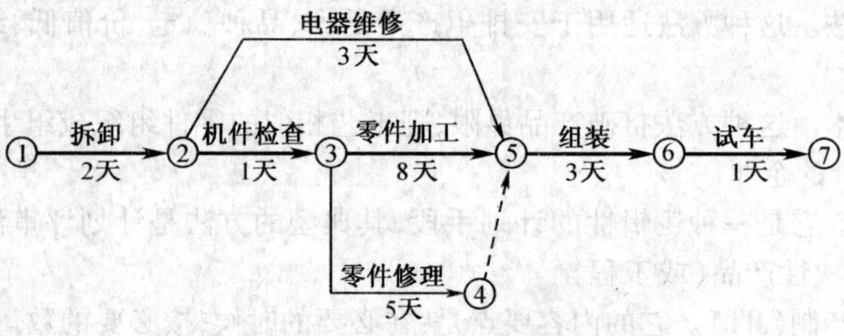

图 4-6 缫丝机修理的简单网络图

1. 活动

活动是指生产经营中的某一项具体活动,通常用"→"表示,它代表一个工序和该工序的施工方向。箭杆上方写上工序名称,箭杆下方写上该工序所需持续时间,如图 4-6 中机件检查需 1 天。箭杆可长可短,箭杆长短与持续时间长短无关。箭杆可画为直线、斜线或折线图。箭杆由箭尾和箭头组成,箭尾表示一项工序的开始,箭头表示一项工序的结束,箭杆的方向表示工作的进行方向。

在网络图中,实线箭杆表示的工序都要消耗一定的时间,一般地讲,还要消耗一定的资源。凡占用一定时间的过程,都应作为一道工序来看待,如自然状态下冷却、养生、油漆干燥等。

虚线箭杆表示一种虚作业或虚工序,通常用"⇢"表示,它既不占用时间也不占用资源,亦可表明各项作业和工序之间的相互关系。如图 4-6 中④⇢⑤所示。

2. 节点

节点又称节点、事件,就是两道或两道以上的工序之间的交接点,用圆圈"○"表示。一个节点既表示前一道工序的结束,同时也表示后一道工序的开始。节点的持续时间为零。箭尾的节点也叫开始节点,箭头节点也叫结束节点。网络图的第一个节点叫起始节点,它意味着一项工程或任务的开始;最后一个节点叫终止节点,它意味着一项工程或任务的完成;其他节点叫中间节点。

3. 线路

线路是指网络图中从起始节点顺着箭头方向顺序通过一系列首尾相连的箭杆及节点最后到达终止节点的通道。在图 4-6 中,共有三条线路,它们是:

①→②→③→⑤→⑥→⑦　　　路长 15 天

①→②→⑤→⑥→⑦ 路长 9 天

①→②→③→④→⑤→⑥→⑦ 路长 12 天

一条线路上所有活动所需的时间总和就是该线路的路长，图 4－6 中三条线路的路长分别为 15 天、9 天和 12 天。其中，路长最长的线路称为关键线路，所有组成关键线路的活动称为关键活动。关键线路直接影响整个网络计划的总工期，任何一项关键活动工时变化都会影响总工期。关键线路一般用粗箭线或双箭线表示。有时网络图中的关键线路不止一条，但关键线路的路长必然相等。

4.4.2 网络计划技术的应用步骤

网络计划技术的应用主要遵循以下几个步骤。

1. 确定目标

确定目标是指决定将网络计划技术应用于哪一个工程项目，并提出对工程项目和有关技术经济指标的具体要求。如在工期、成本费用方面要达到什么要求。

2. 分解工程项目

一个工程项目是由许多作业组成的，在绘制网络图前就要将工程项目分解成各项作业。作业项目划分的粗细程度视工程内容以及不同单位要求而定，通常情况下，作业所包含的内容多，范围大多可分粗些，反之细些。作业项目分得细，网络图的节点和箭线就多。在工程项目分解成作业的基础上，还要进行作业分析，以便明确紧前工序、平行工序和紧后工序。即在该作业开始前，哪些工序必须先期完成，哪些工序可以同时平行地进行，哪些工序必须后期完成。

3. 确定各项活动作业时间

确定各项活动作业时间可采用单点估计或三点估计法。

(1)单一时间估计法。它是指对各种活动的时间，仅确定一个时间值。估计时应以完成这项活动可能性最大的时间为准，不应受到活动重要性或合同期限的影响。这种方法适用于有同类活动或类似活动时间作参考的情况，如过去进行过且偶然性因素的影响又较小的活动。

(2)三点时间估计法。它是对活动时间预估三个时间值，然后求出可能完成的平均值。这三个时间值是：

①最乐观时间，指在最有利的条件下顺利完成一项活动所需要的时间，常以 a 表示；

②最可能时间，指在最正常情况下完成一项活动所需要的时间，常以 m 表示；

③最悲观时间，指在最不利的情况下完成一项活动所需要的时间，常以 b 表示。

三点时间估计法常用于带探索性的工程项目。如原子弹工程，其中有很多工作任务是从未做过的，需要研究、试验，这些工作任务所需的时间也很难估计，只能由一些专家估计最乐观的时间、最悲观的时间和最可能的时间，然后对这三种时间进行加权平均。计算公式为

$$T_{ij} = (a_{ij} + 4m_{ij} + b_{ij})/6$$

然后，以图 4－6 为例，列出工程任务活动关系分析表，又称工序清单，见表 4－3。

表 4－3　工程任务活动关系分析表

工序名称	工序代号	紧前工序	紧后工序	工序时间
拆　卸	*A*	—	*B*,*C*	2
电器检修	*B*	*A*	*F*	3
机件检查	*C*	*A*	*D*,*E*	5
零件加工	*D*	*C*	*F*	8
零件修理	*E*	*C*	*F*	5
组　装	*F*	*B*,*D*,*E*	*G*	3
试　车	*G*	*F*	—	1

4. 绘制网络图,进行节点编号

根据工程任务活动关系分析表,可绘制网络图。网络图的绘制方法有顺推法和逆推法。

(1)顺推法。即从始点时间开始根据每项作业的直接紧后作业,顺序依次绘出各项作业的箭线,直至终点事件为止。

(2)逆推法。即从终点事件开始,根据每项作业的紧前作业逆箭头前进方向逐一绘出各项作业的箭线,直至始点事件为止。

同一项任务用上述两种方法画出的网络图是相同的。一般习惯于按反工艺顺序安排计划的企业,如机器制造企业,采用逆推较方便,而建筑安装等企业,则大多采用顺推法。按照各项作业之间的关系绘制网络图后,要进行节点的编号,如图 4－7 所示。

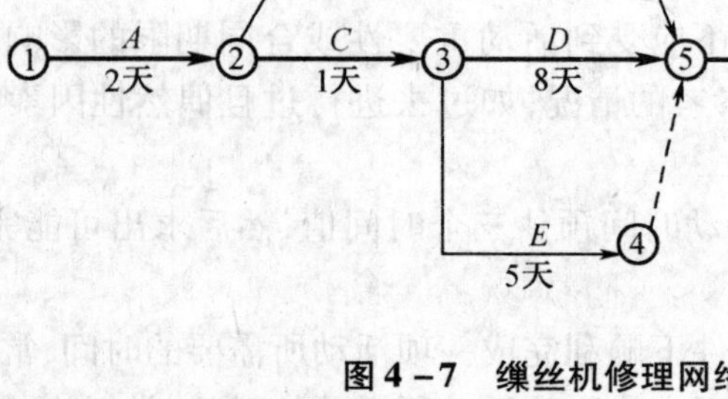

图 4－7　缫丝机修理网络图

5. 计算网络时间,确定关键路线

根据网络图和各项活动的作业时间,就可以计算出全部网络时间和时差,并确定关键线路。

6. 进行网络计划方案的优化

找出关键路径,也就初步确定了完成整个计划任务所需要的工期。这个总工期,是否符合合同或计划规定的时间要求,是否与计划期的劳动力、物资供应、成本费用等计划指标相适应,需要进一步综合平衡,通过优化,择取最优方案;然后正式绘制网络图,编制各种进度表以及工程预算等各种计划文件。

7. 网络计划的贯彻执行

编制网络计划仅仅是计划工作的开始。计划工作不仅要正确地编制计划,更重要的是组织计划的实施。网络计划的贯彻执行，要发动群众讨论计划，加强生产管理工作，采取切实有效的措施，保证计划任务的完成。在应用电子计算机的情况下，可以利用计算机对网络计划的执行进行监督、控制和调整，只要将网络计划及执行情况输入计算机，它就能自动运算、调整，并输出结果，以指导生产。

4.4.3 网络计划参数的计算

计算网络图的时间参数是网络计划技术的重要环节。通过时间参数的计算可以为网络计划的编制和优化提供科学依据。

1. 节点时间的计算

节点本身并不占用时间，只是进入它的活动的结束和由它引出活动的开始。

(1)节点最早可能开始时间。节点最早可能开始时间是指从该节点开始的各项活动最早可能开始的时间，用 T_E 表示。由于只有当进入节点 j 的所有活动都结束后，由该节点引出的活动才具备开始的条件，因此，节点最早可能开始时间可以理解为到该节点结束的各项活动最早可能全部完工的时间。计算公式为

$$T_{E(j)} = \max\{T_{E(i)} + t_{(i,j)}\}$$

式中 $T_{E(j)}$——节点 j 最早可能开始时间；

$T_{E(i)}$——节点 i 最早可能开始时间；

$t_{(i,j)}$——活动 $i-j$ 的作业时间。

计算节点最早可能开始时间由起始节点开始，按节点编号顺序由小到大进行。起始节点的最早可能开始时间假定为零，即 $T_{E(1)}=0$。

(2)节点最迟必须结束时间。节点最迟必须结束时间是指以该节点结束的各项活动最迟必须完成工作的时间，用 T_L 表示。若此时不能完工，就要影响到其后活动的按时开工，使这个任务的周期延长。因此，节点最迟必须结束时间可以理解为该节点引出的各项活动最迟被允许开始工作的时间。计算公式为

$$T_{L(i)} = \min\{T_{L(j)} - t_{(i,j)}\}$$

式中 $T_{L(i)}$——节点 i 最迟必须结束时间；

$T_{L(j)}$——节点 j 最迟必须结束时间；

$t_{(i,j)}$——活动 $i-j$ 的作业时间。

计算节点最迟必须结束时间由终止节点开始，逆节点编号顺序进行。由于终止节点无后继活动，所以假定节点最迟必须结束时间等于其最早可能开始时间，即 $T_{L(n)} = T_{E(n)}$。

2. 活动时间的计算

活动时间参数有四个，其计算公式如下：

(1)活动最早可能开始时间等于该活动箭尾节点的最早可能开始时间，即

$$T_{ES(i,j)} = T_{E(j)}$$

(2)活动最早可能结束时间等于该活动最早可能开始时间加上该活动的作业时间，即

$$T_{EF(i,j)} = T_{ES(i,j)} + t_{(i,j)} = T_{E(i)} + t_{(i,j)}$$

(3)活动最迟必须结束时间等于该活动箭头节点的最迟必须结束时间，即

$$T_{LF(i,j)} = T_{L(j)}$$

(4)活动最迟必须开始时间等于该活动最迟必须结束时间减去该活动的作业时间，即

$$T_{LS(i,j)} = T_{LF(i,j)} - t_{(i,j)} = T_{L(j)} - t_{(i,j)}$$

3. 总时差和关键线路

计算节点和活动的时间参数的目的之一就是要分析和寻求各项活动在时间配合上是否合理，有无潜力可挖。在一项计划任务中，总有些活动的开始和结束时间一点也耽误不得，卡得很紧；也有些活动在时间安排上比较灵活，有机动时间。为了判明这些情况就要计算总时差，进而可以得出关键线路。而网络计划技术的精华就在于利用时差和关键线路来控制和优化整个系统，以求效益的提高。

（1）活动总时差。活动总时差是指在不影响整个计划任务完工时间的条件下，某项活动的最迟必须开始时间与最早可能开始时间之差，用 $R_{(i,j)}$ 表示。某项活动的总时差是该活动可利用的机动时间和宽裕时间。换句话说，该项活动的开始时间可以在它的最早可能开始时间和最迟必须开始时间之间灵活选择，并且只要该活动按预定的作业时间完成，其结果不会影响计划任务的总工期。活动总时差越大，说明可供利用的机动时间越多，从而可以将该活动的资源去支援关键活动。总时差的计算公式为

$$R_{(i,j)} = T_{LS(i,j)} - T_{ES(i,j)} = T_{LF(i,j)} - T_{EF(i,j)}$$

（2）关键线路。总时差为零的活动就是关键活动，所有关键活动的连线就是关键线路。网络时间参数的计算示意图如图 4-8 所示，各项时间参数的计算见表 4-4。

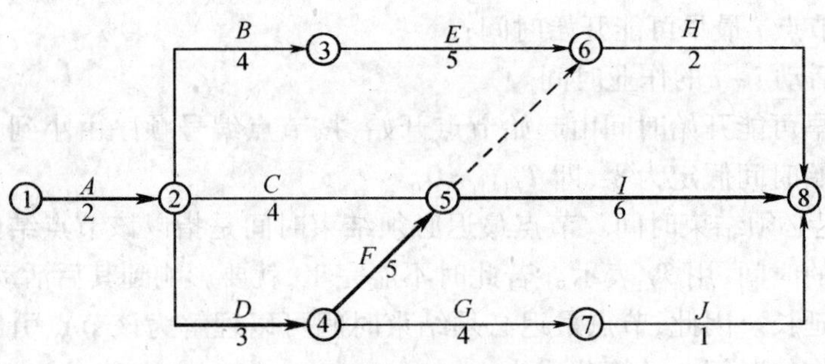

图 4-8　网络时间参数的计算示意图

表 4-4　网络图时间参数的计算

活动代号	节点编号		活动时间	T_{ES}	T_{EF}	T_{LS}	T_{LF}	时差 R	关键活动
	i	j							
A	1	2	2	0	2	2	0	0	√
B	2	3	4	2	6	9	5	3	
C	2	5	4	2	6	10	6	4	
D	2	4	3	2	5	5	2	0	√
E	3	6	5	6	11	14	9	3	
F	4	5	5	5	10	10	5	0	√
	5	6	0	10	10	14	14	4	
G	4	7	4	5	9	15	11	6	
H	6	8	2	11	13	16	14	3	
I	5	8	6	10	16	16	10	0	√
J	7	8	1	9	10	16	15	6	

通过计算,可确定关键线路为①→②→④→⑤→⑧,路长15天。

4.4.4 网络计划技术的评价

网络计划技术有以下优点:

(1)它把整个工程各个项目的时间顺序和相互关系清晰地表示出来,并指出了关键活动和路线,有利于管理者在制定和执行计划时统筹安排,全面安排,把握重点;

(2)可对工程的时间进度和资源利用实施优化,调动非关键路线上的人力、物力和财力从事关键活动,既可节省资源,又可加快工程进度;

(3)它指出了实施中可能发生的困难以及这些困难对整个项目的影响,有助于准备应急措施,减少完不成任务的风险;

(4)便于组织和控制,特别是对于复杂的大项目,可以将其分成许多子系统分别控制,在保证局部优化的情况下,实现整个项目最优。

网络计划技术也存在一定的局限性:

(1)很难对具体作业时间估计得很准确;

(2)当网络很复杂时,一旦某项关键工作拖期,重新调整网络计划和寻找关键路线要花费大量时间和精力。

4.5 准时生产方式

准时生产方式(Just - in - Time,简称 JIT),其实质是保持物质流和信息流在生产中的同步,实现以恰当数量的物料在恰当的时候进入恰当的地方,生产出恰当质量的产品。这种方法可以减少库存,缩短工时,降低成本,提高生产效率。准时生产方式在最初引起人们的注意时曾被称为"丰田生产方式",后来随着这种生产方式被人们越来越广泛地认识研究和应用,特别是引起西方国家的广泛注意以后,人们开始把它称为 JIT 生产方式。

4.5.1 JIT 生产方式的基本思想

准时生产方式基本思想可概括为"在需要的时候,按需要的量生产所需的产品",也就是通过生产的计划和控制及库存的管理,追求一种无库存或库存达到最小的生产系统。

JIT 生产方式以准时生产为出发点,首先暴露出生产过量和其他方面的浪费,然后对设备、人员等进行淘汰、调整,达到降低成本、简化计划和提高控制的目的。在生产现场控制技术方面,JIT 的基本原则是在正确的时间生产正确数量的零件或产品,即准时生产。它将传统生产过程中前道工序向后道工序送货,改为后道工序根据"看板"向前道工序取货,看板系统是 JIT 生产现场控制技术的核心,但 JIT 不仅仅是看板管理。

JIT 的基础之一是均衡化生产,即平均制造产品,使物流在各作业之间、生产线之间、工序之间、工厂之间平衡和均衡地流动。为达到均衡化,在 JIT 中采用月计划、日计划,并根据需求变化及时对计划进行调整。

JIT 提倡采用对象专业化布局,用以减少排队时间、运输时间和准备时间,在工厂一级采用基于对象专业化布局,以使各批工件能在各操作间和工作间顺利流动,减少通过时间;在流水线和工作中心一级采用微观对象专业化布局和工作中心型布局,可以减少通过时间。

JIT 可以使生产资源合理利用,包括劳动力柔性和设备柔性。当市场需求波动时,要求劳动力资源也作相应调整。如需求量增加不大时,可通过适当调整具有多种技能操作者的操作来完成;当需求量降低时,可采用减少生产班次、解雇临时工、分配多余的操作工去参加维护和维修设备,这就是劳动力柔性的含义。而设备柔性是指在产品设计时就考虑加工问题,发展多功能设备。

JIT 强调全面质量管理,目标是消除不合格品,消除可能引起不合格品的根源,并设法解决问题。JIT 中还包含许多有利于提高质量的因素,如批量小、零件很快移到下工序、质量问题可以及早发现等。

JIT 以订单驱动,通过看板,采用拉动方式把供、产、销紧密地衔接起来,使物资储备、成本库存和在制品大为减少,提高了生产效率。

4.5.2 JIT 生产方式的目标

JIT 生产方式的最终目标即企业的经营目的——获取最大利润。为了实现这个最终目的,"降低成本"就成为基本目标。在福特时代,降低成本主要是依靠单一品种的规模生产来实现的。但是在多品种中小批量生产的情况下,这一方法是行不通的。因此,JIT 生产方式力图通过"彻底消除无效劳动和浪费"来达到这一目标。所谓浪费,在 JIT 生产方式的起源地丰田汽车公司,被定义为"只使成本增加的生产诸因素",也就是说,不会带来任何附加价值的诸因素。这其中,最主要的是生产过剩(即库存)所引起的浪费。JIT 生产方式具体要达到以下三个子目标:

(1)质量目标——废品量最低。消除各种引起不合理的原因,在加工过程中每一工序都要求达到最好水平。

(2)生产目标——库存量最低。库存是生产系统设计不合理、生产过程不协调、生产操作不良的证明。降低库存,可减少零件和装配件运送量,减少搬运次数,节约装配时间,减少装配中可能出现的问题。

(3)时间目标——准备时间最短。准备时间长短与批量选择相联系,如果准备时间趋于零,准备成本也趋于零,就有可能采用极小批量;生产提前期最短,短的生产提前期与小批量相结合的系统,应变能力强,柔性好。

当然,不同目标的实现具有显著的相关性。

4.5.3 JIT 生产方式的工具——看板管理

1. 看板的功能

(1)生产以及运送的工作指令。看板中记载着生产量、时间、方法、顺序以及运送量、运送时间、运送目的地、放置场所、搬运工具等信息,从装配工序逐次向前工序追溯,在装配线将所使用的零部件上所带的看板取下,以此再去前工序领取。"后工序领取"以及"适时适量生产"就是这样通过看板来实现的。

(2)防止过量生产和过量运送。看板必须按照既定的运用规则来使用,其中一条规则是没有看板不能生产,也不能运送。根据这一规则,看板数量减少,则生产量也相应减少。由于看板所表示的只是必要的量,因此通过看板的运用能够做到自动防止过量生产以及适量运送。

(3)进行"目视管理"的工具。看板的另一条运用规则是"看板必须在实物上存放""前工序按照看板取下的顺序进行生产"。根据这一规则,作业现场的管理人员对生产的优先顺序能够一目了然,易于管理。并且只要一看看板,就可知道后工序的作业进展情况、库存情况等。

(4)改善的工具。在JIT生产方式中,通过不断减少看板数量来减少在制品的中间储存。在一般情况下,如果在制品库存较高,即使设备出现故障、不良品数目增加也不会影响到后道工序的生产,所以容易把这些问题掩盖起来,而且即使有人员过剩,也不易察觉。根据看板的运用规则"不能把不良品送往后工序",后工序所需得不到满足,就会造成全线停工,由此可立即使问题暴露,从而必须立即采取改善措施来解决问题。这样通过改善活动不仅使问题得到了解决,也使生产线的"体质"不断增强,带来了生产率的提高。JIT生产方式的目标是要最终实现无储存生产系统,而看板提供了一个朝着这个方向迈进的工具。

2. 看板的种类

根据需要和用途的不同,看板可以分为以下三方面:

(1)生产看板,如图4-9所示。指示某工序加工制造规定数量的工件所使用的看板,是工序内看板,它又分为两种。一是一般的生产看板,它指出需加工工件的件号、件名、类型、工件存放位置、加工设备等;二是三角形看板,主要用于批量生产,它指出了需加工工件的件号、件名、存放位置、批量及货盘数、订购点量及货盘数、加工设备等。

<table>
<tr><td colspan="2">生产看板</td><td rowspan="5">加工设备
机加工
ID-6</td></tr>
<tr><td>存放货架号　F14-26</td><td>工件背面号　A3-252</td></tr>
<tr><td colspan="2">工件号　56790-321</td></tr>
<tr><td colspan="2">工件名　曲轴</td></tr>
<tr><td>产品型号　SX50BM-170</td><td>容器容量　16</td></tr>
</table>

图4-9　生产看板

(2)取货看板,如图4-10所示。即后续工序的操作者按看板上所列件号、数量等信息,到前工序(或协作厂)领取零部件的看板,可分为两类。一是工序间取货看板,它是场内工序间的取货凭证;二是对外订货看板,它是向固定的协作厂取货的凭证。

<table>
<tr><td>前工序</td><td colspan="2">仓库25货位 ——→ 锻压机10#</td><td>后工序</td></tr>
<tr><td>背面号</td><td>MA45</td><td>工作名</td><td>滑块</td></tr>
<tr><td>材料尺寸</td><td>40×13×15</td><td>容器容量</td><td>100</td></tr>
<tr><td>批量</td><td>500</td><td>容器编号</td><td>6</td></tr>
</table>

图4-10　物料需求看板

(3)临时看板。

3. 看板管理工作原理

看板管理工作原理如图4-11所示,图中Ⅰ,Ⅱ,Ⅲ分别表示零件加工工序、零件装配工序和总装配工序,A,B分别表示工序的进口存料点和出口存料点,实线表示零部件的物流过程，虚线表示看板的传递过程。

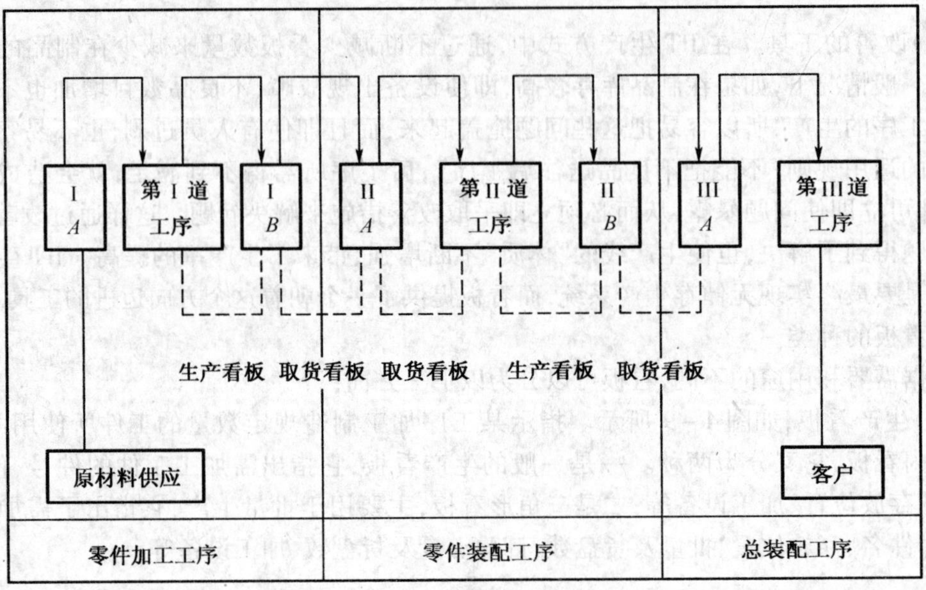

图 4－11　看板管理工作原理示意图

总装配工序的操作人员从Ⅲ－A 中取用零部件后，就在该处取出一块取货“看板”，到上一工序的Ⅱ－B 中提取同样的零部件来补充。同时，他再从Ⅱ－B 中取出一块加工看板，交给第Ⅱ工序的操作者，第Ⅱ工序的操作者据此加工生产所需的零部件，制成后补入Ⅱ－B 中。第Ⅱ工序的操作者在加工零部件时，又按照同样的程序从Ⅱ－A 中提取加工件，并凭取货看板从Ⅰ－B 中提取零件补充，同时从Ⅰ－B 中取出加工看板，交给第Ⅰ工序的操作者，然后操作者从Ⅰ－A 中提取原材料进行生产。如此逆序而上，在看板的联系和“拉动”下，生产流水线协调地运转起来。

4. 看板管理与 JIT 生产方式

看板管理是 JIT 生产方式最显著的特点，因此也有人将 JIT 生产方式称为“看板方式”。但是严格地讲，这种概念不正确。日本筑波大学的门田安弘教授曾指出：“丰田生产方式是一个完整的生产技术综合体，而看板管理仅仅是实现准时化生产的工具之一。把看板管理等同于丰田生产方式是一种非常错误的认识。”JIT 生产方式的本质是一种生产管理技术，而看板只是一种管理工具。看板只有在工序一体化、生产均衡化、生产同步化的前提下，才有可能运用。如果错误地认为 JIT 生产方式就是看板方式，不对现有的生产管理方法作任何变动就单纯地引进看板方式的话，是不会起到任何作用的。所以，在引进 JIT 生产方式以及看板方式时，最重要的是对现存的生产系统进行全面改组。

复习思考题：

1. 简述生产管理的目标。
2. 什么是生产能力，其影响因素有哪些？
3. 简述合理组织生产过程的要求。
4. 简述看板管理的基本原理。

案例分析题：

JIT 在第一汽车制造厂变速箱厂的应用

一、工厂概述

第一汽车厂变速箱厂是一座现代化工厂,1989 年 10 月建成投产。该厂生产的六档同步器变速箱,是从日本日野汽车公司引进具有 20 世纪 80 年代国际先进水平的产品,在引进产品技术的同时,也引进了先进的管理模式,但由于种种原因,软硬件没有配套实施,管理没有及时到位,曾一度造成生产被动、质量上不去、工厂效益不佳的情况。如何改变上述局面,该厂经过反复分析、研究,吸收了日本“丰田生产方式”的精华,结合中国国情和“一汽”实际,创造出具有自己特色的准时化生产方式。在生产中运用多种方法和手段,对生产过程中的“人、机、料、法、环、测”诸要素进行优化组合。做到以必要的劳动、确保在必要的时间内、按必要的数量生产必要的零部件,以期达到杜绝超量生产、消除无效劳动、降低成本、提高产品质量、用最少的投入实现最大产出的目的。

二、准时化生产方式的内容

总体做法是围绕市场需要组织全企业的“拉动式”生产活动。在充分分析必要性和可行性的前提下,该厂确定生产组织的方法如下。

1. 生产线内部即工序间实行“一个流”生产。全厂 79 条生产线上,每台机床、每道工序只有一个加工件在制造和流动。这样,不但使上、下道工序的操作者能及时有效地控制产品质量,防止批量废品的产生,而且还大大地压缩了在制品的数量,减少了流动资金占用,增强了工人之间的协作精神,培养了集体观念,易于暴露企业内部存在的各种潜在问题,提高了工作效率。

2. 生产线之间采用“库存补充”的生产组织方式。全厂各生产线末端都设有成品架,这种成品架相当于立体仓库,其容量一般在 200 ~ 700 件之间。这种“库存补充”方式,要求生产线的成品库存数量始终介于最高、最低储备之间,当库存量达到最高储备时则立即停止生产,当库存量低于最低储备时就立即组织生产,而且随着产品质量的稳定、设备故障的降低,成品储备定额要逐渐降低,直至达到最低限度。

3. 生产控制的手段采用看板管理方式。看板管理是“丰田管理方式”的一大支柱,它的基本做法是以流水线为基础,以看板为指令工具,将生产过程中传统的送货制改为取货制。实行看板管理的根本目的在于消除无效劳动和浪费,揭露生产过程中各种矛盾,采取措施,消除矛盾,提高生产效率。

(1)在充分理解看板管理思想和精神实质的基础上,该厂结合实际,在看板管理方面采取了以下措施:

①物流组织实行后工序持看板到前工序取货制,后工序交给前工序和领走零件同样数量的看板,前工序不见看板不发货。

②生产线发出多少成品,毛坯库凭单据供应相同数量的毛坯,生产线因废品损失的那部分零件,持废品单到毛坯库换相同数量的毛坯的方法加以补充。

③对各生产线实行投入产出的考核。

④把“生产指令看板”单独作为生产线加工指令和成品库存数量标志,其看板张数受成品最高储备定额制约,其运行路线不直接和取货凭证看板发生联系。

(2)以上这种看板管理的特点是把看板的指令作用和取货凭证作用分别用两种看板来

体现,其目的在于看板在运行过程中脱离零件或工位器具,这样就大大地增强了看板管理的可行性。这种看板管理方案对生产的控制体现在三个方面:

①生产指令看板的数量起作用。

②从实物供应上也实行严格的控制,即生产指令和实物供应都进行严格的控制。

③这种看板管理方法,充分体现了丰田看板管理的基本精神,通过产出来控制投入,从而杜绝超量生产。

以上生产管理的三种做法是相互联系相互制约的有机整体,不可分割,共同为实现“拉动式”生产服务。通过这三个措施,可以大大地压缩在制品的数量,减少流动资金占用,充分暴露企业存在的问题,增强各类人员的紧迫感,提高企业素质,通过看板管理,可以实现对生产线的投入产出考核,这样不但可以防止零件的丢失,而且还会使生产工人尽量地少出废品或不出废品,可以提高职工的主人翁责任感。

三、推行准时化生产方式的经济技术效果

推行准时化生产方式,使该厂各方面都发生了巨大变化,取得了明显的经济技术效果,表现在以下方面:

1. 生产由被动变主动,生产能力大幅度提高,实现了均衡生产。生产能力已超过设计能力,在高产情况下,班均衡率月月达100%。产品品种由原来的一个基本型至1992年底已发展到18个变型。

2. 产品质量稳步提高。1991年废品率下降33.5%,一次装配合格率由去年初的80%,提高到92%以上。质量事故频次明显下降,各项质量指标均好于总厂或中汽公司的规定。创国优,未发生1,2,3类故障,同步器变速箱总成深受用户欢迎,市场销售供不应求。

3. 由于全面推行“一个流”生产及看板管理,有效地控制了在制品数量,杜绝了超量生产和成批质量事故的发生,大大降低了流动资金占用。1991年,在制品流动资金占用降低了50%。1992年以来,月产量比1991年增长25%,流动资金反而进一步降低。其他动能、辅助材料、废品损失等项消耗指标,均低于定额指标。

4. 全厂实行多机床操作,多工序管理,人均操作三台设备,人工作业率从原传统方式的27.7%,提高到65%左右;生产工人比常规减少近一半,提高了劳动生产率。

5. 实施定置集配、刀具送往工位、强制换刀、跟踪管理,使刀具消耗下降了17%。

6. 机电修现场联合驻屯,走动管理,使设备故障停歇台时下降了80%。

7. 推行准时化生产方式,提高了企业整体素质,改变了传统管理方式所形成的习惯势力,使变速箱厂出现了崭新的精神风貌。

思考与讨论:

结合该厂实例,分析看板管理的特点。

实训课题:

1. 已知某产品的批量为3件,经历5道工序进行加工,各道工序的单件加工时间分别为 $t_1=10$ min, $t_2=15$ min, $t_3=5$ min, $t_4=8$ min, $t_5=10$ min。试绘制某产品在工序间的三种移动方式图,并计算整批某产品的加工周期。

2. 参观某一工厂,试画出该工厂生产车间布局和某一主要车间内部布局(生产过程空间组织)简图,并分析其组织形式及优缺点。

模块五 设备管理

★知识目标：理解设备磨损与故障规律；
熟悉设备维护保养的要求和内容；
熟悉设备计划修理方法；
熟悉设备改造、更新的方式和原则；
了解三级保养制度、全员生产维修等。

★技能目标：掌握设备选择的技术、经济评价方法；
掌握设备检查的实施；
掌握设备修理计划的编制与执行；
掌握设备更新周期的确定等。

引导案例：

少了一枚钉子，掉了一只马掌；掉了一只马掌，瘸了一匹战马；瘸了一匹战马，伤了一位骑士；伤了一位骑士，输了一场战斗；输了一场战斗，败了一次战役；败了一次战役，输了一个国家……这是一首传颂数百年的古老的苏格兰民谣，它讲述的是一段真实却无情的历史。

为夺取英国国王的权杖，英格兰的王室查理三世与加斯特家族的亨利伯爵居已相互厮杀了三十多年。1485年冬天，在波期沃斯城郊的荒原上，双方打响了一场最后的较量。查理三世气宇轩昂，策长鞭，挥长剑，主动出击；千军万马紧随其后，步步紧逼；而对方则连连后退，其身后的不远处则是一片辽阔的沼泽泛着绝望的寒光。查理三世似乎已经看到了胜利女神灿烂的微笑。突然，战马一个趔趄，查理三世跃翻在地，众官误以统帅中箭身亡，顿时军心大乱，慌作一团。亨利伯爵趁势大举反攻，在阵前生取查理首级，不仅化险为夷，转败为胜，而且从此将英格兰置于都铎王朝的统治之下。

发生了什么呢？原来，决战前夕，理查派马夫去备好自己喜欢的战马，马夫在给查理三世的战马替换马掌时，发现少了一枚钉子，一时寻觅不得，马夫便草率地将就过去了。谁能料到，就在发起总攻的关键时刻，那只少钉了一枚铁钉的马掌偏偏松了，掉了；马既失蹄，查理三世怎能不摔倒在地。历史无情，一枚铁钉缺失了，一顶王冠易主了。

5.1 设备管理概述

5.1.1 设备管理的含义

设备管理是对设备寿命周期全过程的管理,包括选择设备、正确使用设备、维护修理设备以及更新改造设备全过程的管理工作。

设备运动过程可分为两种基本运动形态,即设备的物质运动形态和资本运动形态。设备的物质运动形态是指设备从研究、设计、制造或从选购进厂验收投入生产领域开始,经使用、维护、修理、更新、改造直至报废退出生产领域的全过程,这个层面过程的管理称为设备的技术管理;设备的资本运动形态包括设备的最初投资、运行费用、折旧、收益以及更新改造自己的措施和运用等,这个层面过程的管理称为设备的经济管理。设备管理既包括设备的技术管理,又包括设备的经济管理,是两方面管理的综合和统一。

5.1.2 设备管理的发展过程

设备维修体制的发展过程可划分为事后修理、预防维修、生产维修、维修预防和设备综合管理五个阶段。

1. 事后修理

事后修理是指设备发生故障后再进行修理。这种修理法出于事先不知道故障在什么时候发生,缺乏修理前准备,因而,修理停歇时间较长。此外,因为修理是无计划的,常常打乱生产计划,影响交货期。事后修理是比较原始的设备维修制度。目前,除在小型、不重要设备中采用外,已被其他设备维修制度所代替。

2. 预防维修

第二次世界大战时期,军工生产很忙,但是设备故障经常破坏生产。为了加强设备维修,减少设备停工修理时间,出现了设备预防维修的制度。这种制度要求设备维修以预防为主,在设备运用过程中做好维护保养工作,加强日常检查和定期检查,根据零件磨损规律和检查结果,在设备发生故障之前有计划地进行修理。由于加强了日常维护保养工作,使得设备有效寿命延长了,而且由于修理的计划性,便于做好修理前准备工作,使设备修理停歇时间大为缩短,提高了设备有效利用率。

3. 生产维修

预防维修虽有上述优点,但有时会使维修工作量增多,造成过分保养。为此,1954 年又出现了生产维修。生产维修要求以提高企业生产经济效果为目的来组织设备维修。其特点是根据设备重要性选用维修保养方法,重点设备采用预防维修,对生产影响不大的一般设备采用事后修理。这样,可以集中力量做好重要设备的维修保养工作,同时也可以节省维修费用。

4. 维修预防

人们在设备的维修工作中发现,虽然设备的维护、保养、修理工作进行的好坏对设备的故障率和有效利用率有很大影响,但是设备本身的质量如何对设备的使用和修理往往有着决定性的作用。设备的先天不足常常是使修理工作难以进行的主要方面。因此,1960 年出现了维修预防的设想。这是指在设备的设计、制造阶段就考虑维修问题,提高设备的可靠性和易修性,以便在以后的使用中,最大可能地减少或不发生设备故障,一旦故障发生,也能使维修工作顺利地进行。维修预防是设备维修体制方面的一个重大突破。

5. 设备综合管理

在设备维修预防的基础上,从行为科学、系统理论的观点出发,于20世纪70年代初,又形成了设备综合管理的概念。它是对设备实行全面管理的一种重要方式。

5.1.3 设备管理的任务

(1)根据技术上先进、经济上合理、生产上可行的方针,正确地选购设备,为企业提供最优的技术装备。为此,设备管理部门必须掌握本企业各类设备的技术发展动向,包括设备的型号、规格、性能、用途、效率、价格、供应情况等。

(2)保证机器设备始终处于良好的技术状态。为此,设备管理部门要认真研究设备运行规律,正确使用设备,运用各种检测手段,灵活采取维修方式,在节省设备维修费用的条件下,维护保养好现有设备,保证生产正常进行,还要保证生产设备主机与辅助机以及随机附件的完整、齐全。

(3)做好现有设备的改造更新工作,不断提高企业技术装备的现代化水平,使企业的生产活动稳固地建立在最佳的物质技术基础上。

(4)建立健全各种设备管理制度。一般应包括:设备管理体制及机构设置的规定,设备固定资产管理制度,设备前期管理制度,设备改造、更新管理制度,设备检修计划管理制度,设备检修技术管理制度,设备管理与维修的财务管理制度,设备统计、考核制度,设备事故管理制度,设备的使用、操作、维护和检修规程等。

(5)提高设备管理的经济效益。按照经济规律的客观要求,加强对设备的经济管理,降低设备管理各环节的费用支出,以期设备的整个寿命周期费用最经济。

(6)加强对设备管理与维修人员的培训,提高设备管理人员的技术与管理水平。

5.1.4 设备磨损与故障规律

1. 设备磨损及规律

设备在使用过程中会发生磨损,设备磨损包括有形磨损和无形磨损。

(1)有形磨损(物质磨损)。有形磨损,也称为物质磨损,是指设备在使用或闲置过程中发生的磨损。按其产生的原因可分为使用磨损和自然磨损。

①使用磨损。设备在运转过程中因受力的作用,零部件会发生摩擦、振动和疲劳等现象,致使设备的实体产生磨损。具体表现为设备零部件原始尺寸甚至形状发生改变,公差配合性质改变使精度降低、零部件损坏。

设备使用磨损有一定的规律,可分三个阶段:第一阶段是“初期磨损”阶段,由于新的或大修理后的机器设备表面粗糙或操作人员使用不熟练,磨损比较严重;第二阶段是“正常磨损”阶段,设备经过初期磨损后,表面比较光滑,操作人员按照基本操作规程,磨损量发生较小且比较稳定;第三阶段是“剧烈磨损”阶段,由于设备老化,零件松落,磨损量迅速增长。例如,机器中的齿轮,初期磨损是由于安装不良、人员培训不当等造成的结果;正常磨损是机器处在正常工作状态下发生的,它与机器开动的时间长短、载荷强度大小有关,当然也与机器零件的牢固程度有关;剧烈磨损是在正常工作条件下被破坏或使用时间过长的结果。再以金属切削机床为例,在使用过程中其加工精度、表面粗糙度和劳动生产率都会劣化;磨损到一定程度就会使整个机器出毛病、功能下降，并使设备的使用费剧增；若磨损达到比较严重的程度时，设备便不能继续正常工作甚至发生事故。设备磨损规律如图 5－1 所示。

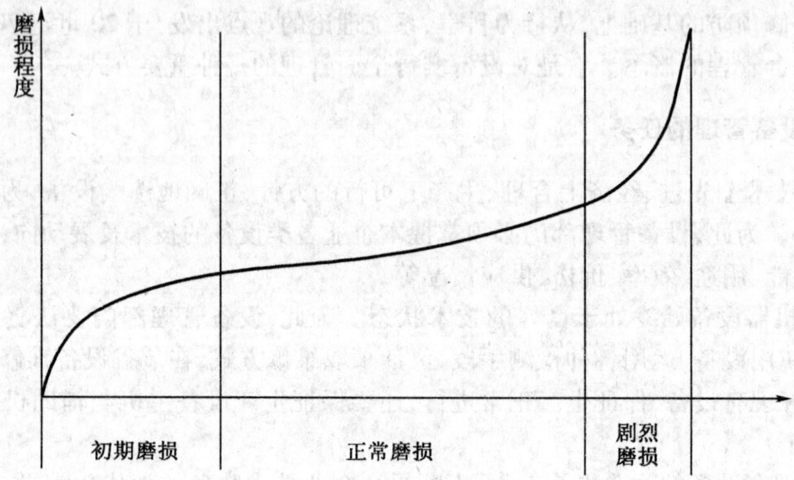

图 5－1　设备磨损规律

②自然磨损。自然磨损是指设备在闲置过程中，由于受自然力的作用而产生氧化生锈、腐蚀、自然丧失精度和工作能力等。设备有形磨损带来的后果有：技术方面，使设备的使用价值降低，严重时甚至可使设备完全丧失使用价值；经济方面，使设备原始价值的部分降低，甚至完全贬值。

有形磨损估价公式为

$$\alpha_p = R/R_1$$

式中　α_p——设备有形磨损程度；

R——修复全部磨损零件所用的修理费用；

R_1——确定设备磨损时该种设备的再生产价值。

(2)设备的无形磨损。无形磨损，又叫精神损耗，是指固定资本由于劳动生产率的提高而引起的价值损失。根据劳动生产率提高所造成的不同影响，固定资本的无形损耗又分为两种：

①由于劳动生产率的提高，生产同样设备所需的社会必要劳动耗费减少而使设备相应贬值。

②由于新技术的发明和使用，出现了性能更加完善、生产效率更高的设备，使原设备的价值相对降低。

设备的无形磨损程度以在技术进步影响下的设备价值降低系数来表示，公式为

$$\alpha = (K_0 - K_1)/K_0 = 1 - K_1/K_0$$

式中　α——设备无形磨损系数；

K_0——设备的原始价值；

K_1——确定设备无形磨损时该设备的再生产价值。

由于技术进步的影响，$K_1 < K_0$。

(3)设备的综合磨损。设备的综合磨损是指同时存在有形磨损和无形磨损的损坏和贬

值的综合情况。对任何设备来说,这两种磨损必然同时发生和互相影响。某些方面的技术进步可能加快设备有形磨损的速度,例如,高强度、高速度、大负荷的技术的发展,提高了设备的利用率,但必然使设备的物理磨损加剧。同时,某些方面的技术进步又可提供耐热、耐磨、耐腐蚀、耐振动、耐冲击的新材料,使设备的有形磨损减缓,但由于使用周期的延长,使其无形磨损加快。

2. 设备故障及规律

设备或零部件丧失其规定性能的状态称为故障。设备故障一般分为突发故障和劣化故障。

(1)突发故障。突发故障即是突然发生的故障,其特点是发生时间是随机的、无明显征兆,它可能导致设备完全丧失工作能力,与使用时间无关。

(2)劣化故障。劣化故障是由于设备性能逐渐劣化所造成的故障,其特点是发生故障有一定的规律,故障发生速度是缓慢的,程度多是局部功能损坏,与使用时间有关。劣化故障规律呈"浴盆曲线",如图 5-2 所示。

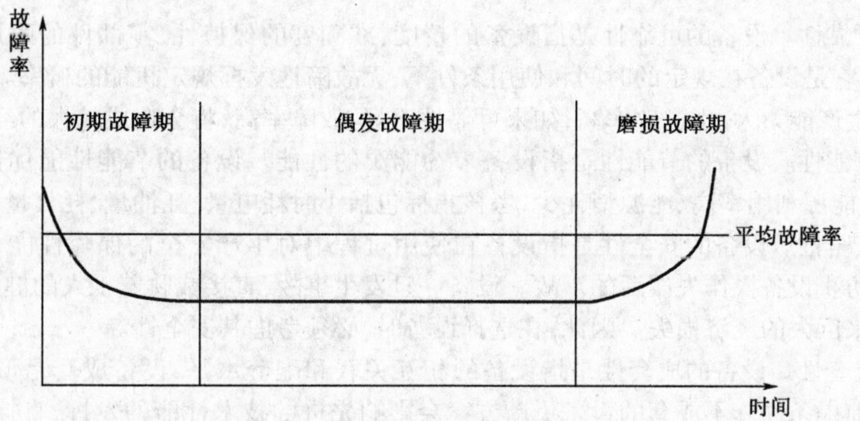

图 5-2 设备故障规律

第一阶段为初期故障发生阶段,又称饱和阶段。通常是由于设计上的缺陷,制造质量欠佳和操作不良习惯引起的。随着设备使用过程中的不断调整改进,故障发生率会随着时间延长而下降。

第二阶段为偶发故障阶段,又称正常磨损阶段。这段时间内,设备处于正常运转状态,故障率较低。偶发的故障是因操作失误、保养不善、使用不当等外部随机因素引起的。偶发故障期是设备的实际使用期,通常持续相当长的时间。在使用过程中应严格注意故障发生前的异常现象并及时消除,使故障率得到适当降低。

第三阶段是磨损故障阶段,又称过度磨损阶段。由于零件长时间的磨损与疲劳导致磨损故障率上升。通过有计划地更换零件与维护保养可以减少故障,延长设备的使用寿命。

认识设备故障规律,对加强设备的管理有重要的作用。在初期故障期,主要找出设备可靠性低的原因并进行调整和改进,研究操作的方法,保持设备故障率稳定;在偶发故障期,应注意提高操作工人与维修工人的技术水平,并加强设备检查;在磨损故障期,应加强设备的日常维护保养,进行预防性维修,以降低设备故障率。

5.2 设备的选择

设备的选择包括新建企业新购设备的选择、老企业购置新设备的选择、企业自行研制专用设备以及从国外引进技术设备的选择等。设备选择的基本要求是技术先进、经济合理、生产可行。

5.2.1 设备选择的技术评价

技术评价应综合考虑以下因素：

(1)生产性。设备的生产性是指设备的生产效率，一般以设备在单位时间产出的产品表示。设备大型化、高速化和自动化一方面可以大大提高设备的生产率，另一方面又需耗用较大的投资与能源，维修时也需要较高的维修技能。在考虑生产性时，应同企业的长期计划结合起来，即设备的生产效率既能够满足企业生产发展的需要，又要使设备达到一定的负荷率。

(2)可靠性。设备的可靠性是指设备的精度、准确度的保持性，零部件的耐用性、安全可靠性等，它是设备在规定的时间和使用条件下，无故障地发挥规定机能的概率。现代大型关键设备生产能力大、生产效率高，如果可靠性不好，故障率高，将会造成较大的经济损失。

(3)节能性。设备的节能性是指设备节约能源的性能。设备的节能性能优良，表明其热效率高、能源利用率高、能源消耗少，考核指标包括小时耗电量、耗油量、耗气量等。

(4)安全性。设备的安全性是指设备在使用过程中对生产安全的保障性能，安全性高可以有效防止设备操作失误后的事故。设备一旦发生事故，直接威胁着工人的健康和生命，给企业带来巨大的经济损失。因此，在选择设备时，必须考虑其安全性。

(5)成套性。设备的成套性是指设备的相互关联和配套水平，设备成套是形成企业生产能力的前提条件。不成套的设备更新方案会影响先进的技术性能的发挥，直接影响方案的经济效果。成套设备可分为三类，即单机成套，是指一台机器设备中各种随机工具、附件、部件成套；机组成套，是指主机、辅机、管制设备等相互成套；项目成套，是指投资项目所需要的各种机器设备成套，如加工设备、动力设备和其他辅助生产设备成套。

(6)维修性。设备的维修性，又称可修性，它直接影响设备维护和修理工作量的大小和费用的多少。维修性能好的设备，结构简单，零部件组装合理且维修的零部件容易拆卸，便于检查，零部件的通用、互换性好。

(7)经济性。设备的经济性是指选择设备不仅要考虑节约一次性投资购置费用，而且还有使设备在整个寿命周期内的总费用最小。总费用最小，又能完成所规定的任务的设备才是经济性好的设备。

(8)灵活性。设备的灵活性是指在工作对象固定的条件下，设备能够适应不同的工作条件和环境，操作使用比较方便灵活。设备的灵活性还指设备结构紧凑、质量轻、体积小，故而占用场地面积小、搬运方便。机器设备，一方面应向大型化、自动化、高级化方向发展，另一方面也应向小型化、简易化、廉价化方向发展。选择设备时，要从实际出发，不要盲目追求大、高、精，要讲求实效。

(9)环保性。设备的环保性是指设备的噪声和排放的有害物质对环境的污染程度。在选择设备时要把“三废”和噪声控制在一定的标准范围内，要求设备配有相应治理“三废”的附属装置或净化设备。

采用打分法，可以将以上定性分析转化为定量分析。打分法的实施步骤如下：

(1)首先，确定影响设备技术性的因素。

(2)列出反映设备技术性的各项具体指标。如生产效率用"产量/日"表示，原材料的利用程度用原材料利用率表示等。

(3)确定反映设备技术性的各因素的权重。选取设备时，各因素的重要性是不同的，我们可以对不同的因素进行比较，根据其重要性给出不同的权数。最重要的因素权数为10，其他因素的权数与之相比较在1～10之间确定。

(4)按10分制或100分制给各因素打分。

(5)计算各备选方案的总分，选取得分高的方案。

需要说明的是，得分高的方案并不一定是最后选定的方案，还应结合经济方面的评价。此外，为了避免主观性，权数的确定、打分应由多名专家共同进行，取其平均值。

例1 某企业选购甲、乙、丙三种设备，进行技术评价，见表5－1。

表5－1 甲、乙、丙三种设备的技术评价

序号	主要考虑因素	权数	甲设备			乙设备			丙设备		
			效率	得分	小计	效率	得分	小计	效率	得分	小计
1	生产性/(吨/日)	10	1 600	10	100	1 400	9	90	1 300	7	70
2	可靠性:成品率/%	10	93	9	90	90	8	80	95	10	100
3	维修性:难易	8	难	8	64	较易	9	72	易	10	80
4	节约性/电耗/小时	9	70	10	90	100	8	72	90	9	81
5	安全性:控制方式	10	自控	10	100	半自控	9	90	半自控	9	90
6	耐用性:寿命周期	6	20年	10	60	20	10	60	15	9	54
7	环保性:消声	7	无	6	42	有	7	49	无	6	42
8	成套性:附件	7	齐全	10	70	齐全	10	70	不齐	6	42
9	灵活性	6	良好	10	60	良好	10	60	一般	5	30
	得分合计				676			643			589

5.2.2 设备选择的经济评价

在购买设备时，可能几种设备都能满足企业的技术要求，因此从经济角度对几种方案进行对比、分析，选择最优方案成为必要。

1. 投资回收期法

首先计算不同设备的投资费用，其中最主要的部分是设备的购买价格，也包括为安装调试设备而发生的其他费用，同时要考虑到由于采用新设备所带来的劳动生产率的提高，能源原材料的节约，产品质量的提高等方面的收益额。依据设备投资费用与收益额计算不同设备的投资回收期。在其他条件相同的条件下，选择投资回收期最短的设备为最优设备。

若不考虑资金的时间价值，设备投资回收期的公式为

$$设备投资回收期=\frac{设备投资额}{采用该设备后年均收益额(节约额)}$$

从式中可以看出，回收期越短，设备投资效果越好。由于科学技术的发展，机器设备的更新速度加快，回收期也相应要求缩短。

2. 费用效率分析法

费用效率分析法，又叫寿命周期费用法。费用效率是指单位费用所能提供的成果，其公式为

$$费用效率=\frac{系统效率}{寿命周期费用}$$

其中，系统效率是指设备的综合效果；设备的寿命周期费用包括设备的购置费用和设备寿命周期内的维持费用。

若用表 5－1 中的得分合计来表示该设备的系统效率，并假定设备寿命周期费用：甲设备为 25 000 元，乙设备为 25 000 元，丙设备为 23 000 元，则

甲设备的费用效率＝676/2.5＝270.4 万元

乙设备的费用效率＝643/2.5＝257.2 万元

丙设备的费用效率＝589/2.3＝256.1 万元

费用效率高的方案是应选取的方案，即甲方案。

费用效率分析法没有考虑设备费用支出的时间性，实际上，同样的费用支出发生在寿命周期内的不同时间是会有所差别的。

3. 费用换算法

运用这种方法时，首先要了解不同设备的购置费用；然后，估算不同设备在投产使用后，平均每年必须支出的能源消耗费、维修保养费、运转劳务费等，这些费用是设备寿命周期内发生的与设备使用有关的总使用费用。这种方法又可分为年费法和现值法两种。

(1) 年费法。它是将设备的购置费依据设备的寿命周期，换算成相当于每年的费用，再加上每年的维护费，得出不同设备的年投资费用，然后从中选择年投资费用最低的方案作为选购方案。年投资费用的公式为

$$年投资费用=购置费用\times投资回收系数+年维护费用$$

$$投资回收系数=\frac{i(1+i)^n}{(1+i)^n-1}$$

式中 n——设备寿命周期(年)；

i——利率。

(2) 现值法。这种方法是将每年使用费用依据设备的寿命周期，通过现值系数换算成现值，再加上设备的购置费，得出不同设备的总现值，然后从中选择现值最低的方案作为选购方案。年投资费用的公式为

$$年投资费用=购置费用+年金现值系数\times年维护费用$$

$$年金现值系数=\frac{(1+i)^n-1}{i(1+i)^n}$$

式中 n——设备寿命周期(年)；

i——利率。

知识链接：

投资回收系数，也叫资金回收系数，即一定量货币现值，按复利计算未来每期支付或者收取的等额货币，是年金现值系数的倒数。

例 2 甲、乙两同类设备，最初投资甲设备为 7 000 元，设备乙为 10 000 元，每年费用支出设备甲为 2 500 元，设备乙为 2 000 元。利率为 6%，两设备的寿命周期预计均为 10 年，试分析设备经济性。

解 采用年费法：

利率 $i=6\%$，寿命周期 $n=10$ 的资金回收系数为 0. 135 87。

则设备甲的年投资费用为 7 000 ×0. 135 87 +2 500 =3 451 元。

设备乙的年投资费用为 10 000 ×0. 135 87 +2 000 =3 359 元。

两台设备比较，选择设备乙较好。

采用现值法：

利率 $i=6\%$，寿命周期 $n=10$ 的年金现值系数为 7. 36。

则设备甲全部支出的现值为 7 000 +2 500 ×7. 36 =25 400 元。

设备乙全部支出的现值为 10 000 +2 000 ×7. 36 =24 720 元。

结果，仍然是设备乙优于设备甲。

(3)净现值法。它是用设备收益现值减去支出现值得出净现值，最后选择净现值最大的方案。净现值的公式为

$$净现值 = 未来报酬总现值 - 建设投资总额$$

$$NPV = \sum_{t=1}^{n} \frac{C_t}{(1+r)^t} - C_0$$

式中 NPV——净现值；

C_0——初始投资额；

C_t——第 t 年现金流量；

r——贴现率；

n——设备的寿命周期。

当净现值≥0 时，方案可行；当净现值 <0 时，方案不可行；当净现值均 >0 时，净现值最大的方案为最优方案。

5.3 设备维护保养

5.3.1 合理使用设备的基本要求

合理使用设备应做好五项工作，并遵守五项纪律。

1. 五项工作

(1)充分发挥工人积极性；

(2)合理配备各种类型设备；

(3)合理配备操作人员，严禁设备超负荷运转；

(4)建立健全设备的操作、安全技术、岗位责任等规章制度;

(5)为设备提供良好安全的工作环境。

2. 五项纪律

(1)凭证使用设备。操作证是操作人员是否具有操作此种设备的资格凭证,它是通过考核合格后由主管部门颁发的证件,操作人员必须妥为保管,持证才能上岗。

(2)做好清洁与润滑工作。要使设备在清洁和润滑方面达标,具体工作必须制定有关制度,以此作为纪律,让操作人员自觉遵守。

(3)遵守交接班制度。严格办理交接班手续,填写交接班记录是设备操作人员必须遵守的又一条纪律,这样便于互相检查,明确责任。

(4)管好工具附件,不得遗失。

(5)发现故障立即停车,自己不能处理的问题应及时报告。

5.3.2 设备维护保养

通过擦拭、清扫、润滑、调整等一般方法对设备进行护理,以维持和保护设备的性能和技术状况,称为设备维护保养。

1. 设备维护保养的基本要求

设备维护保养的要求主要有以下四项:

(1)整齐。工具、工件、附件放置整齐、合理,安全防护装置齐全,线路、管道完整,零部件无缺损。

(2)清洁。设备内、外清洁,无灰尘,无黑污锈蚀;各滑动面、丝杠、齿轮等无油污,无拉毛、碰伤、划痕;各部位无漏水、漏气、漏油现象;切屑、垃圾清扫干净。

(3)润滑。按设备各部位润滑要求,按时加油、换油,油质符合要求;油壶、油枪、油杯齐全,油毡、油线清洁,油标醒目,油路畅通。

(4)安全。严格实行定人、定机、定岗位职责和交接班制度;操作工应熟悉设备性能、结构和原理,遵守操作规程,正确、合理地使用,精心地维护保养,随时监测设备的异常现象,及早发现事故隐患;各种安全防护装置可靠,受压容器按规定时间进行预防性试验,保证安全、可靠;控制系统工作正常、接地良好,电力传导电缆按规定时间、要求进行预防性试验,保证传输安全、正常,无事故隐患。

2. 设备维护保养的内容

设备维护保养的内容一般包括日常维护、定期维护、定期检查和精度检查,设备润滑和冷却系统维护也是设备维护保养的一个重要内容。

设备的日常维护保养是设备维护的基础工作,必须做到制度化和规范化。对设备的定期维护保养工作要制定工作定额和物资消耗定额,并按定额进行考核,设备定期维护保养工作应纳入车间承包责任制的考核内容。设备定期检查是一种有计划的预防性检查,检查的手段除人的感官以外,还要有一定的检查工具和仪器,按定期检查卡执行,定期检查有人又称为定期点检。对机械设备还应进行精度检查,以确定设备实际精度的优劣程度。

设备维护应按维护规程进行。设备维护规程是对设备日常维护方面的要求和规定,坚持执行设备维护规程,可以延长设备使用寿命,保证安全、舒适的工作环境。其主要内容应包括:

①设备要达到整齐、清洁、坚固、润滑、防腐、安全等要求的作业内容、作业方法,使用的

工器具及材料应达到的标准及注意事项;

②日常检查维护及定期检查的部位、方法和标准;

③检查和评定操作工人维护设备程度的内容和方法等。

5.3.3 三级保养制度

三级保养制度是我国20世纪60年代中期开始,在总结前苏联计划预修制在我国实践的基础上,逐步完善和发展起来的一种保养修理制,它体现了我国设备维修管理的重心由修理向保养的转变,反映了我国设备维修管理的进步和以预防为主的维修管理方针。设备维护保养工作依据工作量大小和难易程度,分为日常保养(通称为例保)、一级保养(简称一保)和二级保养(简称二保),所形成的维护保养制度称为"三级保养制"。三级保养制是以操作者为主对设备进行以保为主、保修并重的强制性维修制度。

(1)日常保养。日常保养是操作工人每班必须进行的设备保养工作,其内容包括清扫、加油、调整、更换个别零件、检查润滑、异音、漏油、安全以及损伤等情况。日常保养配合日常点检进行,是一种不单独占据工时的设备保养方式。

(2)一级保养。一级保养是以定期检查为主,辅以维护性检修的一种间接预防性维修形式。其主要工作内容是:检查、清扫、调整电器控制部位;彻底清洗、擦拭设备外表,检查设备内部;检查、调整各操作、传动机构的零部件;检查油泵、疏通油路,检查油箱油质、油量;清洗或更换渍毡、油线,清除各活动面毛刺;检查、调节各指示仪表与安全防护装置;发现故障隐患和异常要予以排除,并排除泄漏现象等。设备经一级保养后要求达到:外观清洁、明亮;油路畅通、油窗明亮;操作灵活,运转正常;安全防护,指示仪表齐全、可靠。保养人员应将保养的主要内容,保养过程中发现和排除的隐患、异常、试运转结果、试生产件精度、运行性能等以及存在的问题作好记录。一级保养以操作工为主,专业维修人员配合并指导。

(3)二级保养。二级保养是以维持设备的技术状况为主的检修形式。二级保养针对设备易损零部件的磨损与损坏进行修复或更换。二级保养要完成一级保养的全部工作,还要对润滑部位全部清洗,结合换油周期检查润滑油质,进行清洗换油;检查设备的动态技术状况与主要精度(噪音、震动、温升、油压、波纹、表面粗糙度等),调整安装水平,更换或修复零部件,刮研磨损的活动导轨面,修复调整精度已劣化部位,校验机装仪表,修复安全装置,清洗或更换电机轴承,测量绝缘电阻等。经二级保养后要求精度和性能达到工艺要求,无漏油、漏水、漏气、漏电现象,声响、震动、压力、温升等符合标准。二级保养前后应对设备进行动、静技术状况测定,并认真作好保养记录。二级保养以专业维修人员为主,操作工人参加。

实行三级保养制,必须使操作工对设备做到"三好""四会"。

(1)"三好"的内容。

①管好。自觉遵守定人定机制度,凭操作证使用设备,不乱用别人的设备,管好工具、附件,不丢失损坏,放置整齐,安全防护装置齐全好用,线路、管道完整。

②用好。设备不带病运转,不超负荷使用,不大机小用、精机粗用;遵守操作规程和维护保养规程;细心爱护设备,防止事故发生。

③修好。按计划检修时间停机修理,积极配合维修工,参加设备的二级保养工作和大、中修理后完工验收试车工作。

(2)"四会"的内容。

①会使用。熟悉设备结构,掌握设备的技术性能和操作方法,懂得加工工艺,正确使用

设备。

②会保养。正确地按润滑图表规定加油、换油,保持油路畅通,油线、油毡、滤油器清洁,认真清扫,保持设备内外清洁,无油垢、无脏物、漆见本色铁见光;按规定进行一级保养工作。

③会检查。了解设备精度标准,会检查与加工工艺有关的精度检验项目,并能进行适当调整;会检查安全防护和保险装置。

④会排除故障。能通过不正常的声音、温度和运转情况发现设备的异常状况,并能判断异常状况的部位和原因,及时采取措施,排除故障;发生事故,参加分析,明确事故原因,吸取教训,作出预防措施。

5.3.4 设备检查

设备检查是指按照设备规定机能与有关标准,对其性能、精度、润滑、完好、运行状态等情况,在规定的时间内,按照规定的检查标准(内容)和周期,由操作工或维修工凭感官和测试工具对设备所进行的活动。

在正常情况下,设备突然损坏的情况是很少的,大部分故障都是由于零部件轻微磨损的逐渐发展而形成的。如果能在零件磨损或劣化的早期就发现故障征兆并加以消除,就可以防止劣化的发展和故障的发生,而设备检查就是早期发现征兆能事先察觉隐患的一种极为有效的手段。在日常生产中,通过对设备检查,可以掌握零部件的磨损情况及整机的技术状态,并针对发现的问题提出维修方案和改进措施,有目的地做好修理前的准备工作,可提高修理质量,缩短修理时间。

1. 设备检查的分类

(1)按时间间隔分为日常检查和定期检查。

①日常检查由设备操作人员执行,同日常保养结合起来,目的是及时发现不正常的技术状况,进行必要的维护保养工作,检查手段主要以人的感官为主。合理确定点检点是关键。

知识链接:

为了提高、维持生产设备的原有性能,通过人的五感(视、听、嗅、味、触)或者借助工具、仪器,按照预先设定的周期和方法,对设备上的规定部位(点)进行有无异常的预防性周密检查的过程,以使设备的隐患和缺陷能够得到早期发现、早期预防、早期处理,这样的设备检查称为点检。

设备点检工作强调"五定",即定点——设定检查部位、项目和内容;定法——设定检查方法;定标——制定检查标准;定期——设定检查周期;定人——确定点检项目由谁实施。

②定期检查是按照计划,在操作者参加下定期由专职维修工执行。目的是通过检查,全面准确地掌握零件磨损的实际情况,以便确定是否有进行修理的必要。检查的内容和方法按检查标准书规定。检查完毕后要填写检查记录。发现设备有缺陷隐患应报告有关领导,并进行及时处理;处理不了的问题要填写设备修理卡片,请求安排计划检修。设备的定期检查主要包括以下几种方法:目视、测温、润滑液监测(通用技术)、泄漏检查、裂纹检查、震动监测等。

(2)按技术功能分为机能检查和精度检查。

①机能检查是指对设备的各项机能进行检查与测定,如是否漏油、漏水、漏气,防尘密闭

性如何,零件耐高温、高速、高压的性能如何等。

②精度检查是指对设备的实际加工精度进行检查和测定,以便确定设备精度的优劣程度,为设备验收、修理和更新提供依据。

2. 设备检查的实施

(1)检查间隔期的确定。检查间隔期与维修费用有着密切的关系。检查频繁会增加维修费用,检查间隔期过长,虽然减少费用,但达不到预防目的,因此间隔期的确定要综合考虑工作条件、使用强度、作业时间、安全要求、经济价值以及磨损劣化等特性,一般可定为半年至一年;起重设备一般为1~3个月;动力动能发生设备应根据国家有关规程要求确定,如锅炉压力容器必须每年进行一次检查,并进行内外部、无损探伤检测等。

(2)制定设备检查标准。设备检查标准是指导检查作业的技术文件,应按照不同的设备类别,在保证满足生产产量、质量、安全要求和延长使用寿命的前提下确定检查项目、方法、工具、标准和时间等。

根据制定的设备检查标准就可编制设备检查卡(表)。日常检查卡(表)力求简单扼要,目的在于保持设备的正常运转,所以检查的内容以润滑、清洁、异音、泄漏、安全为主。

(3)日常检查与巡回检查相级结合。日常检查由设备操作者每日在班前按照检查标准的规定严格执行;巡回检查是由维修组的区域维护工人或值班维修工每日对其所负责的设备,按规定的路线和检查点逐项进行检查,或对操作工人的日常点检执行情况进行检查,并察看点检结果和设备有无异状,发现问题及时处理,以保持设备的正常运行。

(4)作好检查记录。设备检查的记录是掌握设备技术状态、编制设备维修计划的主要依据,必须及时整理分析,充分利用。内容包括:设备检查中发现问题的数目与实际解决的数目,各类设备问题的问题数目、主要原因及所占比例、所耗费用与停机损失,各类设备的平均故障间隔期,对遗留问题的处理意见等。对检查记录进行统计分析的目的在于探索、掌握设备劣化的速度和趋势、修理及更换件情况以及故障发展的规律。统计分析的结果与意见必须及时反馈到设备管理部门,以便改进检查方法,调整检查项目,修订检查间隔期,安排维修计划。

5.4 设备修理

设备修理是指修复由于日常的或不正常的原因而造成的设备损坏和精度劣化。通过修理更换磨损、老化、腐蚀的零部件,可以使设备性能得到恢复。

5.4.1 设备修理的类别

根据修理范围的大小、修理间隔期长短、修理费用多少,设备修理可分为小修理、中修理和大修理三类。

1. 小修理

小修理通常只需修复、更换部分磨损较快和使用期限等于或小于修理间隔期的零件,调整设备的局部结构,以保证设备能正常运转到计划修理时间。小修理的特点是:修理次数多,工作量小,每次修理时间短,修理费用计入生产费用。小修理一般在生产现场由车间专职维修工人执行。

2. 中修理

中修理是对设备进行部分解体、修理或更换部分主要零件与基准件，或修理使用期限等于或小于修理间隔期的零件；同时要检查整个机械系统，紧固所有机件，消除扩大的间隙，校正设备的基准，以保证机器设备能恢复和达到应有的标准和技术要求。中修理的特点是：修理次数较多，工作量不很大，每次修理时间较短，修理费用计入生产费用。中修理的大部分项目由车间的专职维修工在生产车间现场进行，个别要求高的项目可由机修车间承担。

3. 大修理

大修理是指通过更换，恢复其主要零部件，恢复设备原有精度、性能和生产效率而进行的全面修理。大修理的特点是：修理次数少，工作量大，每次修理时间较长，修理费用由大修理基金支付。

5.4.2 设备计划修理方法

常用的设备计划修理的方法主要有标准修理法、定期修理法和检查后修理法。

1. 标准修理法

标准修理法，又称强制修理法，是指根据设备零件的使用寿命，预先编制具体的修理计划，明确规定设备的修理日期、类别和内容。设备运转到规定的期限，不管其技术状况好坏、任务轻重，都必须按照规定的作业范围和要求进行修理。此方法有利于做好修理前准备工作，有效保证设备的正常运转，但有时会造成过度修理，增加了修理费用。

2. 定期修理法

定期修理法是指根据零件的使用寿命、生产类型、工件条件和有关定额资料，事先规定出各类计划修理的固定顺序、计划修理间隔期及其修理工作量。在修理前通常根据设备状态来确定修理内容。此方法有利于做好修理前准备工作，有利于采用先进修理技术，减少修理费用。

3. 检查后修理法

检查后修理法是指根据设备零部件的磨损资料，事先只规定检查次数和时间，而每次修理的具体期限、类别和内容均由检查后的结果来决定。这种方法简单易行，但由于修理计划性较差，检查时有可能由于对设备状况的主观判断误差引起零件的过度磨损或故障。

5.4.3 设备修理计划的编制与执行

设备修理计划，一般分为年度计划、季度计划和月度作业计划。年度修理计划，一般只在修理种类和修理时间上作大致安排；季度修理计划，则将年度计划中规定的修理项目进一步具体化；月度修理计划则是更为具体的执行计划。

1. 设备修理计划的编制

在设备修理计划中，要规定企业计划期内修理设备的名称、内容、时间、工时、停工天数、修理所需材料、各配件及费用等。

(1)修理周期定额。修理周期定额包括修理周期、修理间隔期和修理周期结构，这是编制设备修理计划的重要依据。

①修理周期是指相邻两次大修理之间或新设备安装使用到第一次大修理之间的时间间隔。

②修理间隔期是指相邻两次修理(无论大修理、中修理或小修理)之间的时间间隔。

③修理周期结构是指在修理周期内，大、中、小修理的次数和排列的次序，如图 5 - 3

所示。

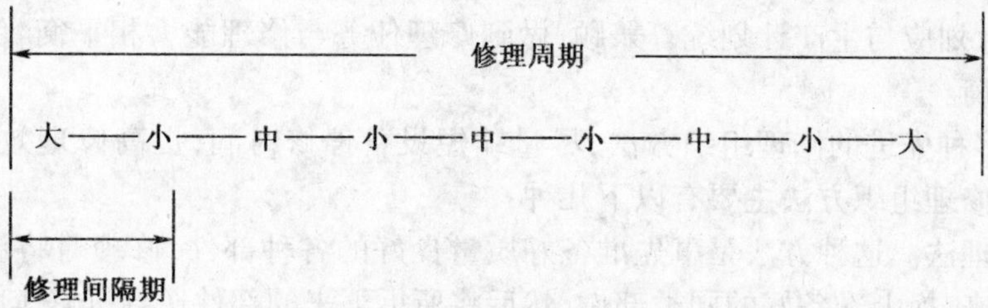

图 5-3 修理周期结构示意图

注:大、中、小分别表示大修理、中修理、小修理。

(2)修理工作定额。修理工作定额是确定修理工作量大小,计算修理工人人数,确定设备修理停工时间的依据。它包括修理复杂系数、修理工作劳动量定额、设备修理停歇时间等内容。

①修理复杂系数是指用来表示不同设备的修理复杂程度,计算不同设备修理工作量的假订单位。它是由设备的结构特点、工艺性能、零部件尺寸等因素决定的。修理复杂系数通常是以某设备为标准,其他设备的复杂系数与之相比而确定。机器设备越复杂,修理复杂系数越高,修理的工作量越大。

②修理劳动量定额是指企业为完成设备的各种修理工作所需要的劳动时间标准。它通常用一个修理复杂系数所需要的劳动时间来表示。据此可以计算出企业在计划期内完成全部修理工作所需要的劳动力以及材料、配件定额和其他费用定额,这些定额资料是编制企业物资供应计划的依据之一。设备修理工作量的公式为

设备修理工作量 = 设备的修理复杂系数 × 一个修理复杂系数的工时定额

③设备修理停歇时间是指设备进行修理的时间长度,即从设备正式停止工作到修理工作结束,经质量检查合格验收,并重新投入生产为止所经历的一系列时间。

修理一台设备所需的时间,一般计算公式为

$$T = \frac{tR}{S} \times LMK + T_0$$

式中 T——设备修理停歇时间;

t——一个修理复杂系数的劳动定额;

R——设备修理复杂系数;

S——在一个班内修理该设备的工人人数;

L——每个工作班的时间长度;

M——每天工作班次;

K——工作定额完成系数;

T_0——其他停机时间。

企业应尽量提高修理工作效率,缩短设备修理停歇时间,停歇时间越短,设备的实际工作时间就越长。

2. 设备修理计划的执行

设备修理计划编制之后,应当坚决地贯彻执行。在执行的过程中,要做到以下方面。

(1)做好修理前的技术准备,如制订修理工艺规程,编制更换、修理零件明细表等,同时

还应该做好修理前的物资准备，配备修理用的设备和工具，特别是要合理地确定备品配件储备定额，组织备品配件的制造和供应。

(2)修理计划应与生产计划统筹兼顾，做到修理任务与修理能力相平衡，保持企业内部动力能源的平衡。

(3)采用多种先进的修理组织方法，尽量缩短设备停修时间，提高修理效率，保证修理质量。先进的修理组织方法主要有以下几种：

①部件修理法。这种方法是事先准备好质量良好的各种部件，修理时将设备上已损坏的零部件拆下来，换上准备好的同类部件，然后将所拆下来的部件送到机修车间组织零部件的加工和修理，以备下次使用。这种方法可缩短设备停歇时间，降低修理成本，但它需要一定的流动资金来建立一定数量的部件储备量。此法适用于具有大量同类型设备的企业以及不能停工修理的关键机器设备。

②分部修理法。这种方法是按照一定顺序分别对设备各个独立部分进行修理，每次只修理一部分。它利用非生产时间进行修理，可以增加设备的生产时间，提高设备的利用率。此法适用于具有一系列构造上独立的设备或修理时间较长的设备。

③同步修理法。这种方法是将在工艺上相互紧密联系而又需要修理的数台设备，在同一时间内安排修理，实现修理同步化，以便减少分散修理的停歇时间。此法适用于流水线上的设备和联动设备中主机与辅机以及配套设备方面。

④网络计划技术。运用网络计划技术把修理过程中的各个环节紧密结合起来，以节省修理时间和费用。

5.4.4 全员生产维修(TPM)

全员生产维修是日本在学习美国预防维修的基础上，吸收设备综合工程学的理论，结合日本企业管理的传统逐步发展起来的。目前已成为一种具有代表性的设备管理制度。

1. 全员生产维修的中心思想

全员生产维修的中心思想概括起来就是“三全”，即全效率、全系统和全员参加。

(1)全效率，也叫设备的综合效率。它是指设备整个寿命周期内输出与输入之比。设备一生的输入是指设备寿命周期费用，设备一生的输出是指在满足安全、无公害、作业环境良好、成本低、质量高、按期交货、工作人员劳动情绪饱满等条件下的产量。

(2)全系统。即以设备一生为对象进行系统的研究和管理，并采取相应的生产维修方式。

(3)全员。凡涉及到设备的有关人员，从经理、厂长到生产工人都参加设备管理。

2. 5S 管理

5S 管理是指整理(Seiri)、整顿(Seiton)、清扫(Seiso)、清洁(Seiketsu)和素养(Shitsuke)，这五个单词罗马字的字头均为 S，简称 5S。5S 不仅是全员生产维修的必要条件，也是工厂管理的必要基础。

(1)整理。整理是把现场不用的东西清除，有用的东西有秩序地排列。

(2)整顿。整顿是处理整齐或备齐。整顿以工厂里的所有东西为对象，按使用频率、物品种类、使用场地进行分类处理和保养(或清除)。

(3)清洁。清洁是指场地没有杂物、油污和污染。

(4)清扫。清扫就是扫干净。清洁、清扫以工厂所有的东西和场所为对象(包括工作人员的服装),使所有东西、任何角落都干净,在任何时间、任何地点都保持良好的环境。

(5)素养。素养是要求全体员工具有良好的习惯,遵守规章制度、劳动纪律,讲究文明、礼貌。

5.4.5 控制设备维修费用的方法

1. 重视设备的采购管理

设备的采购在选型上极其重要,若其可靠性高,可维修性良好,设备的后期维修费用就会减少很多。另外,要尽量选择统一的机型,既便于备件的储备,通用互换,也便于维修的组织,节省库存费用。

2. 选择适宜的维修方式

不重视维修,生产上随意性大,在组织上、资金上、时间上不能给予设备管理与维修最基本条件的保证,必然会造成设备失修,设备完好状况下降,进而影响设备效能的发挥,造成设备维修费用的增加。应改进过去被长期采用的设备三级保养,大、中修等传统做法,由专人组织合理的时间进行保养,对于大、中修等计划预修制则改用灵活的项修、保养来替代。

3. 精心维修与保养设备

对设备认真细致维修、正确操作、合理使用、精心维护,可防止设备零部件非正常磨损与损坏,延长修理间隔期,减少维修费用。目前,主要存在两种形式的维修浪费:一是设备失修,这是由于设备检查漏项、预测不准确或由于经费不足、对设备不重视和拼设备而造成的设备失修现象。二是过剩维修,这是由于对设备进行过多的维修安排,以及过分追求设备性能的完好,如要求修旧如新,要求过剩的功能造成的维修浪费。

4. 完善规章制度

完善规章制度的目的是为杜绝和减少设备管理与维修工作中存在的管理漏洞,账物不符、维修保养不到位、设备带病运转、违章操作以及润滑不良等形式的浪费,提高全员的自觉性。设备管理部门应根据统计维修费用的实际情况,制定维修费用管理规定、非正常损坏件与设备事故的报告及处理制度、关于旧件修复的鉴定与奖励规定等管理制度,安全操作规程,保养规范,点检与保养记录,强化设备管理的制度建设。

5. 加强技术改进工作

技术改进对于完善设备性能、降低维修费用具有特别重要的意义。大力开展技术攻关,消除设备中存在的固有缺陷,能提高系统工作的稳定性与效率,大大降低检查与维修的工作量,每年可节省不少维修费用。

5.5 设备改造与更新

5.5.1 设备寿命

设备寿命周期指设备从开始投入使用时起,一直到因设备功能完全丧失而最终退出使用的总的时间长度。设备寿命包括物质寿命、技术寿命和经济寿命。

1. 物质寿命

设备的物质寿命,又称自然寿命、使用寿命,是指设备从投入使用,在正常使用、维护保养的情况下,经过物质磨损,直到在技术上不能按原用途继续使用为止所经历的时间。它主要是由设备的有形磨损所决定的。一般来说,设备的物质寿命较长,延长物质寿命的措施是修理,即修复或更换受损零部件。

2. 技术寿命

设备的技术寿命是指设备从开始使用到因技术落后而被淘汰为止所经历的时间。由于科学技术迅速发展,一方面,对产品的质量和精度的要求越来越高;另一方面,也不断涌现出技术上更先进、性能更完美的机械设备,这就使得原有设备虽还能继续使用,但已不能保证产品的精度、质量和技术要求而被淘汰。由此可见,技术寿命的长短决定于设备无形磨损的速度,技术寿命一般比自然寿命要短,而且科学技术进步越快,技术寿命越短。要延长设备的技术寿命,就必须用新技术对设备加以改造。

3. 经济寿命

设备的经济寿命是指设备从投入使用开始,到因需要依靠高额的使用费用(维修、能源消耗、设备事故停产损失、效率损失等)来维持设备的运行,即在经济上不合理而被更新所经历的时间,也可以说是指由设备开始使用到其年平均费用最低年份的延续时间。设备使用年限越长,每年所分摊的设备购置费越少。但是随着设备使用年限的增加,一方面需要更多的维修费维持原有功能;另一方面机器设备的操作成本及原材料、能源耗费也会增加,年运行时间、生产效率、质量将下降。因此,年维持费用不断增加。在整个变化过程中,年总费用是时间的函数,这就存在着使用到某一年份,年总费用最低、经济效益最好。如图 5-4 所示,在 T_0 年时,年总费用达到最低值,T_0 为设备的经济寿命。

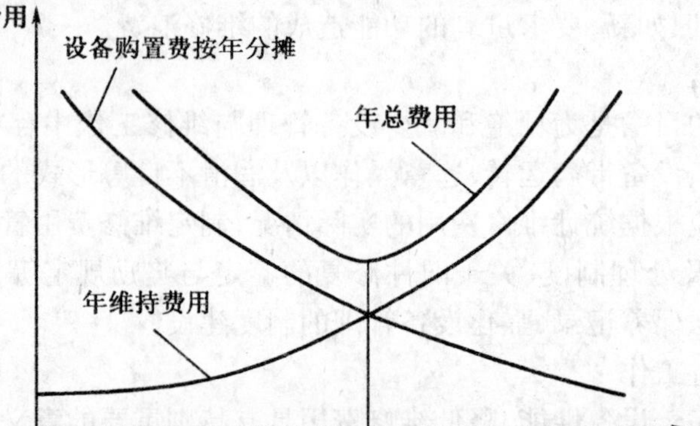

图 5-4　设备的经济寿命

5.5.2　设备改造

设备改造是指把科学技术新成果应用于企业的现有设备,通过对设备进行局部革新、改造,以改善设备性能,提高生产效率和设备的现代化水平。设备改造是在原有设备的基础上来提高设备的技术先进性和生产适用性,因此具有投资少、时间短、见效快等优点。

1. 设备改造的方式

(1)设备的改装。设备的改装是指为了满足增加产量或加工要求,对设备的容量、功率、体积和形状的加大或改变。例如,将设备以小拼大,以短接长,多机串联等。改装能够充分利用现有条件,减少新设备的购置,节省投资。

(2)设备的技术改造。设备的技术改造也称现代化改造,是指把科学技术的新成果应用于企业的现有设备,改变其落后的技术面貌。例如,将旧机床改造为程控、数控机床,或在旧机床上增设精密的检测装置等。技术改造可提高产品质量、生产效率,降低消耗,提高经济效益。

2. 设备改造的内容

(1)提高设备自动化程度,实现数控化、联动化;

(2)提高设备功率、速度和扩大设备的工艺性能;

(3)提高设备零部件的可靠性、维修性;

(4)将通用设备改装成高效、专用设备;

(5)实现加工对象的自动控制;

(6)改进润滑、冷却系统;

(7)改进安全、保护装置及环境污染系统;

(8)降低设备原材料及能源消耗;

(9)使零部件通用化、系列化、标准化。

3. 设备改造的原则

企业在进行设备改造时,必须充分考虑改造的必要性、技术上的可能性和经济上的合理性。具体应注意以下几点:

(1)必须适应生产技术发展的需要,针对设备对产品质量、数量、成本、生产安全、能源消耗和环境保护等方面的影响程度,在能够取得实际效益的前提下,有计划、有重点、有步骤地进行。

(2)技术上的可能性,即设备值得改造和利用,有改善功率、提高效率的可能。改造要经过大量试验,并严格执行企业审批手续。

(3)经济上的合理性。改造方案要由专业技术人员进行技术经济分析,并进行可行性研究和论证。设备改造工作一般应与大修理结合进行。

(4)坚持自力更生方针,充分发动群众,总结经验,借鉴国外企业的先进技术成果,同时也要重视吸收国外领先的科学技术。

5.5.3 设备更新

设备更新是指用比较先进经济的设备,替代技术上不能继续使用或经济上不宜继续使用的设备。

1. 设备更新的方式

设备更新的形式一般有两种。

(1)原型更新。即用结构相同的新设备更换由于有形磨损严重、在技术上不宜继续使用的旧设备。这种简单更换不具有技术进步的性质,只解决设备的损坏问题。它适用于设备的技术寿命尚可但物质寿命已尽,或设备制造厂受技术水平限制不能提供新的机型。

(2)技术更新。即用技术上更先进、效率更高的设备去更换寿命已尽、经济上不宜继续使用的陈旧设备。这种更换不仅能恢复原有设备的性能,而且使设备技术水平提高,具有技术进步的性质。在技术发展缓慢的年代,设备更换主要是原型更换;在技术发展迅速的今天主要是技术更新。

2. 设备更新的原则

(1)设备更新应当结合企业的经济条件,有计划、有重点、有步骤地进行。

(2)要做好调查摸底工作,根据企业的实际需要和可能,安排设备的更新工作。注意克服生产薄弱环节,提高企业的综合生产能力。

(3)设备更新有利于提高生产的安全程度,有利于减轻工人劳动强度,防止环境污染。

(4)更新设备要同加强原有设备的维修和改造结合起来,如改造后能达到生产要求的,可暂不更新。

(5)应讲求经济效益,做好设备更新的技术经济分析工作,主要包括确定设备的最佳更新周期、计算设备投资回收期等。

3. 设备更新周期的确定

设备是否需要更新,不仅是根据设备的新旧程度或使用时间的长短,而主要看经济效益如何。一般说来,凡属下列情况的设备应优先予以更新:

(1)损坏严重或性能、精度已不能满足工艺要求并造成严重不利的技术经济后果的;

(2)大修在经济上不如更新合算的;

(3)两三年之内浪费能源和原材料的价值超过购置新设备费用的。

在设备更新时,既要考虑到设备的自然寿命,也要考虑设备的技术寿命和经济寿命,从而来确定最优更新期。设备更新最佳周期的确定(经济寿命的确定)常用的方法有以下两种:

(1)年平均使用费用法。这种方法是分析和计算同类设备的统计资料,通过比较每年平均总使用费用来确定设备更新周期的一种方法。年平均总使用费用最低的年限,就是该类型设备的经济寿命。

(2)低劣化数值法。这种方法是假定设备使用后残值为零,设备维修费用及燃料动力消耗每年以固定的数值增加的条件下,以年平均使用费用最小为标准,确定设备最佳更新周期。设备最佳更新周期的公式为

$$n=\sqrt{\frac{2S_0}{\lambda}}$$

式中 n——设备最佳更新周期(经济寿命);

S_0——设备原值;

λ——低劣化值。

知识链接:

随着设备使用时间的增加,设备的有形磨损和无形磨损越来越严重,设备的运行维修费用相应增大,这种现象称为设备的低劣化。

5.5.4 设备管理评价

设备管理情况可以通过一系列指标进行衡量。

1. 设备完好率

$$设备完好率=\frac{完好设备总台数}{设备总台数}\times 100\%$$

2. 设备故障率

$$设备故障率=\frac{故障停机时间}{生产运转时间}\times 100\%$$

3. 维修费用率

$$单位产品维修费用=\frac{维修费用}{总产量}$$

$$维修费用率=\frac{维修费用}{总生产费用}\times 100\%$$

4. 设备综合效益

$$设备维修效益=\frac{产量}{设备维修费用}$$

$$设备综合效益=\frac{设备寿命周期内的输出}{设备寿命周期费用}$$

复习思考题：

1. 简述设备维护保养的要求和内容。
2. 设备计划修理方法有哪些？
3. 简述设备改造、更新的方式和原则。
4. 简述三级保养制度。

案例分析题：

山东某一化工企业，规模中等，在省内同行中小有名气，从2008年初开始，企业的两条生产线开始时不时地出现各种故障。开始时设备一月一停，后来十天一停，不是这边的设备磨损，就是那边腐蚀渗漏，单是报废更新一些部件企业还能接受，但是停机维修造成的时间浪费企业却无法接受，停机一小时，企业一天的利润就没有了；停机一天，企业一个月就白忙活了。企业老总很是头痛，每天最担心的就是设备科来电话。为此，老总联系了国内优秀的同行交付了大笔的学习费，选派了几名设备骨干前去学习，借鉴了优秀的设备管理制度后，企业开始了从上到下轰轰烈烈的“设备管理改革”，优化了企业各种设备管理制度，TPM、5S、设备学习小组等各种先进制度都开始运作起来。刚开始挺热闹，设备现场管理取得了一定的效果，生产车间更干净了，设备日常维护更仔细了，但是到后来由于各种“运动”导致的多余工作和无报酬的加班、学习和写总结，造成了一线工人情绪上的反感，然而一次化学罐腐蚀性渗漏导致的全线停产造成了公司上上下下对设备管理的困惑。

2008年底，公司原料主线的化学罐腐蚀性穿孔，造成了原液和有毒气体的渗漏，公司立即全线停机并疏散在场人员，联系化学罐厂家，厂家答应免费维修，但需一天的时间组织人员前往。20多个小时后企业维修人员赶来，在仔细查看后认为现场维修难度大，需要更换新罐体。一天后新罐体被紧急运到，再被加班加点安装好以后，企业两天半的生产时间被浪费掉，加上购买新罐、工人工资等费用，企业三个月的利润就这样被无情吞噬了，更为可怕的是此次事件严重打击了公司的士气，之前所有的努力似乎都化为泡影，年终奖也没了指望。在公司的年终总结会上，公司老总总结说：“公司引进新的设备管理模式取得了一定的效果，降低了设备故障的发生，美化了公司生产办公环境，但是没有针对各种设备问题作好准备和预案，公司不能只做表面文章，还需要采取应急手段，减少设备事故的发生和维修时间。”从2009年初开始，公司设备部便采购了大量的设备部件，然而大量的设备部件的采购占用了大量的流动资金和仓库空间，部分精密部件因保管不当，生锈无法使用，设备管理成为企业管理最大的包袱。

2009 年 5 月，公司高价聘请某设备管理培训机构针对公司设备管理现状开始调研培训，在近一个月的学习中，从高层到基层都积极参与，进一步优化公司设备管理制度，采纳了工人部分合理化建议，似乎公司设备管理日趋完美，但是无法避免的仍是设备受各种腐蚀、高温高压影响甚至部件自身质量问题等无法预料和消除的影响，公司仍然存在或大或小的设备问题。一般情况下部分部件经过补焊或者外协机加工后还能应付一段时间，实在不行的就更换设备部件，有相当一部分都是存在小瑕疵和部分损坏的部件就被扔到了废品堆，高昂的设备维修费用占企业利润相当大的一部分。经过一段时间的管理，TPM、5S 等管理制度成了工人抵制、主管反感、上级视为鸡肋的东西，先进的设备管理制度被工人戏称为花拳绣腿，一出现紧急的设备故障，这些先进的管理制度便成了一纸空文。因为 TPM、5S 在工人的眼里除了让车间干净了，让领导有“面子”外，并没有带来什么好处，还增加了他们的劳动量和工作时间。公司高层在总结中也发现，公司花费大量时间、精力和费用引进的 TPM、5S 等管理制度，降低了设备故障率，美化了环境，但是高昂的设备维修费用仍居高不下，购买备件更是占用了大量的资金，总体效果不大。

思考与讨论：

化工企业为什么会失败？

实训课题：

分组讨论，如何对电子阅览室的设备（如计算机）进行维护保养，并撰写报告。

模块六 企业物流管理

★**知识目标**：熟悉现代物流的含义；
理解物流的价值；
熟悉企业供应物流的概念，了解企业采购流程；
熟悉企业仓储管理的概念和库存成本的构成；
熟悉企业销售物流的概念和销售物流的主要环节；
了解回收物流与废弃物流的概念等。

★**技能目标**：掌握库存控制方法；
能够进行企业销售运输决策等。

引导案例：

山东东大化学工业（集团）公司是国家大型一类企业，现有职员12 200人，年销售收入5亿元，主要生产环氧丙烷、聚醚多元醇、离子交换树酯、医用胶塞、二乙烯苯、聚氨酯等产品，产量在全国同行业中名列前茅。

1998年，东大化工在濒临破产的严峻形势下，深刻认识到物流成本居高不下，已成为制约企业发展的"瓶颈"。据统计，1997年东大化工的采购成本、运输费用、仓储费用占制造成本的80%以上。为了挖掘深藏在物流环节中的利润，东大化工引入供应链管理和物流管理理念，实施开发第三利润源的物流管理整合，有效地降低了运营成本，取得了明显的经济效益。

东大化工1999年扭亏为盈，2000年实现利税2 000万元，成为山东省五家扭亏典型企业之一；企业基础管理水平也稳步提高，走上了健康发展的轨道，成为淄博市化工行业的"龙头"，并进入山东省重点企业行列。

6.1 企业物流管理概述

6.1.1 现代物流的概念

物流是指物资有形或无形地从供应者向需求者进行的流动。具体的物流活动包括包装、装卸、运输、储存、流通加工和信息等诸项活动。定义中的"有形"强调实体流动；"从供应者向需求者"强调是分销领域，亦即流通领域；"无形"指信息。

物流定义中的“物”,指的是所有可以进行物理性位置移动、具有经济意义的物质资料,即商品生产、流通、消费的物质对象,包括生产过程中的物资,如原材料、零部件和半成品等;流通过程中的商品;生产和消费过程中的废弃物品等。固定的房屋和设施等不能成为物流研究的对象。

物流定义中的“流”指的是物理性运动,即物质实体的定向移动,既包括其空间位置移动变化,又包括其移动的时间变化。

按物流业务活动分类,物流可分为供应物流、生产物流、销售物流、回收物流和废弃物物流。

(1)供应物流。供应物流是指企业(包括生产企业和流通企业)的物质资料从生产者或中间商的供应开始,到购进来投入生产前的流动。

(2)生产物流。生产物流是指物质资料从投入生产的第一道工序开始,到半成品、成品或可出售制品入库整个生产过程中的物流活动,也包括流通过程带有生产性的劳务所产生的物流活动,如包装、流通加工等的物流活动。

(3)销售物流。销售物流是指从企业成品库、流通仓库或工厂分发销售过程中所产生的物流活动,包括生产厂商的直接销售和流通企业的销售。

(4)回收物流。回收物流是指生产消费过程和生活消费过程的可再利用物品在回收过程中所产生的物流活动。例如,工业生产中产生的边角余料、废旧钢材等在回收中所发生的物流活动。

(5)废弃物物流。废弃物物流是指在生产消费和生活消费过程中所产生的不可再利用废旧物(废弃物),在处理过程中所发生的物流活动。废旧物一部分是可再利用、通过回收形成一种新的资源;而另一部分是不可再利用的废旧物,称之为废弃物。

6.1.2 物流的价值或效用

物流活动可以创造物资的空间效用、时间效用,流通加工活动还可能创造物资的形质效用。

1. 物流创造场所价值(空间效用)

通常情况下,生产和消费之间存在着空间上的隔离,即生产地和消费地的隔离。供给者和需求者之间往往处于不同的场所,由改变“物”的不同场所存在位置而创造的价值称为“场所价值”。物流运输在解决空间隔离的同时产生了物品的空间效用,所以“场所价值”也称为“空间效用”。物流创造场所价值是由现代社会产业结构、社会分工所决定的。具体有以下几种形式:

(1)从集中生产场所流入分散需求场所创造价值。现代化大生产的特点之一是通过集中的、大规模的生产以提高生产效率、降低成本。在一个小范围集中生产的产品可以覆盖大面积的需求地区,有时甚至可覆盖一个国家乃至若干国家。通过物流将产品从集中生产的低价值区转移到分散于各处的高价位区可以获得很高的利益,体现了物流的“场所价值”。

(2)从分散生产场所流入集中需求场所创造价值。和上面的情况相反,有些产品是分散生产的,例如,粮食是在一亩地一亩地上分散生产出来的,而一个大城市的需求却相对大规模集中,又如一个大汽车厂的零配件生产也分布非常广,但却集中在一个大厂中装配,这形成了分散生产和集中需求,物流便依此取得了场所价值。

(3)在低价值地生产流入高价值地需求创造场所价值。除了社会化大生产所决定的空间差之外,有不少场所价值是自然地理和社会发展因素决定的,现代人每日消费的物品几乎都是相距一定距离甚至十分遥远的地方生产的。这么复杂交错的供给与需求的空间差都是靠物流来弥合的,物流也从中取得了利益。在经济全球化的浪潮中,国际分工和全球供应链的构筑,使很多企业都会选择在成本最低的地区进行生产,通过有效的物流系统和全球供应链,在价值最高的地区销售,信息技术和现代物流技术为此创造了条件,使物流得以创造价值,得以增值。

物流所创造的场所价值,对物流企业来说是收益,但对生产企业来说可能是成本。因此,生产企业应该选择好生产地,减少和消费地的位置隔离。对于生产地的确定,一种是在原料产地建厂,如钢铁厂选择在铁矿山建厂,可以大大降低铁矿石的运费。一种是在消费地建厂,如酒厂多选择在大城市附近建厂,而不选择在出产酿酒原料的农村地区建厂,是为了降低产品的运费。2000 年以来,随着经济的高度发展和世界经济一体化的进程不断加快,带来了原料供给和产品供应模式的巨大变化,一些特大型企业把工厂建在沿海地区港口附近以减少运费。

2. 物流创造时间价值(时间效用)

生产商品的时间与使用商品的时间是不同步的,商品存在着时间隔离。商品的销售往往有淡、旺季之分,为了保证在旺季有足够的货源供应市场,就需要合理的库存,在这里作为物流主要环节之一的储存不仅解决了生产和使用之间的时间隔离,同时创造了物品的"时间效用"。"物"从供给者到需要者之间本来就存在有一段时间差,由于改变这一时间差创造的价值,称为"时间价值"或"时间效用"。时间价值通过物流获得的形式有以下三种:

(1)缩短时间创造价值。缩短物流时间,可获得多方面的好处,如减少物流损失、降低物流消耗、增加物流的周转、节约资金等。从全社会物流的总体来看,加快物流速度、缩短物流时间是物流必须遵循的一条经济规律。

(2)弥补时间差创造价值。经济社会中,需要和供给普遍存在着时间差,例如,农副产品都有生产季节的限制,所谓春华秋实,而人们一年 365 天,天天都需要消费农副产品,不受季节限制,因而供给和需求之间出现时间差,这就需要通过储存粮食等农副产品来满足人们一年四季的需要。供给与需求之间有了这个时间差,商品才能取得自身最高价值,但是商品本身是不会自动弥合这个时间差的,如果没有有效的方法弥合,集中生产出的粮食除了当地少量消耗外,就会腐烂掉。物流便是以科学的方法来弥补这个时间差,甚至是改变这种时间差,以实现其"时间价值"。

(3)延长时间差创造价值。虽然物流遵循"加快物流速度,缩短物流时间"这一规律,以尽量缩小时间间隔来创造价值。但是,在某些具体物流中也存在人为地能动地延长物流时间来创造价值的。例如,稀缺性、贵重性商品,通过物流的储存、储备活动,有意识延长物流的时间,以均衡人们的需求。再如,配合待机销售的囤积性营销活动的物流也是一种有意识地延长物流时间、有意识增加时间差来创造价值。但是,延长时间差创造价值不能一概而论,如当前房地产市场中存在的囤积房屋、恶炒房屋、哄抬房价,导致房价暴涨老百姓买不起房的现象应该严厉打击。

3. 物流创造加工价值(形质效用)

标准化生产与日益突出的个性化需求之间的差异,使生产与使用之间存在着功能的隔离。这个矛盾可以采取柔性化生产和流通加工两种途径来解决,而流通加工是物流的功能之一。

“物”在流通过程中,可以通过流通加工的特殊生产形式进行加工,在加工过程中,由于物化劳动和活劳动的不断注入,增加了“物”的成本,同时更增加了它的附加价值,取得新的使用价值,这就是物流创造加工价值的活动,这个价值称为“加工价值”,如电脑的组装、钢板的切割、圆木的开裁、卷材钢板的展平以及鱼肉禽类的冷冻和分割等,使商品发生形状或性质上的改变,因此,也称为“形质效用”。物流创造加工价值是有局限性的,它不能取代正常的生产活动,而只能是生产过程在流通领域的一种完善和补充。

6.1.3 物流管理的概念

物流管理是指为了以最低的物流成本达到客户所满意的服务水平,根据物质实体流动的规律,应用管理的基本原理和科学方法,对物流活动进行计划、组织、指挥、协调和控制,使各项物流活动实现最佳的协调与配合,以降低物流成本,提高物流效率和经济效益。物流管理的根本目标是“以最低的成本向用户提供最满意的物流服务”。

物流活动是一种客观存在的现实,无论生产领域还是流通领域都需要物流,如今人们已经把物流活动视为“第三利润源泉”。人们之所以把物流看作是利润源泉是基于两个方面的考虑:一方面,通过物流完成产品从生产者到最终使用者的转移(物的移动)可以实现物的社会效用(空间效用、时间效用、形质效用),从而实现生产企业和流通企业的经营目标;另一方面,通过合理的组织物流活动,既可以有效地降低工商企业的物流成本,更可以提高工商企业服务客户的总体水平,提高企业的竞争力和经济效益。

6.1.4 物流管理的内容

为了实现物流管理的目标,需要明确物流管理的范围。从企业经营的角度来看,物流管理就是对物流活动所进行的全方位的计划、组织、协调和控制,从企业物流活动的内容和范围分析,物流管理一般可以分为三个层面。

1. 物流战略管理层面

企业物流战略管理就是根据企业的总体发展战略和长远目标,明确物流在企业经营中的地位,对企业物流的发展目标、物流服务的内容和水平等作出整体规划。

2. 物流系统设计与运营管理层面

企业物流战略确定以后,如何保证战略目标的实现是一个至关重要的问题,这就需要有一个实施战略的手段,即物流运作系统。此时物流管理的任务是设计物流系统和相应的物流网络,规划物流设施,确定物流运作的方式和程序等,从而形成一定的物流能力。同时,还要对物流系统进行运作监控,根据需要及时进行必要的调整。

3. 物流作业管理层面

物流作业管理是物流活动中的具体管理活动,就是根据业务的需要,按照计划的要求对物流作业活动进行具体的现场监督和指导,对物流作业的质量和数量进行监控,以保证物流战略目标的最终实现。

6.2 企业供应物流

企业供应物流是指企业为保证生产的连续有序进行,不断组织原材料、零部件、燃料和其他辅助材料供应的物流活动。

企业供应物流在保证企业的生产加工活动正常进行的同时,还要追求自身的最优化,以最低的成本消耗、最有效的服务承担并保证完成生产供应任务。因此,企业供应物流必须要妥善解决供应的网络问题、供应方式问题以及库存合理化等问题。

6.2.1 企业采购流程

企业采购流程是指企业选择和购买生产所需的各种原材料、零部件等物料的全过程。在这一过程中,作为购买方的企业要做的工作有:

(1)寻找供货商,调查其产品在数量、质量、价格、信誉等方面是否满足购买要求;

(2)选定供应商后,以订单方式传递详细的购买计划和需求信息给供应商并商定结款方式,以便供应商能够准确地按照客户的性能指标进行生产和供货;

(3)定期对采购物料的管理工作进行评价,寻求提高效率的采购流程模式。采购流程可以用一个简单的图形来表示,如图 6-1 所示。

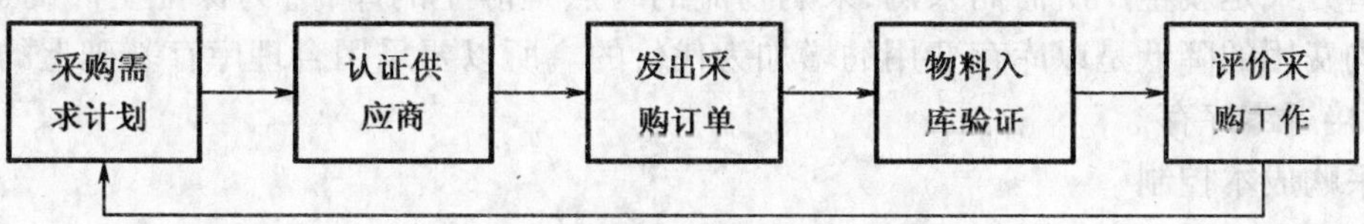

图 6-1 采购流程简图

近年来,随着计算机网络和信息技术的发展,通过 Internet 的 B2B(Business to Business)在线采购已经成为一个快速减少采购成本的解决办法。在线竞价通常能取得 5% ~40% 的总节约,采购成本下降 15% ~20%,直接带来了企业产品成本的下降,提高了企业的市场竞争能力。

高效率的采购行为需要企业内部协同和外部协同。由于采购的内容包括正确的物料、合适的数量、正确的交付(交付时间和交付地点)、合适的货源和合适的价格,所以需要企业内销售和市场部门、设计部门、生产部门、采购部门协同提供信息。外部协同是指企业和供应商在共享库存、需求等方面信息的基础上,企业根据供应链的供应情况实时在线地调整自己的计划和执行交付的过程,同时供应商根据企业实时的库存、计划等信息实时调整自己的计划,可以在不降低服务水平的基础上降低库存。

6.2.2 企业采购管理

采购管理的核心内容是控制采购流程使采购成本最小化。企业通过采购控制,可以把原材料的成本维持到一个比较合理的较低水平,使生产有一个持续的原材料供应和原材料质量的保障。

1. 订货方式及批量的选择

以制造为目的的采购,其物流的订货方式、采购品的质量、交货期等的选择在某种程度上会影响到生产物流的顺畅进行。企业采购的物料大概分为企业生产所必需的生产性直接原材料,维持企业生产活动持续进行的维护修理装配等的物料(包括备品备件、零部件等,比如润滑油等),以及维持企业运作所需的行政性日常用品(如写字桌、计算机以及灯具等)三种。通常把第一种物料称为直接生产物料,把后两种物料称为间接物料。

一般说来,直接生产物料供应商相对比较固定,以长期供货合同或一定期间内稳定的价格供货,有专门的采购部门和采购人员负责各类原材料的采购,物料价格比较高,批次比较多,重复性大。间接物料因价格相对较低,采购周期不定,供应商来源广泛,价格随采购批次变动可能较大,相对采购成本较高。

基本的订购方式包括定量、定期两种。

(1)定量订货法是指当库存量下降到预定的最低库存量(订货点)时,按规定数量(一般以经济批量 EOQ 为标准)进行订货补充的一种库存控制方法。具体内容见下节。

(2)定期订货法是按预先确定的订货时间间隔按期进行订货,以补充库存的一种库存控制方法。其思路是:每隔一个固定的时间周期检查库存项目的储备量。根据盘点结果与预定的目标库存水平的差额确定每次订购批量。这里假设需求为随机变化,因此,每次盘点时的储备量都是不相等的,为达到目标库存水平而需要补充的数量也随着变化。这样,这类系统的决策变量应是检查时间周期和目标库存水平。

这些方式是就生产所需而采购,采购物流的终点是静止的库存,为保证生产的连续性,往往采购费用的降低是以库存费用的增加为代价的。所以要采用合理库存基础上的订购方式,最好接近零库存。

2. 采购成本控制

采购成本控制关键是把握几个"控制点"。

(1)采购计划。采购计划是企业采购的基本依据,是控制盲目采购、安排现金流量的有力手段,要根据生产计划、物料需求计划、资金条件、采购手段等信息编制并且严格执行采购计划。

(2)严格采购订单管理。在传统的采购模式中,采购的目的是为了补充库存,即为库存采购。今天,采购活动是以订单驱动方式进行的,即制造订单的需求是在用户需求订单的驱动下产生的。因此,要严格采购订单管理,对于可能拖期的供应商应及时催货,以避免对生产造成影响。

(3)正确选择供应商。合格的供应商对稳定物料来源、保证物料质量十分重要。传统采购管理的不足之处就是与供应商之间缺乏合作、缺乏柔性和对需求快速响应的能力。这就需要制造商在采购活动中,建立一种灵活的、多层次的供应商网络,并通过逐步减少供应商的数量,致力于与供应商建立一种长期的、互惠互利的合作关系。一方面,要通过提供信息反馈和教育培训,促进供应商质量改善和质量保证;另一方面,应参与供应商的产品设计和产品质量控制过程,并协调供应商的计划。

(4)采购业务的确认和付款要规范。当供应商物料到达企业以后,要检查确认相应的采购计划、订单,还要经过质检、验收,才能办理入库和报销手续。

由于采购流程是一个动态连续的过程,所以可以纳入企业计算机管理信息系统,以采购管理子系统方式实现包括采购计划,采购订单,收货、确认发票、付款业务,账表查询,期末转账等几部分的控制功能。

6.2.3 供应物流的质量管理

按质量控制的时间顺序,质量控制可划分为来货质量控制、过程质量控制及出货质量控制。由于产品价值中一半以上的部分是经过采购由供应商提供,那么企业产品质量更多地应控制在供应商的质量管理过程中,这也叫"上游质量控制"。上游质量控制得好,不仅可以为下游质量控制打好基础,同时可降低质量成本,减少企业来货检验费用(降低检验频次甚至免检)等。通过采购将质量管理延伸到供应商,是提高企业自身质量水平的基本保证。所以,采购与供应的质量管理的重点在于正确地选择供应商,以及由此而建立的采购认证体系的完善程度。

1. 评价供应商

在集成化供应链管理环境下,由于企业对短期成本最小化的需要和对供应链紧密合作关系的运作需要,所以要尽量减少供应商的数量,在全球市场范围内寻找最杰出的供应商,应对供应商作出系统全面的评价,需建立一套完整、科学、全面的综合评价指标体系。这样体系可以避免企业在供应商评估工作中存在个人权利太大,主观成分过多,一人说了算的现象。内容包括供应商的业绩、设备管理、人力资源开发、质量控制、成本控制、技术开发、用户满意度、交货协议等可能影响供应链合作关系的指标。

2. 与供应商重构合作伙伴关系

利润与制造、供应过程中的物流和信息流的流动速度有关,企业为获取尽可能多的利润,就会想方设法加快物料和信息的流动,充分发挥供应商的作用。

(1)提高供应商的可靠性和灵活性。这可以极大地提高生产效率,加快资金周转,增强对市场需求的应变力。可以尽早地通过采购让供应商以"伙伴关系"参与到企业自身的产品开发过程中来,充分利用供应商的专业技术优势缩短产品开发时间,降低投资风险及产品研制成本,还可更好地满足客户对产品功能性的要求,提高产品在整个市场上的竞争力。

(2)对供应商区别管理。从采购物品的分类开始,按照物品的价值及重要性确定不同的采购策略,进行供应市场的研究与风险分析,针对不同的供应商(通常划分为合作伙伴型、优先供应型和普通商业型)采取不同的管理办法进行管理和改进,以质量、交货、价格和服务等项目为指标对供应商进行考评。

(3)提高供应商质量、改善供应水平、控制和减少所有与采购相关的成本,包括直接采购成本和间接采购成本。控制直接采购成本可采取提高采购工作效率、定期谈判、优化供应商、实施本地化、与供应商共同开展改进项目等多种途径。控制间接采购成本可采取缩短供应周期、增加送货频次、减少原材料库存、实施来料免检、循环使用原材料包装、合理利用相关的政府有利政策、避免汇率风险、供应商参与产品开发或过程开发等。同时,为优化供应配套体系,亦可减少供应商的数量,使采购活动尽量集中,与供应商发展伙伴型的合作关系,同时也要避免依赖独家供应商,防止垄断供应风险的产生。

6.2.4 企业全球采购战略及其物流形式

全球化战略下的统一采购是指制造商们通过联合多家公司的购买力量,将触角伸向国际市场并得到更有竞争力的采购合同。这种采购模式是降低采购成本,提高整体竞争力的最有效方式,同时,可以避免传统的分散采购中存在的物料灰色价格和交易回扣等现象。

一般来说,生产型企业至少要用销售额的50%左右来进行原材料、零部件的采购。采取统一采购,有目的地降低采购成本,对于降低生产总成本而言意义重大。由于全球化战略所涉及的供应商地域分布广泛,为有效地实施统一采购,目前在业界一般提倡招标采购和在线采购等方式。

(1)招标采购。从公平、公正的角度注重对供应商们物料价格、质量的比较选择,是招标企业保证制造质量,提高经济效益的有效措施。

(2)在线采购。在线采购是利用网络和信息技术为采购人员提供的一个快速降低采购成本的工具系统,借助于这个工具,采购人员能够通过 Internet 在全球范围内即时地同其供应商进行通信和交易。

这两种方式有时又可以综合运用。

6.3 企业仓储管理

仓储管理是指对仓库及其库存物的管理。库存是指企业在生产经营过程中为现在和将来的耗用或者销售而储备的资源,包括原材料、材料、燃料、低值易耗品、在产品、半成品、产成品等。传统的仓储管理任务涉及订货多少和何时订货两个基本问题,在今天的企业环境中,仓储管理的任务变得越来越复杂,总成本最小化是仓储管理的关键。

由于仓储可在时间上协调原材料和产成品的供需,并起着缓冲和平衡的作用,为客户在需要的时间和地点提供适当的产品,从而提高产品的时间效用。因此,仓储活动能够促进企业提高客户服务水平,增强企业的竞争力。但是,仓库是企业物流系统中的一个固定节点,产品在仓库中保管表明物流的间断,从而增加产品的成本。因此,必须以系统的观念考虑仓储管理,合理利用仓储。

6.3.1 仓储的作用

仓储的作用主要表现在以下几方面:

(1)降低运输成本、提高运输效率。在供应物流方面,企业从多个供应商分别小批量购买原材料并运至仓库,然后将其拼箱并整车运输至工厂,整车运输费率低于零担运输费率,大大降低运输成本,提高运输效率。在销售物流方面,企业将各工厂的产品大批量运到市场仓库,然后根据客户的要求,小批量运到市场或客户,仓库具有调节运力差异的作用。

(2)进行产品整合。可以根据客户要求,将产品在仓库中进行配套、组合、打包,然后运往各地客户。单纯的储存和保管型仓库已远远不能适应生产和市场的需要,增加配送和流通加工的功能并向流通仓库的方向发展是趋势。

(3)支持企业的销售服务。仓库合理地靠近客户,使产品适时地到达客户手中,将提高客户的满意度。

(4)保险库存可避免由于紧急情况而出现停产,防止涨价、政策的改变以及延迟交货等情况的发生。

(5)调整供需之间的季节差异维持生产的连续进行。

6.3.2 库存成本的构成

库存成本的构成一般可分为以下三个主要部分:

1. 持有成本

库存持有成本即为保有和管理库存而需承担的费用开支。具体可分为运行成本、机会成本和风险成本三个方面。

(1)运行成本。运行成本主要指仓储成本,自营型的仓库体现为建造仓库的固定投资的摊销费用,外包型的仓库则体现为仓库的租金,库存越高,仓储面积越大,仓储成本也越高。此外,运行成本还包括仓库中的设备投资成本和日常运作费用(水、电、人工等)。

(2)机会成本。企业因为要持有一定的库存而丧失了流动资金所能带来的投资收益,即为库存的机会成本。有时企业通过借款来获得库存,这时的机会成本还应包括借款的利息支出。库存作为企业的资产是通过占用企业的流动资金而获得的,而任何企业都有其一定的资金投资回报率,即库存占用的资金如果不用于库存而去经营其他投资所能获得的平均收益,这一比例因行业的不同和企业的不同而有所不同,一般为10%~16%之间。

(3)风险成本。风险成本顾名思义是从风险的角度出发来考虑的,首先是保险费用,为了减少库存的损失,大多数的企业会为其库存的安全保险,其费用就是库存成本;同时企业可能会因为库存的不合理存放而造成损耗或报废。例如,食品过期、存放过程中破损、产品滞销、失窃等,这些损失同样是库存的风险成本。

2. 获得成本

库存的获得成本是指企业为了得到库存而需承担的费用。抛开库存的本身价值,如果库存是企业直接通过购买而获得,则获得成本体现为订货成本,包括与供应商之间的通信联系费用、货物的运输费用等,订购或运输次数越多,订货成本就越高;如果库存是企业自己生产的,则获得成本体现为生产准备成本,即企业为生产一批货物而进行的生产线改线的费用。3. 缺货成本

库存缺货成本,简而言之就是由于库存供应中断而造成的损失,包括原材料供应中断造成的停工损失、产成品库存缺货造成的延迟发货损失和销售机会丧失带来的损失(还应包括商誉损失)、企业采用紧急采购来解决库存的中断而承担的紧急额外采购成本等。原材料或半成品或零配件的缺货,意味着机器空闲甚至关闭全部生产设备。企业都会考虑保持一定数量的保险库存,即缓冲库存以防在需求或提前期方面的不确定性。如果生产企业以紧急采购代用材料来解决库存材料的中断之急,那么缺货成本就表现为紧急采购成本大于正常采购成本的部分。此外,当一种产品缺货时,客户就会购买竞争对手的产品,那么就对企业产生直接利润损失,如果失去客户,还可能为企业造成间接或长期成本。

6.3.3 库存管理方法

1. ABC 分析法

企业的库存物资种类繁多,对企业的全部库存物资进行管理是一项复杂而繁重的工作。如果管理者对所有库存物资均匀地使用精力,必然会使其有限的精力过于分散,只能进行粗放式的库存管理,管理效率低下。因此,在库存控制中,应把管理的中心放在重点物资上,以提高管理的效率。ABC 分析法便是库存控制中常用的一种控制方法。

ABC 分析法,又称为重点管理法,它是“关键的少数和次要的多数”的帕累托原理在仓储管理中的应用。ABC 分析法强调对物资进行分类管理,根据库存物资的不同价值而采取不同的管理方法。

ABC 库存管理法的基本原理是:由于各种库存品的需求量和单价各不相同,其年耗用金额也各不相同。那些年耗用金额大的库存品,由于其占压企业的资金较大,对企业经营的影响也较大,因此需要进行特别的重视和管理。ABC 库存分类法根据库存品的年耗用金额的大小,把库存品划分为 A,B,C 三类。A 类库存品:其年耗用金额占总库存金额的 75% ~80%,其品种数却只占总库存数的 15% ~20%;B 类库存品:其年耗用金额占总库存金额的 10% ~15%,其品种数占库存品种数的 20% ~25%;C 类库存品:其年耗用金额占总库存金额的 5% ~10%,其品种数却占总库存品种数的 60% ~65%。

ABC 分析法的一般步骤如下：

第一步，搜集数据。按分析对象和分析内容，搜集有关数据。

第二步，处理数据。利用搜集到的年需求量、单价，计算出各种库存品的年耗用金额。

第三步，编制 ABC 分析表。根据已计算出的各种库存品的年耗用金额，把库存品按照年耗用金额从大到小进行排列，并计算累计百分比。

第四步，根据 ABC 分析表确定分类。根据已计算的年耗用金额的累计百分比，按照 ABC 分类的基本原理，对库存品进行分类。

第五步，绘制 ABC 分析图。以库存品种数百分比为横坐标，以累计耗用金额百分比为纵坐标，在坐标图上取点并联结各点，则绘成 ABC 曲线。按 ABC 分析曲线对应的数据，在图上标明 A，B，C 三类，则制成 ABC 分析图。

需要注意的是，ABC 分析法的结果只是表明了各类库存物资的地位，明确了重点。但是，ABC 分析法并没有提出具体的控制方法。只有在 ABC 分析的基础上必须提出解决的办法，才真正达到了 ABC 分析法的目的。目前，许多企业为了应付验收检查，形式上搞了 ABC 分析，虽对了解情况有一些作用，但并未真正掌握这种方法的用意，未能将分析转化为效益，这是应力求避免的。

2. 经济订货批量（EOQ）模型法

经济订货批量（Economic Order Quantity，简称 EOQ）模型是目前大多数企业最常采用的货物定购方式。该模型适用于整批间隔进货、不允许缺货的存储问题。当企业按照经济订货批量来订货时，可实现订货成本和储存成本之和最小化。

通常，年总库存成本的计算公式为

$$年总库存成本 = 年购置成本 + 年订货成本 + 年保管成本 + 缺货成本$$

假定平均存货等于订货批量的一半。因此，订货批量越大，平均存货就越大，相应地，每年的保管成本也越大。然而，订货批量越大，每一计划期需要的订货次数就越少，相应地，订货总成本也就越低。

在不允许缺货的条件下，年总库存成本的计算公式为

$$年总库存成本 = 年购置成本 + 年订货成本 + 年保管成本$$

即

$$TC = DP + DC/Q + QH/2$$

式中 TC——年总库存成本；

D——年需求总量；

P——单位商品的购置成本；

C——每次订货成本，元/次；

H——单位商品年保管成本，元/年（$H = PF$，F 为年仓储保管费用率）；

Q——批量或订货量。

经济订货批量就是使库存总成本达到最低的订货数量，它是通过平衡订货成本和保管成本两方面得到，其计算公式为

$$EOQ = \sqrt{\frac{2CD}{H}} = \sqrt{\frac{2CD}{PF}}$$

此时的最低年总库存成本为 $TC = DP + H(EOQ)$

年订货次数 $N = D/EOQ = \sqrt{\frac{DH}{2C}}$

平均订货间隔周期 $T = 365/N = 365EOQ/D$

例 甲仓库 A 商品年需求量为 30 000 个,单位商品的购买价格为 20 元,每次订货成本为 240 元,单位商品的年保管费为 10 元,求该商品的经济订购批量,最低年总库存成本,每年的订货次数及平均订货间隔周期。

解 经济批量 $EOQ = \sqrt{\frac{2 \times 240 \times 30\,000}{10}} = 1\,200$ 个

每年总库存成本 $TC = 30\,000 \times 20 + 10 \times 1\,200 = 612\,000$ 元

每年的订货次数 $N = 30\,000/1\,200 = 25$ 次

平均订货间隔周期 $T = 365/25 = 14.6$ 天

6.4 企业销售物流

销售物流是企业物流系统的最后一个环节,是企业物流与社会物流的衔接点。它与企业销售系统相配合共同完成产成品的销售任务。

企业销售物流是指企业为实现经营管理目标,保证自身的经济效益,连续不断地伴随着企业的销售活动,将产品实体转移给客户的物流活动。

在买方市场的条件下,企业销售物流具有极强的服务性,通过便捷完善的物流服务满足买方的要求,以最终实现销售。企业的销售活动通常包括将产品送达到客户和经过售后服务后方才完成。因此,企业销售物流活动的空间和时间范围都很广泛,而这一点正是构成企业销售物流合理化的难点之所在。

6.4.1 生产企业销售物流的特点

1. 直接为企业产品销售服务

产品销售是实现企业营销目标的关键环节之一。通过产品销售,企业得以收回资金,进行再生产活动。影响产品销售业绩的因素是多方面的,包括产品的质量、价格、销售渠道和促销活动等。在产品的质量、价格、渠道和促销手段基本一致的情况下,产品能否在客户需要的时间,以客户满意的方式(包括包装)、规格和数量,到达客户指定的地点,即销售物流的效果如何,往往会影响产品的销售业绩。因此,销售物流无论通过自办还是外包的方式,物流系统的设计和管理者都必须从服务销售的理念出发,保证销售物流为产品销售提供最优化的物理服务。

2. 与企业形象密切相关。

产品销售是一项关系到企业社会形象的经营活动,销售物流在其中占有重要的地位。快捷、便利、准确(时间、地点、数量等都要准确)、周到的销售物流服务,无疑会在很大程度上提高企业的形象,反之,则会给企业形象造成难以挽回的不良影响。

6.4.2 销售物流的主要环节

企业在产品制造完成后,需要及时组织销售物流,使产品能够及时、准确、完好地送达客户指定的地点。为了保证销售物流的顺利完成,实现企业以最少的物流成本满足客户需要的目的,企业需要做好五个方面的工作。

1. 产成品包装

包装是企业生产物流系统的终点，也是销售物流系统的起点。产品包装，尤其是产成品的运输包装在销售物流过程中将要起到便于保护、仓储、运输、装卸搬运的作用。因此，在包装材料、包装形式上，既要考虑储存、运输等环节的方便，又要考虑材料及工艺的成本费用。

2. 产成品储存

保持合理库存水平、及时满足客户需求是产成品储存重要的内容。客户对企业产成品的可得性非常敏感，缺货不仅使客户需求得不到满足，而且还会提高企业进行销售服务的物流成本。当企业推出一种新产品或举办特殊促销活动期间，或是客户急需的配件不能立即供货，更会让客户不满。产成品的可得性是衡量企业销售物流系统服务水平的一个重要参数。为了避免缺货，企业一方面可以提高自己的存货水平，另一方面可以帮助客户进行库存管理。当一个客户的生产线上需要流进成百甚至上千种不同的零部件时，其供应阶段的库存控制任务是非常复杂的，在这种情况下，企业帮助客户管理库存不仅十分必要，而且还能够稳定客源、便于与客户的长期合作。随着计算机及通信设备能力的提高，许多供货商为客户进行库存控制自动化方面的规划，其中包括计算机化的订单处理和库存监控。另外，客户希望供应商在客户附近保持一定数量的库存以降低自己的存储空间需求。有时候，客户希望完全取消库存，他们得到订单，然后由供货商直接把货物运送给他们的客户。

3. 订单处理

为使库存保持最低水平，客户会在考虑批量折扣、订货费用和存货成本的基础上，合理地频繁订货。企业为客户提供的订货方式越方便、越经济，越能影响客户，如免费电话服务、预先打印好的订货表，甚至为客户提供远程通信设备。随着计算机和现代化通信设备的广泛应用，电脑订货方式被广泛采纳，企业跟踪订货状态的能力也大大提高，使得客户与供应方的联系更加密切。对于购买生产线产品的工业客户来说，了解订货与装运状态虽然重要，但他们最关心的还是交货日期的可靠性。

4. 发送运输

不论销售渠道如何，也不论是消费者直接取货，还是生产者或供应者直接发货给客户（消费者），企业的产成品都要通过运输才能到达客户（消费者）指定的地点。而运输方式的确定需要参考产成品的批量、运送距离、地理等条件。对于由生产者或供应者送货的情况，应考虑发货批量大小问题，它将直接影响到物流成本费用，在此，配送是一种较先进的形式，在保证客户（消费者）需要的前提下，不仅可以提高运输设备的利用率，降低运输成本，还可以缓解交通拥堵，减少车辆废气对环境的污染。

运输方面的服务包括：运输速度快，及时满足客户需要；运输手段先进，减少运输途中的商品损坏率；运输途径合理，尽可能缩短商品运输里程；运输线路选择合理，减少重复装卸和中间环节；运输工具使用适当，根据商品的特性选择最佳运输工具；运输时间合理，保证按时将商品送到指定地点或客户手中；运输安全系数高，避免丢失、损坏等情况发生。

5. 装卸搬运

客户希望在物料搬运设备方面的投资最小化。例如，客户要求供应商以其使用尺寸的托盘交货，也有可能要求将特殊货物集中在一起装车，这样他们就可以直接再装运，而不需要重新分类。

6.4.3 企业销售运输决策

运输是销售物流的一个重要组成部分,在产品销售过程中创造时间和空间效用。高效的运输能使商品得到及时供应,这在日益激烈的市场竞争中越来越重要。同时与运输是一项生产成本一样,运输也是一种销售成本,运输费用是销售费用的重要部分,会影响商品的价格高低。所以运输通常是企业销售物流管理决策中的一个主要因素。

1. 选择运输方式

运输方式的选择对于销售物流系统的运作效率和成本控制起着十分关键的作用。管理者首先要根据销售系统的要求从铁路、公路、航空、水路、管道运输等方式或联合运输中作出选择,要对不同方式的运价和服务水平作出评价。

运输成本在总物流成本中占有重要比例,而且不同运输方式的运价相差很大,因此,运价是选择运输方式的一个非常重要的因素。但是,运输成本最低的运输方式通常会导致物流系统中其他部分成本的上升,因此难以保证整个物流系统的成本最低。可见,运价是影响决策的一个因素,但它不是唯一的因素,企业还必须考虑运输服务的质量以及这种服务带来的对整个销售物流系统运作成本的影响。

不同运输方式下的运输时间将对物流系统各节点所要求的存货水平造成不同的影响,即较长的运输时间需要较高的存货水平;运输方式的可靠性和安全交货的程度也会影响各节点的存货水平、物料搬运设备和劳动力的使用、货损赔偿以及通信的时间与成本。因此,运输方式的选择要根据物流系统的总体要求、结合不同运输方式的成本与服务特点,选择适合的运输方式。

选择运输方式要考虑五个重要因素。

(1)服务可靠性。运输服务的可靠性通常用与正常服务水平的偏差来衡量。在选择运输方式和承运人时,很多公司更重视服务的一致性。同时装备的可用性和一些不可控因素(如恶劣天气和自然灾害)常常是影响承运人可靠性的因素,航空运输最易受这些因素影响,而管道运输受影响最小。

(2)运送速度。运送速度是指运输货物从始发地到目的地的总时间。由于存在货币的时间价值和货物实物形态的易变性,所以速度是托运人关注的重要因素,同时也是客户服务水平的重要体现。

(3)服务频率。服务频率是指在一个给定时期内两地之间往返的次数。承运人提供的服务频率依赖于托运人在两地间的服务需求。

(4)服务可得性。服务可得性是指特定服务的地理区域,反映了各种运输方式的可接近性和可达性。联运有助于延伸不同方式的可得性。

(5)服务能力。服务能力是指处理异型、重质、易碎、液态、易燃、易爆、易腐或易受污染的货物的能力,它反映了各运输方式提供特种运输服务的能力。

2. 选择承运人

在选定了运输方式之后,就要选择具体的承运人。同一运输方式下承运人的成本结构相同,同一运输行为的运价也十分相似,所以运输价格并不是选择具体承运人的最重要标准,而承运人的服务质量将成为同一运输方式下选择具体承运人的决定因素。因此,当从一种运输方式中选择承运人时,承运人服务水平的高低是企业进行选择的最重要因素。服务水平包括运输时间、可靠性、运输能力、可接近性和安全性。

3. 提高运输效率和效益的方法

(1)实行集约化管理。对运输进行集约化管理是指在制订运输策略、计划安排、成本预算以及协调企业销售物流等方面,预先进行集中管理,其意义在于预先分析运输中存在的问题,寻找解决问题的方法,以利于企业整体效率提高。

例如,企业在某一市场的销售量下降可能是由于比其竞争对手的交货期长,引起服务水平下降造成的。如果运输方式从铁路转为公路运输,则必将增加运输成本,从而降低利润甚至亏损,这是企业所不能接受的。如果实行集约化运输管理,运输管理者可以在企业的成本预算和利润目标的政策指导下,采取与承运人谈判、按规定的服务水平与承运人签订合同、调整装货程序等方法来改进服务、提高销售额,而又使成本维持在可接受水平。

(2)减少承运人数量。企业减少使用承运人的数量,使企业产成品的销售运输业务相对集中于一些运输公司,使其业务量和营业收入增加,这样,企业可在承运人企业的运价与服务方面占据主动。但是,把业务交给有限数量的承运人的风险是增加企业对这些承运人的依赖性。因为一旦某个承运人出现问题,其他承运人没有能力承担额外运输任务时,企业就不得不使用那些不熟悉自己的运输程序及客户服务要求的承运人,这样就会影响企业物流成本和客户服务水平。同时,还很难从承运人处得到合理的运价,从而导致运输成本的增加。

(3)使用自有车辆运输。使用自有车辆运输是一种广为使用的运输服务方式。管理者可以直接控制自有车辆运输的服务水平从而得到更优质的服务。尤其是自有车辆运输可以提供十分灵活的运输服务以满足零散客户的运输需求。对于没有自备汽车的企业来说,可以通过与汽车承运人签订合同来获得专业化的服务。

(4)订立运输合同。企业作为托运人可以通过订立合同来消除承运人提供的服务和运价的不确定性。在合同条款中,托运人规定承运人应提供的价格和运输服务水平以及违约时的处罚。这样,在合同有效期内,运输价格和服务水平就可以固定。对于那些需要专业化服务的托运人来说,合同可以使他们享受到一般承运人无法提供的独特或灵活的运输服务。

6.5 回收物流与废弃物流

6.5.1 回收物流

企业在生产以及供应、销售的活动过程中,不可避免地会产生各种边角余料和废料,这些物品需要回收,因此就产生了企业回收物流。所谓回收物流是指废旧物资通过一定的手段回收、加工,重新投入使用所要经过的一系列的流动过程。国家标准定义回收物流是指不合格物品的返修、退货以及周转使用的包装容器从需方退回到供方所形成的物品实体流动。

1. 企业回收物流的特点

(1)企业再生资源种类繁多。几乎所有的生产企业都可能产生再生资源,企业类型不同产生的再生资源也不同;几乎每个生产企业的每一个工序,每个阶段的生产过程都会产生再生资源;社会各行业,几乎所有人类的物质成果最终都可能转化为再生资源。企业再生资源的物流数量大,这不仅是总量大,而且许多种类再生资源单独处理数量较大。这就决定了再生资源物流要消耗很大的物化劳动及活劳动,需要有一个庞大的物流系统来支撑。

(2)企业回收物流特点是粗放运作。企业再生资源中除少数特别有价值外,绝大多数是低价值。一般经过一次生产或消费之后，主要使用价值已耗尽，因而在纯度、精度、质量、外观等方面都很低，这就决定了采取粗放的物流方式处理企业再生资源。这样，可以使再生资源在重新使用形成新的价值中，物流成本不至于太高。

(3)企业回收物流的路程较短。企业回收物流的路程一般都较短，这是由于企业在处理再生资源时，承受的物流费用较高。企业一般都尽可能在企业内部解决或相关企业消化。企业再生资源的主要使用价值已丧失，新的使用价值需要承受的物流费用和研究费用等决定了就近利用的性质，因而企业回收的物流路程不会太长。

2. 再生资源的回收利用

(1)废钢铁的回收和利用。废钢铁是生产建设产生的废料，但是它又是生产建设的重要原材料。回收的废钢铁通过直接回炉冶炼、旧物换新、加工改制，可以扩大社会的钢铁资源。据统计，企业每回收 1 吨废钢铁可以炼好钢 360 公斤左右。至于企业产生的钢铁材料中的边角余料，可以直接利用生产制造小农具、小五金等产品。氧化铁皮是粉末冶金的重要原料。据有关资料表明，炼钢使用废钢铁比矿石冶炼要节省能源 75%，节省用水 40%，节省矿石 95%，此外还可以节省大量的建设资金、运输能力等，还可以节省企业生产运作资金。企业加大对废钢铁的回收和利用，不仅可为国家扩大资源，节省大量的能源，同时还可以节省企业的生产运作资金。企业可以直接利用企业的钢铁边角余料，节省原材料购进费用。企业废钢铁的回收渠道主要有三个方面：一是钢铁生产企业生产性回收；二是机械加工生产企业和基本建设单位的废钢铁的回收；三是全社会回收。

(2)企业废纸、纸板的回收利用。企业废纸资源较分散，回收难度较大。废纸、纸板的回收利用一个明显的特点是必须建立一个稳定的废纸收集系统。只有足够的皮纸、纸板的回收力度，才能批量供给再生加工。

(3)企业废旧包装的回收和利用。企业废旧包装的回收是利用使用过的产品包装容器和辅助材料，通过各种渠道和各种方式收集起来，然后由企业重新使用。企业废旧包装的利用是将回收上来的旧包装，经过修复、改制，交给企业再次使用的过程。产品包装的回收和利用不同于一般废旧物资的回收和利用。一般废旧物资的回收利用是将废旧物资改作其他用途或通过回炉加工成新的材料；而包装的回收和利用则是对原物再次使用，重新用来包裹产品并且还有可能连续回收、复用多次。不能利用的废包装可看成一般废旧物资不再列入废旧包装中。企业生产的产品种类不同，所用包装种类繁多，因此需要建立企业废旧包装回收的渠道。包装随产品分散到全国各地、各行业及最终消费者，回收起来难度相当大。但就商品的流向来看，商品包装与商品的流向是一致的，也就是说什么地方有商品，什么地方就会有腾空的包装可以回收。建立适当的废旧包装回收渠道，企业回收复用旧包装的潜力还是相当大的。

(4)废玻璃瓶、废玻璃的回收利用。除了原型利用外，将废玻璃瓶再制成玻璃瓶使用，或将废玻璃再制成平板玻璃使用是最具环境效益的。

6.5.2 废弃物流

企业废弃物是指企业在生产过程中不断产生的基本上或完全失去使用价值、无法再重新利用的最终排放物。企业废弃物这一概念是相对的，“废弃物”只是在一定时期、一定的范围内，物料的形态或用途发生了变化，而它本身可以被利用的属性并没有完全消失，只要被人们发现和利用后，它就可以变成有用的资源。目前，许多发达国家的最终废弃物为原垃圾的50%以下。我国也在加强这方面的研究,如我国许多地区将生活垃圾用于堆肥,尽可能使之资源化。

企业废弃物物流是指伴随着某些企业的生产过程中产生或共生的副产品(如钢渣、煤矸石等)或废弃物,以及生活消费品中的废弃杂物(如垃圾等)的收集、分类、运输、装卸处理过程的物流。

1. 企业废旧物的产生

(1)生产工艺性废料。生产工艺性废料是指企业在生产产品的工艺过程中产生的废料。如化工类型生产企业中化学反应的剩余物、排放物和副产品等;金属轧钢生产企业中产生的切头、切尾、钢渣、炉底等;采矿企业中产生的剥离废料、尾矿排泄物等;造纸企业中产生的废液等;金属加工企业中产生的废屑、边角余料等。

(2)生产过程中产生的废品。企业在生产过程中产生的废品并不是企业生产工艺的必然产物,但无论是成品、半成品或各种中间产品都有可能产生一定数量的废品。

(3)生产中损坏和报废的机械设备。企业机械设备的损坏多数是由于生产过程中各种不同的事故造成的。企业机械设备的报废是由于设备经过使用产生的正常磨损到终极限度而退出生产过程的设备。我国设备折旧年限和更新周期平均一般为7~10年,设备的更新周期随着科学技术的迅速发展而逐渐缩短。设备更新周期愈短,报废的旧设备就越多。

(4)企业生产维修过程中更换下来的各种废旧零件和材料。

(5)原材料和设备的各种包装废弃物。

(6)无形磨损产生的旧材料、旧设备等。随着科学技术的飞速发展,新技术转化为新产品的时间不断缩短,如40年前平均周期为8年,20年前为5年,10年前为3年;有些产品甚至一年内要更新几次。在经济发达国家中,一年内更新的产品要占全部产品的40%以上。应当指出由于精神磨损而淘汰的设备,使用价值一般并没有失去。因此,无形磨损的设备归入废旧物资应有一定的限度。

(7)企业返品。企业返品是指由于产品出厂经储存、运输过程中损坏及消费需要变化等多种原因而退回企业的产品。在市场竞争日益加剧的形势下,企业返品的数量和频率越来越高,返品可高达30%,这成为困扰企业的重要问题。从很大程度上来说,企业返品并没有丧失使用价值,可以采取综合开发的方式解决。如为返品开辟新的市场;对返品进行简单的流通加工、更新包装等,挖掘返品新的使用价值再销售;将返品捐赠到学校、慈善机构等,发挥其应有的作用。企业返品既可以纳入本企业生产经济计划统筹管理,也可以几个相关企业联合起来建立一个返品处理基地或者责成社会第三方物流外包解决。

2. 废弃物的物流方式

(1)废弃物掩埋。大多数企业对企业产生的最终废弃物是在政府规定的规划地区,利用原有的废弃坑塘或人工挖掘出的深坑,将其运来、倒入,表面用好土掩埋。掩埋后的垃圾场,还可以作为农田进行农业种植,也可以用于绿化或做建筑、市政用地。这种物流方式适用于对地下水无毒害的固体垃圾,其优点是不形成堆场、不占地、不露天污染环境、可防止异味对空气污染;缺点是挖坑、填埋要有一定投资,在未填埋期间仍有污染。

(2)垃圾焚烧。垃圾焚烧是在一定地区用高温焚毁垃圾。这种方式只适用于有机物含量高的垃圾或经过分类处理后有机物集中的垃圾。有机物在垃圾中容易发生生物化学作用,这是造成空气、水及环境污染的主要原因。因其本身又有可燃性,因此,采取焚烧的办法是很有效的。

(3)垃圾堆放。在远离城市地区的沟、坑、塘、谷中,选择合适位置直接倒垃圾,也是一种物流方式。这种方式物流距离较远,但垃圾无需再处理,通过自然净化作用使垃圾逐渐沉降风化是低成本的处置方式。

(4)净化处理加工。净化处理加工是对垃圾(废水、废物)进行净化处理,以减少对环境危害的物流方式,尤其是废水的净化处理。在废弃物流领域,净化处理加工是为了实现废弃物无害排放的流通加工。这一物流系统实际包括三个方面,一是尽可能减少废弃物的排放量;二是需要对废弃物排放前进行预处理,以减少对环境的污染;三是废弃物的最终排放处理。

3. 废弃物的物流合理化

生产过程中产生的废弃物的物流合理化:

(1)建立对废弃物收集、处理的管理体系,要求企业对产生的废弃物进行系统管理,把废弃物的最终排放量控制到最小的限度之内;

(2)在设计研制产品开发时,要考虑到废弃物的收集及无害化处理的问题;

(3)加强每个生产工序变废为宝的利用,并鼓励职工群策群力;

(4)尽可能将企业产生的废弃物在厂内合理化处理,暂时做不到厂内处理的要经过无害化处理后,再考虑向厂外排放。

流通、消费领域产生的废弃物的物流合理化:

为了建立一个良好的企业形象,加强对社会环境的保护意识,要关注产品进入流通、消费领域产生的废弃物的物流合理化。常可以采取三种做法。

(1)鼓励商业企业和消费者支持产品废弃物的收集和处理工作,如可以采取以旧换新购物等。

(2)要求消费者对产品包装废弃物纳入到企业废弃物的回收系统,不再作为城市垃圾而废弃增加环境压力。例如,购买产品对回收部分收取押金或送货上门时顺便带回废弃物。

(3)教育企业职工增强环保意识,改变价值观念,注意本企业产品在社会上的形象。

复习与思考

1. 简述物流的价值或效用。
2. 仓储的作用是什么?
3. 销售物流包括哪些主要环节?
4. 什么是回收物流和废弃物流?

案例分析题:

海尔集团的"一流三网同步"现代物流模式

1. 海尔基本情况。2001 年 3 月 31 日,坐落在海尔开发区工业园的海尔国际物流中心正式启用,由国家 863 计划项目海尔机器人有限公司整合国内外资源建设而成。海尔国际物流中心包括原材料和产成品两个自动化物流系统,高 22 米,拥有 1.8 万个标准托盘位,其中原材料托盘位 9 768 个,产成品托盘位 8 288 个。采用世界上最先进的激光导引技术开发的激光导引无人运输车系统、巷道堆垛机、机器人、穿校车等,全部实现现代物流的自动化和智能化。海尔国际物流中心已达到世界领先水平,通过硬件和软件两方面的领先技术运用,改革了传统意义上的仓库。

2. 海尔物流管理"一流三网"的内容。它体现了现代物流的特征:"一流"是以订单信息流为中心,"三网"分别是全球供应链资源网络、全球用户资源网络和计算机信息网络。"三网"同步运营为订单信息流的增值提供支持。"一流三网"的同步模式可以实现以下四个目标:

(1)为订单而采购,消灭库存。在海尔,仓库不再是储存物资的水库,而是一条流动的河,河中流动的是按单采购来生产必需的物资,从根本上消除了呆滞物资、消灭了库存。目前,海尔集团每个月平均接到6 000 多个销售订单,这些订单的定制产品品种达7 000 多个,需要采购的物料品种达15 万多种。海尔物流整合以来,呆滞物资降低73.8%,仓库面积减少50%,库存资金减少67%。海尔国际物流中心货区面积7 200 平方米,但它的吞吐量却相当于30 万平方米的普通平面仓库。海尔物流中心只有10 个叉车司机,而一般仓库完成这样的工作量至少需要上百人。

(2)赢得全球供应链网络。海尔通过整合内部资源、优化外部资源使供应商由原来的2 336 家优化至978 家,国际化供应商的比例却上升了20%,建立了强大的全球供应链网络,GE、爱默生、巴斯夫等世界500 强企业都成为海尔的供应商,有力地保障了海尔产品的质量和交货期。不仅如此,更有一批国际化大公司以其高科技和新技术参与到海尔产品的前端设计中,目前可以参与产品开发的供应商比例已高达32.5%。

(3)三个JIT,实现同步流程。由于物流技术和计算机信息管理的支持,海尔物流通过3个JIT,即JIT采购、JIT配送和JIT分拨物流来实现同步流程。目前通过海尔的电子商务平台,所有的供应商均在网上接受订单,并通过向上查询计划与库存及时补货。货物入库后,物流部门可根据次日的生产计划利用信息系统进行配料,同时根据看板管理4 小时送料到工位;生产部门按照B to B、B to C 订单的需求完成订单以后,满足用户个性化需求的定制产品通过海尔全球配送网络送达用户手中。目前海尔在中心城市实现8 小时配送到位、区域内24 小时配送到位,全国4 天配送到位。

(4)计算机网络连接新经济速度。在企业外部,通过CRM(客户关系管理)和BBP电子商务平台的应用架起了海尔与全球用户资源网、全球供应链资源网沟通的桥梁,实现了与用户的零距离。目前,海尔所有的采购订单均由网上下达,使采购周期由原来的平均10 天降低到3 天;网上支付已达到总支付额的20%。在企业内部,计算机自动控制的各种先进物流设备不但降低了人工成本、提高了劳动效率,还直接提升了物流过程的精细化水平,达到质量零缺陷的目标。计算机管理系统搭建了海尔集团内部的信息高速公路,能将电子商务平台上获得的信息迅速转化为企业内部信息,以信息代替库存,达到零营运资本的目的。

思考与讨论:

海尔集团的"一流三网同步"现代物流模式有何启示?

实训课题:

1. 考察某一企业物流管理工作,分组讨论该企业的采购管理、仓储管理、回收物流与废弃物流管理工作。

2. 参观某一现代物流企业(如快递公司),了解其运作方式,五人一组,每组写一篇考察报告。

模块七 质量管理

★**知识目标**：熟悉质量及质量管理的概念；
熟悉全面质量管理的概念和特征；
熟悉 ISO9000:2000 标准的结构；
理解企业推行 ISO9000 的意义；
了解产品质量认证和质量体系认证等。

★**技能目标**：掌握全面质量管理的基本工作方法——PDCA 循环；
掌握质量控制方法；
了解质量体系认证流程等。

引导案例：

1984 年，34 岁的张瑞敏入主青岛市电冰箱厂。他是短短一年中被派来的第四位厂长，前三位都已负气离开。他刚一上台，就颁布 13 条规定，从禁止随地大小便开始，揭开了海尔现代管理之路。

1985 年的一天，一位朋友要买一台冰箱，结果挑了很多台都有毛病，最后勉强拉走一台。朋友走后，张瑞敏派人把库房里的 400 多台冰箱全部检查了一遍，发现共有 76 台存在各种各样的缺陷。张瑞敏把职工们叫到车间，问大家怎么办？多数人提出，也不影响使用，便宜点儿处理给职工算了。当时一台冰箱的价格 800 多元，相当于一名职工两年的收入。张瑞敏说："我要是允许把这 76 台冰箱卖了，就等于允许你们明天再生产 760 台这样的冰箱。"他宣布，这些冰箱要全部砸掉，谁干的谁来砸，并抡起大锤亲手砸了第一锤！很多职工砸冰箱时流下了眼泪。在接下来的一个多月里，张瑞敏发动和主持了一个又一个会议，讨论的主题非常集中："如何从我做起，提高产品质量"，三年以后，海尔人捧回了我国冰箱行业的第一块国家质量金奖。张瑞敏说："长久以来，我们有一个荒唐的观念，把产品分为合格品、二等品、三等品还有等外品，好东西卖给外国人，劣等品出口转内销自己用，难道我们天生就比外国人贱，只配用残次品？这种观念助长了我们的自卑、懒惰和不负责任，难怪人家看不起我们，从今往后，海尔的产品不再分等级了，有缺陷的产品就是废品，把这些废品都砸了，只有砸的心里流血，才能长点记性！"一场砸冰箱的事件，砸醒了海尔人的质量意识，砸出了海尔"要么不干，要干就要争第一"的精神。如今，海尔冰箱已经成为世界冰箱行业中销量排名第一的品牌，海尔集团已经成长为世界第四大白色家电制造商。

7.1 质量管理概述

7.1.1 质量

ISO9000:2000 中质量定义是一组固有特性满足要求的程度。该定义可以从以下四方面来理解:

(1)质量可以存在于不同领域或任何事物中。质量的载体不仅针对产品,即过程的结果(如硬件、流程性材料、软件和服务),也针对过程和体系或者它们的组合。也就是说,所谓“质量”,既可以是零部件、计算机软件或服务等产品的质量,也可以是某项活动的工作质量或某个过程的工作质量,还可以是指企业的信誉、体系的有效性。

(2)“特性”是指事物所固有的性质,即事物本来就有的,它是通过产品、过程或体系设计和开发及其之后实现过程形成的属性。例如,物质特性(如机械、电气、化学或生物特性)、官感特性(如用嗅觉、触觉、味觉、视觉等感觉控测的特性)、行为特性(如礼貌、诚实、正直)、时间特性(如准时性、可靠性、可用性)、人体工效特性(如语言或生理特性、人身安全特性)、功能特性(如飞机最高速度)等。这些固有特性大多是可测量的。与此相对应的是赋予的特性,如某一产品的价格。

(3)“满足需要”是指产品或服务应满足明示的(如明确规定的)、通常隐含的(如组织的惯例、一般习惯)或必须履行的(如法律法规、行业规则)需要和期望。只有全面满足这些要求,才能评定为好的质量或优秀的质量。

(4)顾客和其他相关方对产品、体系或过程的质量要求是动态的、发展的和相对的。它将随着时间、地点、环境的变化而变化。

质量包括广义和狭义两种含义。广义的质量指产品、过程或服务满足规定要求的特征的总和。根据这一定义,质量可分为产品质量、工程质量和工作质量。产品质量是指产品适合于规定用途,满足社会和人们一定需要的特征;工程质量指由操作者、原材料、机器设备、加工方法、工作环境等综合作用下形成的产品质量;工作质量是指企业的管理工作、技术工作和组织工作对达到质量标准和提高产品质量的保证程度。狭义的质量是仅指产品质量。产品质量包括内在和外部质量特征,内部质量特征如产品的结构、性能、精度和纯度、物理性能、化学成分等;外部质量特征如产品的外观、形状、色泽、手感、气味、光洁度等。质量特征可概括为产品性能、寿命、可靠性、安全性和经济性五个方面。

7.1.2 质量管理

关于质量管理的定义,各国学者有着不同的论述,但基本内容是一致的。美国质量管理专家费根堡姆认为,“质量管理是把一个组织内部各个部门在质量发展、质量保持、质量改进的努力结合起来的一个有效体系,以便使生产和服务达到最经济水平,并使用户满意。”日本著名的质量管理专家石川馨教授对质量管理下的定义是:“用最经济的方法,生产适合买方要求质量的产品,并且为研制买方满意的产品进行设计、生产、销售和服务。”实际上,质量管理就是指为保证和提高产品质量或工作质量所进行的各项工作的总称。

在质量管理过程中,质量的含义是广义的,即除了产品质量之外,还包括工作质量。也就是说,质量管理不仅要管好产品本身的质量,还要管好质量赖以产生和形成的工作质量,并以工作质量为重点。

7.1.3 质量管理的发展

1. 质量检验阶段

20 世纪初，产品质量主要依靠操作者本人的技艺水平和经验来保证，属于“操作者的质量管理”。20 世纪初，以 F. W. 泰勒为代表的科学管理理论的产生，促使产品的质量检验从加工制造中分离出来，质量管理的职能由操作者转移给工长，是“工长的质量管理”。随着企业生产规模的扩大和产品复杂程度的提高，产品有了技术标准，公差制度也日趋完善，各种检验工具和检验技术也随之发展，大多数企业开始设置检验部门，有的直属于厂长领导，这时是“检验员的质量管理”。这一阶段的质量管理就是事后把关，即在已生产出的产品中挑选出不合格品。此时，不合格品造成的损失已经无法挽回。因此，这个阶段的质量管理不能解决预防不合格品的产生问题。

2. 统计质量控制阶段

1924 年，美国数理统计学家 W. A. 休哈特提出控制和预防缺陷的概念。他运用数理统计的原理提出在生产过程中控制产品质量的“6σ”法，绘制出第一张控制图并建立了一套统计卡片。使用控制图对生产过程进行观察，当有不合格产品发生的可能时，控制图及时提供信息；根据信息，找出生产不正常的原因，并采取相应措施，预防不合格品的发生。与此同时，美国贝尔研究所提出关于抽样检验的概念及其实施方案，成为运用数理统计理论解决质量问题的先驱，它既可以减少检验费用，又解决了破坏性检验的情况下对产品质量的判断问题，但当时并未被普遍接受。以数理统计理论为基础的统计质量控制的推广应用始自第二次世界大战，由于事后检验无法控制武器弹药的质量，美国国防部决定把数理统计法用于质量管理，并由标准协会制定有关数理统计方法应用于质量管理方面的规划，成立了专门委员会，并于 1941 年至 1942 年先后公布一批美国战时的质量管理标准。

3. 全面质量管理阶段

20 世纪 50 年代以来，随着生产力的迅速发展和科学技术的日新月异，人们对产品的质量从注重产品的一般性能发展为注重产品的耐用性、可靠性、安全性、维修性和经济性等；在生产技术和企业管理中要求运用系统的观点来研究质量问题；在管理理论上也有新的发展，突出重视人的因素，强调依靠企业全体人员的努力来保证质量，此外还有“保护消费者利益”运动的兴起，企业之间市场竞争越来越激烈。在这种情况下，美国 A. V. 费根鲍姆于 20 世纪 60 年代初提出全面质量管理的概念。他们认为，质量管理应该冲破传统的、局限于制造过程的框框，把管理范围由制造过程扩展到所有对产品质量有影响的因素，把预防不合格品的措施渗透到所有对产品质量有关的环节（产品的设计、原材料的供应、设备的维修、职工的技术培训以及产品的销售使用），把经营管理、生产技术和统计三个方面有机结合起来，形成一个比较完整的管理体系，以确保产品的高质量。“在最经济的水平上，考虑到充分满足顾客要求的条件下进行生产和提供服务，并把企业各部门在研制质量、维持质量和提高质量方面的活动构成为一体的一种有效体系”。全面质量管理的概念一经提出，就为理论工作者和实际工作者所接受。经过几十年的实践，全面质量管理的理论和方法又有了新的发展。中国自 1978 年开始推行全面质量管理，并取得了一定成效。

质量管理从单纯的质量检验发展到统计质量控制再到全面质量管理，每一个阶段的发展并不是对前一个阶段的否定，而是在前一阶段的基础上的丰富与发展，从而使质量管理日趋完善。

7.2 全面质量管理

7.2.1 全面质量管理的概念

全面质量管理(TQM)是由美国的著名专家菲根堡姆提出的。它于20世纪60年代产生于美国,后来在西欧与日本逐渐得到推广与发展。它应用数理统计方法进行质量控制,使质量管理实现定量化,变产品质量的事后检验为生产过程中的质量控制。它是在传统的质量管理基础上,随着科学技术的发展和经营管理上的需要发展起来的现代化质量管理,现已成为一门系统性很强的科学。

TQM是以质量为中心,建立在全员参与基础上的一种管理方法,其目的在于长期获得顾客满意、组织成员和社会的利益。ISO8402对TQM的定义是:一个组织以质量为中心,以全员参与为基础,目的在于通过让顾客满意和本组织所有成员及社会受益而达到长期成功的管理途径。菲根堡姆对TQM的定义是:"为了能够在最经济的水平上,并考虑到充分满足顾客要求的条件下进行市场研究、设计、制造和售后服务,把企业内各部门的研制质量、维持质量和提高质量的活动构成为一体的一种有效的体系"。具体来说,TQM蕴涵着以下含义:

(1)强烈地关注顾客。全面质量管理注重顾客价值,其主导思想就是"顾客的满意和认同是长期赢得市场,创造价值的关键"。为此,全面质量管理要求必须把以顾客为中心的思想贯穿到企业业务流程的管理中,即从市场调查、产品设计、试制、生产、检验、仓储、销售到售后服务的各个环节都应该牢固树立"顾客第一"的思想,不但要生产物美价廉的产品,而且要为顾客做好服务工作,最终让顾客放心满意。

(2)坚持不断地改进。TQM是一种永远不能满足的承诺,"非常好"还是不够,质量总能得到改进,"没有最好,只有更好"。在这种观念的指导下,企业持续不断地改进产品或服务的质量和可靠性,确保企业获取对手难以模仿的竞争优势。

(3)改进组织中每项工作的质量。TQM采用广义的质量定义,它不仅与最终产品有关,并且还与组织如何交货、如何迅速地响应顾客的投诉、如何为客户提供更好的售后服务等都有关系。在企业内部,凡接收上道工序的产品进行再生产的下道工序,就是上道工序的用户,"为用户服务"和"下道工序就是用户"是全面质量管理的一个基本观点。通过每道工序的质量控制,达到提高最终产品质量的目的。

(4)精确地度量。科学的质量管理,必须依据正确的数据资料进行加工、分析和处理并找出规律,再结合专业技术和实际情况,对存在问题作出正确判断并采取正确措施。TQM采用统计度量组织作业中人的每一个关键变量,然后与标准和基准进行比较以发现问题,追踪问题的根源,从而达到消除问题、提高品质的目的。

(5)预防第一。以预防为主,就是对产品质量进行事前控制,把事故消灭在发生之前,使每一道工序都处于控制状态。

(6)向员工授权。TQM吸收生产线上的工人加入改进过程,广泛地采用团队形式作为授权的载体,依靠团队发现和解决问题。

7.2.2 全面质量管理的特征

进行全面质量管理必须要做到"三全一多样"。

(1)全过程。即对市场调查、研究开发、设计、生产准备、采购、生产制造、包装、检验、储存、运输、销售、为用户服务等全过程都进行质量管理。

(2)全企业。不仅要着眼于产品的质量,而且要注重形成产品的工作质量。强调质量管理工作不局限于质量管理部门,要求企业所属各单位、各部门都要参与质量管理工作,共同对产品质量负责。

(3)全员。即企业全体人员包括领导人员、工程技术人员、管理人员和工人等都参加质量管理,并对产品质量各负其责。

(4)方法多样。注重采用多种方法和技术,包括科学的组织管理工作、各种专业技术、数理统计方法、成本分析、售后服务等。在质量分析和质量控制时必须以数据为科学依据,以统计质量控制方法为基础,全面综合运用各种质量管理方法;实行组织管理、专业技术和数理统计三结合,充分发挥它们在质量管理中的作用。

7.2.3 全面质量管理的基本工作方法——PDCA 循环

各项管理工作一般都要求做到有计划、有执行、有检查,有总结。质量管理专家把这套办法加以总结概括,运用到质量管理工作中去形成一套体现质量管理工作客观规律性的思想方法和工作步骤,这就是著名的 PDCA(计划、执行、检查、总结)管理循环,这个循环是质量管理体系运转的基本方式。

1. PDCA 循环的内容

如图 7-1 所示,PDCA 循环包括四个阶段八个步骤。

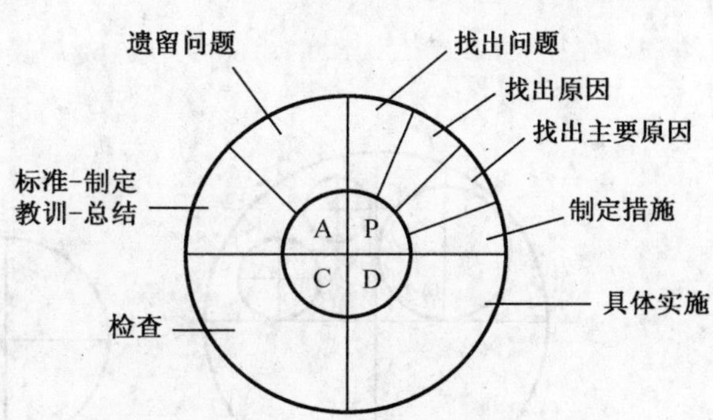

图 7-1 PDCA 循环的内容

(1)P 阶段——计划。包括方针、目标、活动计划书、管理项目等。如制订某产品质量升级计划书,就要调查用户要求,提出进行设计、试制、试验工作的目标和要求。这个阶段又可具体化为四个步骤:①找出问题;②分析原因;③找出主要原因(主要矛盾);④研究措施,提出计划目标和执行计划。

(2)D 阶段——实施。即要进行扎实的工作。如根据提高产品质量计划,制定质量标准、操作规程和作业标准等,并实地组织实施落实。这是管理循环的第五个步骤。

(3)C 阶段——检查。把实际工作结果与计划对比,检查是否按计划规定的要求去做了,哪些做对了,哪些做错了,哪些有效果,哪些没有效果。通过检查,了解效果如何,找出问题及其产生原因。这是管理循环的第六个工作步骤。

(4)A 阶段——总结处理。这一阶段包括两个工作步骤:①总结经验,并使之标准化。根据检查结果,把执行中取得的成功经验加以肯定,形成标准,纳入标准规程,制定作业指导书、管理标准等,以便以后再进行同样的工作和业务活动可照此办理。对于失败的教训,也要加以总结，将数据资料记录在案，形成另一种性质的标准，引以为戒，防止错误重演。②把遗留问题转入下一管理再循环。经过一个管理循环，解决了一批问题，但是，总会有些问题解决不了，也可能是解决了主要问题之后，一些原来次要的问题提到日程上来了。这些问题都要查明原因，并作为遗留问题转到下一循环计划中去，通过再循环求得解决。

PDCA 四个阶段是周而复始的循环。原有矛盾解决了，又会产生新的矛盾。矛盾不断产生不断克服，如此川流不息，循环不止。这就是质量管理的前进过程和质量管理体系运转的基本方式。这种管理循环的原理，不仅适用于质量管理，也适用于其他管理工作、生产活动、科学研究，以至我们日常的生活、工作和学习。

2. PDCA 循环的特点

(1)程序化。循环必须按 P→D→C→A 的顺序转动，不可逆转。

(2)层次化。PDCA 循环作为质量管理的一种科学方法，适用于企业各个环节各个方面的质量管理工作。大环套小环，一环扣一环；小环保大环，推动大循环，如图 7－2(a)所示。整个企业的质量管理活动构成了一个大的管理循环，而各级各部门又都有各自的管理循环，各级各部门又有更小的管理循环，直至具体落实到班组和个人。上一级的循环是下一级循环的根据，下一级循环是上一级循环的组成部分和具体保证。

(3)高效化。管理循环如同一个转动的车轮，转动一周前进一步，不停地转动就不断地提高。就像上楼梯一样，逐级上升，如图 7－2(b)所示。这样循环往复，质量问题不断得到解决，管理水平、工作质量就步步提高。

PDCA 循环是统一的。把管理工作划分为阶段、步骤是相对的，不能完全割裂、完全分开。它们紧密衔接连成一体，各个阶段之间又存在一定的交叉。在实际工作中，边计划边执行，边执行边检查，边检查边总结，边总结边改进的情况是经常存在的。

(a)

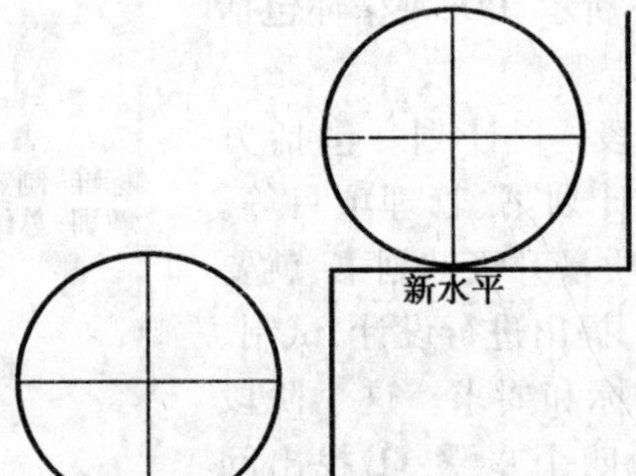

(b)

图 7－2　PDCA 循环的特点

7.3　质量控制方法

在产品生产过程中，总会出现各种质量问题，企业要提高产品质量，就必须弄清出现这些问题的原因是什么，其中主要原因又是什么，以及各种因素对质量的影响程度等，以便对症下药解决问题。但这些问题并不是一下子就能看出来，往往要应用统计学方法使问题集中化、明确化，最终得出正确的结论。

7.3.1 因果图法

因果图法又称石川图或特性要因图，它是表示质量波动与其潜在原因的关系，即表达和分析因果关系的一种图表，如图 7－3 所示。它形象地表示了探讨问题的思维过程，利用它分析问题能取得顺藤摸瓜、步步深入的效果。

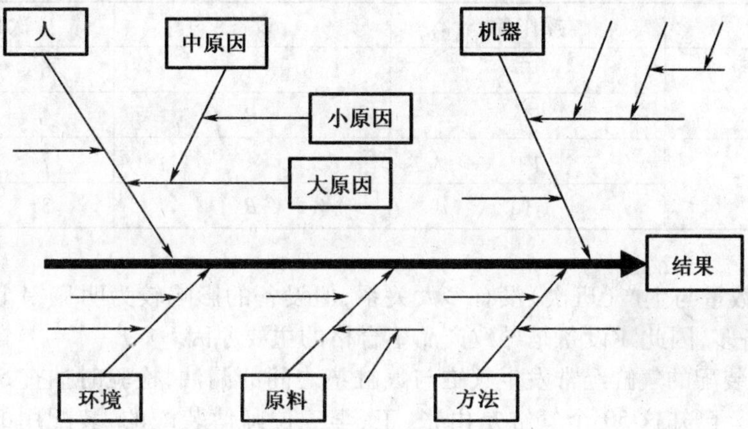

图 7－3 因果图

运用因果图法分析一般有以下三个步骤：

(1)明确问题的结果。结果是需要和准备改善与控制的对象，即要说明的质量问题，包括质量特性或工作结果。在表述结果时应尽量地具体，否则不易明确因果关系。

(2)分析作图。因果图由三个要素构成，即结果、原因和枝干。原因是能对结果产生影响的因素。影响质量的主要因素可从以下五个方面着手归纳，简称 4M＋1E。

①人(Man)：思想觉悟、身体素质、技术水平。

②材料(Materials)：原材料、半成品、成品的因素。

③工艺方法(Method)：施工程序、操作方法、工艺。

④机械设备(Machine)：工具、机具及施工机械设备。

⑤环境(Environment)：包括作业环境、气候因素、地域特点及现场因素。

枝干表示原因与结果、原因与原因之间的关系。由于因果图形似树枝和鱼刺，因此也称为鱼刺图或树枝图。

(3)找直接原因。即利用因果图可以首先找出影响质量问题的大原因，然后按照由粗到细，由浅入深，由表及里的步骤逐项原因逐项分析，寻找到大原因背后的中原因，再从中原因找到小原因和更小的原因，最终查明主要的直接原因，然后对症下药，解决问题。需要注意的是，在具体的因果分析中，以上五个主要因素不一定全部存在，可依据具体情况增减大原因。同时，一个大因素上的各种原因要找清，不能忽略。

7.3.2 分层法

分层法又称为分类法，是一种常用的统计方法。在质量管理中，通过分层可以把性质不同的数据和出现产品质量问题的各种原因及责任划分清楚，理出头绪，找出解决问题的方法。分层标志有：操作人员、使用设备、原材料、操作方法、时间、测试手段、缺陷项目等。应注意使一层内的数据波动幅度尽可能小，而各层之间的差别则尽可能大。

例1 某班某日生产中出现20件次品，按生产（班次）、操作者进行分层得到的资料见表7-1。

表7-1 某班日生产班次

时间	操作者	设备	次品数/件	
上午	甲	A	6	10
	乙	B	4	
下午	丙	A	7	10
	丁	B	3	

分析：次品数量与生产（班次）没有多大关系，但设备的影响较为明显，A 设备生产的次品总是比 B 设备多，因此 A 设备是导致产品不合格的主要原因。

例2 某厂装配的气缸经常发生气缸与气缸垫之间的漏油，检验时抽查50个，漏油19个，漏油率38%。已知这50个气缸是由张、王、李三位师傅装配的，装配用的气缸垫来自甲、乙两厂，且三人采用的粘合方法不同。根据操作人员和原材料来源分层，见表7-2，试分析并提出解决对策。

表7-2 某厂气缸装配情况

人员＼材料		甲厂	乙厂	合计
张师傅	漏油	6	0	0
	不漏油	2	11	13
王师傅	漏油	0	3	3
	不漏油	5	4	9
李师傅	漏油	3	7	10
	不漏油	7	2	9
小计	漏油	9	10	19
	不漏油	14	17	31
合计		23	27	50

分析：使用甲厂气缸垫，王师傅装配的都未漏油，使用乙厂气缸垫，张师傅装配的都未漏油，其余全部有漏油现象发生。因此，使用甲厂气缸垫，推广王师傅装配的粘合方法，使用乙厂气缸垫，推广张师傅装配的粘合方法。

7.3.3 排列图法

排列图法，又称主次因素分析法或帕雷托图，它是找出影响产品质量主要因素的一种简单而有效的图表方法。排列图是根据“关键的少数和次要的多数”的原理而制作的,也就是将影响产品质量的众多影响因素按其对质量影响程度的大小,用直方图形顺序排列,从而找出主要因素。其结构是由两个纵坐标和一个横坐标、若干个直方形和一条折线构成。左侧纵坐标表示不合格品出现的频数(出现次数或金额等),右侧纵坐标表示不合格品发生的累积频率百分数,横坐标表示影响质量的各种因素,按影响大小顺序排列,直方形高度表示相应的因素的影响程度(即出现频率为多少),折线表示累计频率(也称帕雷托曲线,如图7-4所示)。依据累计百分比将影响因素分为三类:占0%~80%为*A*类因素,也就是主要因素;80%~90%为*B*类因素,是次要因素;90%~100%为*C*类因素,即一般因素。由于*A*类因素占存在问题的80%,此类因素解决了,质量问题大部分就得到了解决。

例3 前进轴承厂加工车间加工的轴承套圈,第一季度有不合格品589件,其中平面加工不合格36件,内径371件,外径37件,内沟53件,外沟92件。按照分层统计的要求,将数据依大小排列,并计算出比率和累计比率,见表7-3。

表7-3 轴承套圈不合格品分布

工序	数量/件	比率/%	累计比率/%
内径	371	62.99	62.99
外沟	92	15.62	78.61
内沟	53	9.00	87.61
外径	37	6.28	93.89
平面	36	6.11	100.00
合计	589	100.00	100.00

在图7-4坐标系中,横坐标是影响产品质量的因素,按各工序产生废品的多少(频数)依次排列,左边纵坐标是不合格品发生件数(频数),每一直方柱子表示产生废品的件数,右边纵坐标是不合格品发生的累积频率百分数。按累积频率画出的曲线,即帕雷托曲线。很明显,产生不合格品的主要因素是内径(62.99%)和外沟(15.62%),因为这两个原因(*A*类因素)直接导致了78.61%的不合格品。

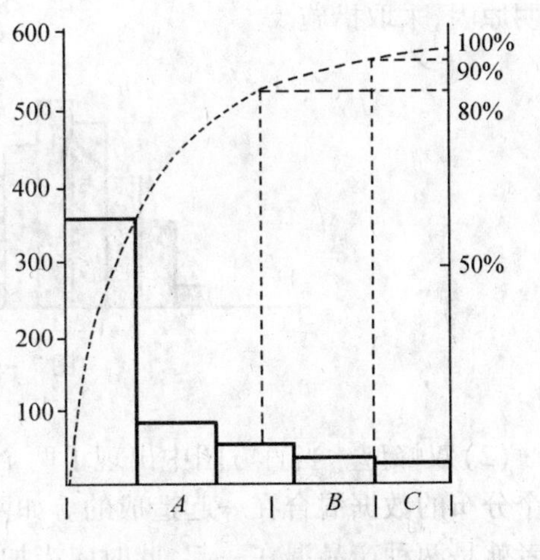

图7-4 帕雷托曲线

7.3.4 直方图法

直方图又称质量分布图、柱状图,它是表示质量变化情况的一种主要工具。用直方图可以比较直观地看出产品质量特性的分布状态,便于判断其总体质量分布情况。

1. 直方图绘制方法

(1)集中和记录数据,求出其最大值和最小值。数据的数量应在100个以上,在数量不多的情况下,至少也应在50个以上。我们把分成组的个数称为组数,每一个组的两个端点的差称为组距。

(2)将数据分成若干组。分组的数量在6~20之间较为适宜。

(3)计算组距的宽度。用最大值和最小值之差去除组数,求出组距的宽度。

(4)计算各组的界限位。各组的界限位可以从第一组开始依次计算,第一组的下界为最小值减去最小测定单位的一半,第一组的上界为其下界值加上组距。第二组的下界限位为第一组的上界限值,第二组的下界限值加上组距,就是第二组的上界限位,依此类推。

(5)统计各组数据出现频数,作频数分布表。

(6)作直方图。以组距为底长,以频数为高,作各组的矩形图。

正常型直方图呈正态分布状,形状是中间高、两边低,左右近似对称,如图7-5所示。

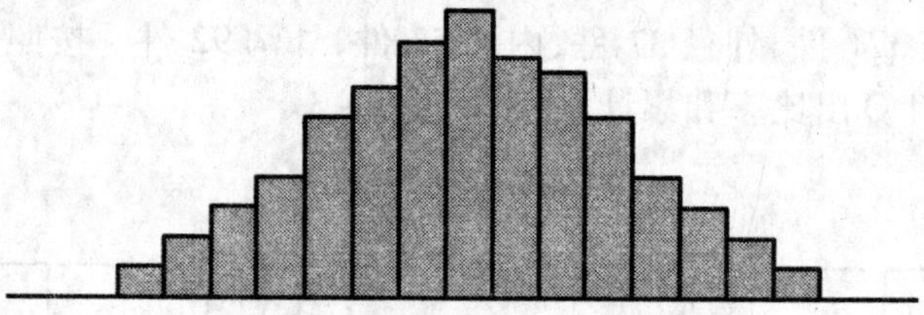

图7-5　正常型直方图

2. 直方图的类型

如果根据实际资料绘出的图不是正态分布直方图,则说明工序质量不稳定,易出现不合格品。异常型直方图种类则比较多,所以如果是异常型,还要进一步判断它属于哪类异常型,以便分析原因,加以处理。比较常见的有以下几种类型:

(1)孤岛型。在直方图旁边有孤立的小岛出现,如图7-6所示。当这种情况出现时说明生产过程中有异常原因,如原料发生变化,不熟练的新工人替人加班,测量有误等,应及时查明原因,采取措施。

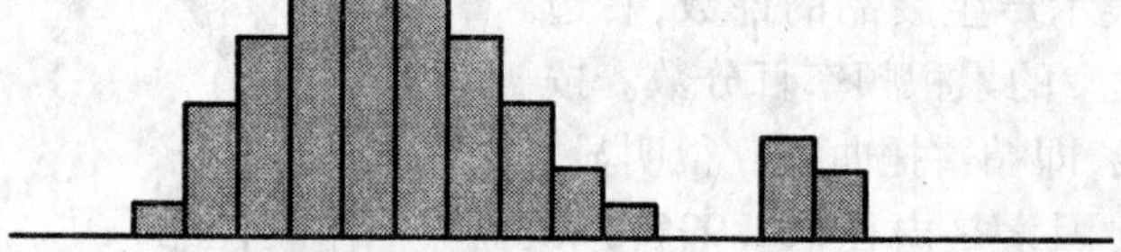

图7-6　孤岛型直方图

(2)双峰型。当直方图中出现了两个峰,如图7-7所示,是由于观测值来自两个总体、两个分布的数据混合在一起造成的。如两种有一定差别的原料所生产的产品混合在一起,或者就是两种产品混在一起,此时应当加以分层。

(3)锯齿型。当直方图出现凹凸不平的形状,如图7-8所示,是由于作图时数据分组太多,测量仪器误差过大或观测数据不准确等造成的,此时应重新收集数据和整理数据。

(4)陡壁型。当直方图像高山的陡壁向一边倾斜时,如图7-9所示,通常表现在产品质量较差时,为了符合标准,对产品进行全数检查,以剔除不合格品。当用剔除了不合格品的产品数据作频数直方图时就容易产生这种陡壁型,这是一种非自然形态。

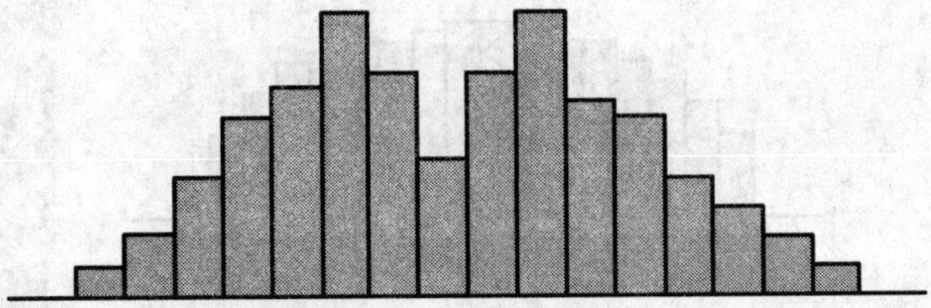

图 7-7 双峰型直方图

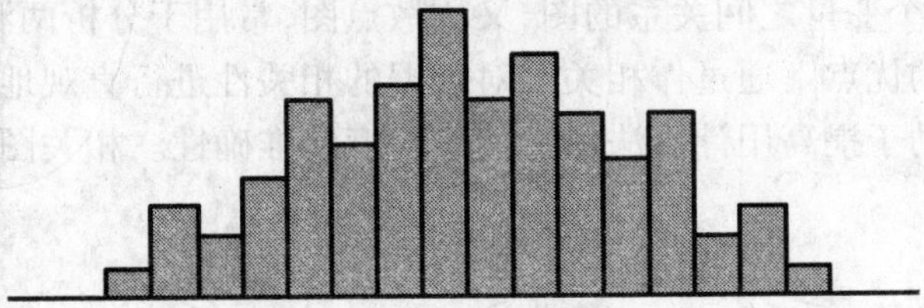

图 7-8 锯齿型直方图

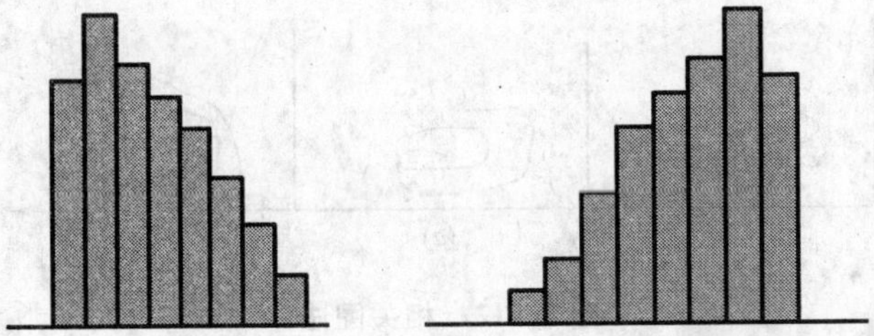

图 7-9 陡壁型直方图

(5)偏态型。偏态型直方图是指图的顶峰有时偏向左侧、有时偏向右侧,如图 7-10 所示。由于某种原因使下限受到限制时,容易发生偏左型;由于某种原因使上限受到限制时,容易发生偏右型。

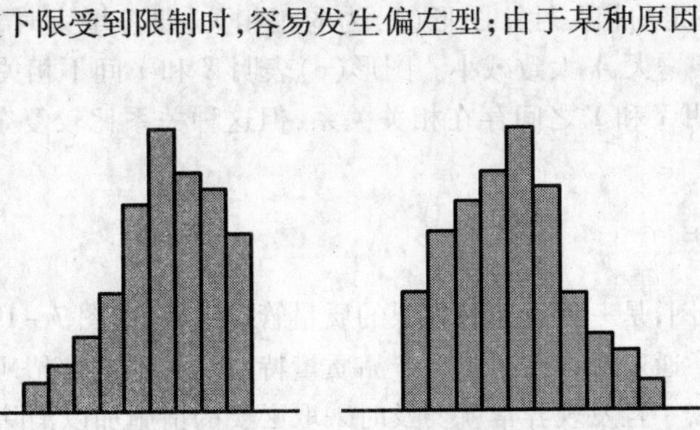

图 7-10 偏态型直方图

(6)平顶型。直方图没有突出的顶峰,呈平顶型,如图 7-11 所示。形成这种情况一般有三种原因:①与双峰型类似,由于多个总体、多总分布混在一起;②由于生产过程中某种缓慢的倾向在起作用,如工具的磨损、操作者的疲劳等;③质量指标在某个区间中均匀变化。

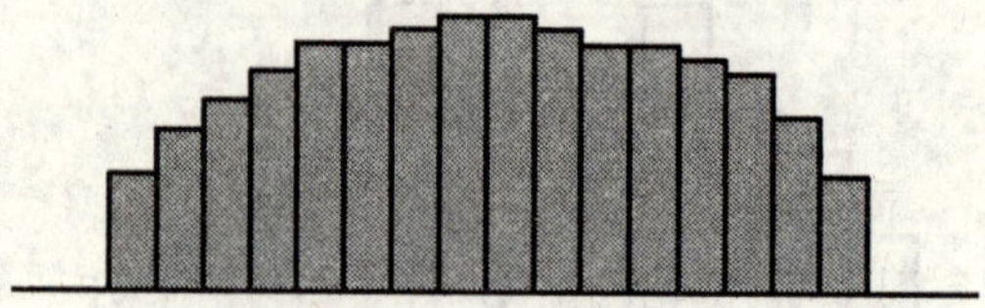

图 7-11　平顶型直方图

7.3.5　相关图法

相关图是表示两个变量之间关系的图，又称散点图，常用于分析两测定值之间的相关关系，它具有直观简便的优点。通过作相关图对数据的相关性进行直观地观察，不但可以得到定性的结论，而且有助于提高用计算法估算相关程度的准确性。相关图法如图 7-12 所示。

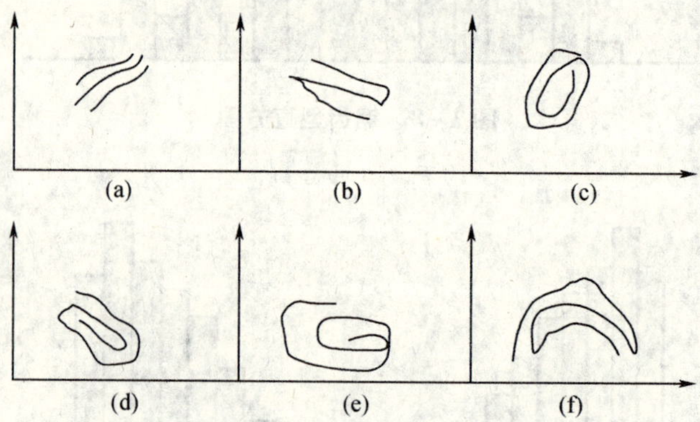

图 7-12　相关图法

图形(a)和(b)表明 X 和 Y 之间有强的相关关系，且图形(a)表明是强正相关，即 X 大时，Y 也显著增大；图形(b)表明是强负相关，即 X 增大时，Y 却显著减小。图形(c)和(d)表明 X 和 Y 之间存在一定的相关性。图形(c)为弱正相关，即 X 增大时，Y 也大体增大；图形(d)为弱负相关，即 X 增大，Y 大致减小。图形(e)表明 X 和 Y 间不相关，X 变化对 Y 没有什么影响。图形(f)表明 X 和 Y 之间存在相关关系，但这种关系比较复杂，是曲线相关，而不是线性相关。

7.3.6　控制图法

控制图又称管理图，是一种带控制界限的质量管理图表，如图 7-13 所示。它由休哈特于 1924 年首先提出。通过观察控制图上产品质量特性值的分布状况，可以分析和判断生产过程是否发生了异常，一旦发现异常就要及时采取必要的措施加以消除，使生产过程恢复稳定状态，也可以应用控制图使生产过程达到统计控制的状态。

在产品生产过程中，质量会出现波动，质量波动可分为正常波动和异常波动两类。正常波动是在生产过程中经常存在的因素起作用的结果，不必加以控制。异常波动是在生产过程中不经常起作用的因素影响的结果，如原材料规格不符，机床震动过大，刀具过度磨损和工人操作不遵守操作规程等。生产过程中一旦出现这些因素，就必然使产品质量特征值发

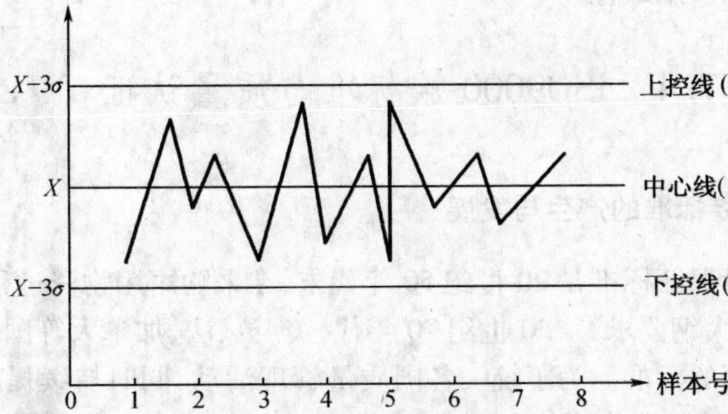

图7-13 控制图法

生显著的变化，甚至出现废品。运用控制图法对工序的质量进行控制，主要是控制质量的异常波动，使生产过程始终处于稳定的可控状态。

控制图由纵坐标（表示质量特征）、横坐标（表示样本号）、中心线（CL）、控制上限（UCL）和控制下限（LCL）组成。制作控制图一般要经过以下几个步骤：

（1）按规定的抽样间隔和样本大小抽取样本。

（2）测量样本的质量特性值，计算其统计量数值。

（3）在控制图上描点。

（4）判断生产过程是否正常。如果点落在控制界之内，排列无缺陷，表明生产过程正常，未产生不合格品；如果点越出控制界限，或点虽没跳出控制界限，但排列有缺陷，则表明会出质量问题，必须及时查明原因并予以消除。有下列情况，称为排列有缺陷：

①点在中心线的一侧连续出现7次以上；

②连续7个以上的点子上升或下降；

③点子在中心线一侧多次出现，如连续11个点中，至少有10个（可以不连续）在中心线的同一侧；

④连续3个点，有2个（可以不连续）接近控制线；

⑤点呈周期性的变动。

控制图中的控制界限是判明生产过程是否出现质量异常波动的基础。它是根据“三倍标准偏差法”来确定的，即把中心线定在被控制对象的平均值上，然后以中心线向上3倍标准偏差作为控制上限，向下3倍标准偏差作为控制下限。在生产过程中，如果没有引起异常质量波动的因素出现，工序处于稳定（被控）状态，产品的质量特性服从正态分布，即99.7%的数值点落在控制界限内，只有3‰落在界外。因此，在有限次数的检测打点中，一旦有一个点跳出控制界限，则可以判断此时工序状态发生了异常变化，需立即查明。这样做，出差错的可能性仅有3‰，这也称为控制图的“千分之三法则”。

7.3.7 统计分析表

统计分析表就是利用统计表对数据进行整理和初步分析原因的一种常用图表，其格式可以根据产品和工序的具体要求来灵活确定。这种方法简单，但是很实用、很有效。

常用的统计表主要有：缺陷位置调查表，不良品原因统计表等。在实际生产中，统计分析表同分层法结合使用效果最佳。

7.4 ISO9000 族标准与质量认证

7.4.1 ISO9000 族标准的产生与发展

世界上最早的质量保证标准是 20 世纪 50 年代末,在采购军用物资过程中,美国颁布的 MIL - Q - 9858A《质量大纲要求》。20 世纪 70 年代,美、英、法、加拿大等国先后颁发了一系列质量管理和保证方面的标准。为了统一各国质量管理活动,同时持续提高提供产品的组织的质量管理体系,国际标准化组织(International Organization for Standards, 简称 ISO)于 1979 年成立了质量管理和质量保证技术委员会 TC176 (即 ISO 中第 176 个技术委员会),专门负责制定质量管理和质量保证标准。在各国专家努力的基础上,国际标准化组织在 1987 年正式颁布 ISO9000 系列标准(9000 - 9004)的第一版。ISO9000:1987 很快在工业界得到广泛的承认,被各国标准化机构所采用,它包括 6 项标准:

ISO8402:1987《质量——术语》标准;

ISO9000:1987《质量管理和质量保证标准——选择和使用指南》;

ISO9001:1987《质量体系——设计开发、生产、安装和服务的质量保证模式》;

ISO9002:1987《质量体系——生产和安装的质量保证模式》;

ISO9003:1987《质量体系——最终检验和试验的质量保证模式》;

ISO9004:1987《质量管理和质量体系要素——指南》。

ISO 质量管理和质量保证技术委员会于 1990 提出《90 年代国际质量标准的实施策略》(国际通称《2000 年展望》),第一阶段进行了局部的有限修改,完成 1994 版 ISO9000 族标准,第二阶段在总体结构和技术内容方面进行全新修改,于 2000 年 12 月 15 日正式发布 2000 版 ISO9000 族标准。ISO9000:2008 版标准于 2008 年 10 月 31 日正式发布实施。

中国是 ISO 的正式成员,代表中国的组织为中国国家标准化管理委员会(Standardization Administration of China,简称 SAC)。现已有 90 多个国家和地区将 ISO9000 标准等同转化为国家标准,其中包括所有的欧洲联盟和欧洲自由贸易联盟国家、日本和美国。有 50 多个国家建立了国家质量体系认证/注册机构,开展了第三方认证和注册工作。

ISO9000 制定出来的国际标准除了有规范的名称之外,还有编号,编号的格式是:ISO + 标准号 + [杠 + 分标准号] + 冒号 + 发布年号(方括号中的内容可有可无),例如,ISO8402:1987、ISO9000 - 1:1994 等,分别是某一个标准的编号。

7.4.2 ISO9000:2000 标准的结构

1. 核心标准

(1)ISO9000:2000《质量管理体系——基础和术语》。该标准表述了 ISO9000 族标准中介绍了质量管理体系的基础知识,八项质量管理原则,十二项质量管理体系基础,并确定了相关的术语。

其中,八项质量管理原则为:

①以顾客为关注焦点——把顾客的满意作为核心驱动力;

②领导作用——以强有力的方式全面推行;

③全员参与——保证所有人员的工作都纳入到标准体系中去；

④过程方法——通过对每项工作的标准维持来保证总体质量目标的实现；

⑤管理的系统方法——使每一部门，每一岗位和每一项工作都纳入到一个有机的总体中去；

⑥持续改进——使 ISO9000 体系成为一项长期的行之有效的质量管理措施；

⑦基于事实的决策方法——使标准体系更具有针对性和可操作性；

⑧与供方互利的关系——将本企业标准体系的要求传达到上游供应商，并通过上游供应商的标准体系加以保证。

(2) ISO9001：2000《质量管理体系——要求》。该标准规定了对质量管理体系的要求，供组织需要证实其具有稳定地提供满足顾客要求和适用法律法规要求产品的能力时使用。组织可通过体系的有效应用，包括持续改进体系的过程及确保符合顾客与适用法律法规要求，增强顾客满意度。该标准用于第三方认证。

(3) ISO9004：2000《质量管理体系——业绩改进指南》。该标准以八项质量管理原则为基础，帮助组织用有效和高效的方式识别并满足顾客和其他相关方的需求和期望，实现、保持和改进组织的整体业绩，从而使组织获得成功。

(4) ISO19011：2000《质量和环境管理体系审核——指南》。该标准对于质量管理体系和环境管理体系审核的基本原则、审核方案的管理、质量和环境管理体系审核的实施以及对质量和环境管理体系审核员的资格要求提供了指南。它适用所有运行质量和环境管理体系的组织，指导其内审和外审的管理工作。

2. 支持性标准和文件

支持性标准和文件见表 7－4。

表 7－4 支持性标准和文件

ISO08012	测量控制系统
ISO/TR08006	质量管理——项目管理质量指南
ISO/TR08007	质量管理——技术状态管理指南
ISO/TR08013	质量管理体系文件指南
ISO/TR08014	质量经济性管理指南
ISO/TR08015	质量管理——培训指南
ISO/TR08017	统计技术指南 质量管理原则 选择和使用指南 小型企业的应用

7.4.3 企业推行 ISO9000 的意义

企业通过 ISO9000 认证的好处就内部而言，可强化管理，提高人员素质和企业文化；就外部而言，可提升企业形象和市场份额。

(1) 强化品质管理，提高企业效益；增强客户信心，扩大市场份额。负责 ISO9000 品质体系认证的认证机构都是经过国家认可机构认可的权威机构，对企业的品质体系的审核是非常严格的。这样，对于企业内部来说，可按照经过严格审核的国际标准化的品质体系进行品质管理，真正达到法治化、科学化的要求，极大地提高工作效率和产品合格率，迅速提高企业的经济效益和社会效益。对于企业外部来说，当顾客得知供方按照国际标准实行管理，拿到了 ISO9000 品质体系认证证书，并且有认证机构的严格审核和定期监督，就可以确信该企业能够稳定地提供合格产品或服务，从而放心地与企业订立供销合同，扩大了企业的市场占有率。

(2)有助于消除国际贸易壁垒。随着全球经济一体化进程的加速和不可逆性，越来越多的企业家意识到市场竞争的规则在逐步统一。ISO9000 族标准已经成为全球企业在质量控制上的基本要求，要取得国际市场甚至国内市场的准入证，就必须踏进质量认证这道门槛。许多国家为了保护自身的利益，设置了种种贸易壁垒，包括关税壁垒和非关税壁垒。其中非关税壁垒主要是技术壁垒，技术壁垒中又主要是产品品质认证和 ISO9000 品质体系认证的壁垒。特别是世界贸易组织内，各成员国之间相互排除了关税壁垒，只能设置技术壁垒。我国“入世”以后，大量贸易都有可能遭遇上述技术壁垒，应该引起企业界的高度重视。

(3)节省了第二方审核的精力和费用。在现代贸易实践中，第二方审核早就成为惯例，其存在很大的弊端：一个组织通常要为许多顾客供货，第二方审核无疑会给组织带来沉重的负担；另一方面，顾客也需支付相当的费用，同时还要考虑派出或雇佣人员的经验和水平问题，否则，支付费用也达不到预期的目的。ISO9000 认证可以排除这样的弊端。因为作为第一方申请了第三方的 ISO9000 认证并获得了认证证书以后，众多第二方就不必要再对第一方进行审核，这样，不管是对第一方还是对第二方都可以节省很多精力或费用。此外，如果企业在获得了 ISO9000 认证之后，再申请 UL，CE 等产品品质认证，还可以免除认证机构对企业的质量管理体系进行重复认证的开支。

(4)有效地避免产品责任。实践中，由于客户对产品品质的投诉越来越频繁，事故原因越来越复杂，追究责任也就越来越严格。尤其是近几年，发达国家都在把原有的“过失责任”转变为“严格责任”法理，对制造商的安全要求提高很多。例如，工人在操作一台机床时受到伤害，按“严格责任”法理，法院不仅要看该机床机件故障之类的品质问题，还要看其有没有安全装置，有没有向操作者发出警告的装置等。法院可以根据上述任何一个问题判定该机床存在缺陷，厂方便要对其后果负责赔偿。但是，按照各国产品责任法，如果厂方能够提供 ISO9000 品质体系认证证书，便可免赔，否则要败诉且要受到重罚。随着我国法治的完善，企业界应该对此高度重视，尽早防范。

(5)在产品品质竞争中永远立于不败之地。国际贸易竞争的手段主要是价格竞争和品质竞争。由于低价销售的方法不仅使利润锐减，如果构成倾销，还会受到贸易制裁，所以，价格竞争的手段越来越不可取。20 世纪 70 年代以来，品质竞争已成为国际贸易竞争的主要手段，不少国家把提高进口商品的品质要求作为限入奖出的贸易保护主义的重要措施。实行 ISO9000 国际标准化的品质管理，可以稳定地提高产品品质，使企业在产品品质竞争中立于不败之地。

(6)有利于国际间的经济合作和技术交流。按照国际间经济合作和技术交流的惯例，合作双方必须在产品(包括服务)品质方面有共同的语言、统一的认识和共守的规范，方能进行合作与交流。ISO9000 质量管理体系认证正好提供了这样的信任，有利于双方迅速达成协议。

(7)强化企业内部管理,稳定经营运作,减少因员工辞职造成的技术或质量波动。

(8)提高知名度和声誉。第三方认证的方式和特点,使企业的知名度及声誉得以大大提高,特别是国际互认的实现,更使企业的这种无形资产通过ISO9000质量体系认证充分升值,长远效益不可限量。

7.4.4 质量认证的含义和分类

1. 质量认证的含义

质量认证(Conformity Certification),又称合格认证。ISO/IEC指南2:1991中,对“认证”的定义是“由可以充分信任的第三方证实某一经鉴定的产品或服务符合特定标准或规范性文件的活动。”也就是说,对第一方(供方或卖方)生产的产品甲,第二方(需方或买方)无法判定其质量是否合格,而由第三方来判定。第三方既要对第一方负责,又要对第二方负责,不偏不倚,出具的证明要能获得双方的信任。这就要求第三方必须有绝对的权力和威信,必须独立于第一方和第二方之外,与第一方和第二方没有经济上的利害关系,或者有同等的利害关系,或者有维护双方权益的义务和责任。因此,第三方一般都由政府部门直接担任,或者由其认可的部门或组织担任,这些部门或组织就是所谓的“认证机构”。

2. 质量认证的分类

质量认证按认证的对象分为产品质量认证和质量体系认证两类。

(1)产品质量认证。在认证制度产生之前,卖方(第一方)为了推销其产品,通常采用“产品合格声明”的方式来博取顾客(第二方)的信任。这种方式在产品简单,不需要专门的检测手段就可以直观判别优劣的情况下是可行的。但是,随着科学技术的发展,产品品种日益增多,产品的结构和性能日趋复杂,仅凭买方知识和经验很难判断产品是否符合要求;加之卖方的“产品合格声明”并不总是可信的,这种方式的信誉和作用就逐渐下降。这种情况下,产品质量认证制度也就应运而生。

产品质量认证的对象是特定产品包括服务。认证的依据或者说获准认证的条件是产品(服务)质量要符合指定的标准的要求,质量体系要满足指定质量保证标准要求,证明获准认证的方式是通过颁发产品认证证书和认证标志,其认证标志可用于获准认证的产品上。产品质量认证又有两种:一种是安全性产品认证,即依据标准中的性能要求进行认证,它通过法律、行政法规或规章规定强制执行认证,如输美产品的UL认证、输欧产品的CE认证等均属安全认证;另一种是合格认证,即依据标准中的安全要求进行认证,属自愿性认证,其自愿性体现在:企业自愿决策是否申请质量认证;企业自愿选择由国家认可的认证机构,不应有部门和地方的限制;企业自主选择认证的标准依据。

(2)质量体系认证。质量管理体系认证是依据国际通用的质量和质量管理标准,经国家授权的独立认证机构对组织的质量体系进行审核,通过注册及颁发证书来证明组织的质量体系和质量保证能力符合要求。

质量体系认证的对象是企业的质量体系,或者说是企业的质量保证能力。认证的根据或者说获准认证的条件,是企业的质量体系应符合申请的质量保证标准和必要的补充要求。获准认证的证明方式是通过颁发具有认证标记的质量体系认证证书,但证书和标记都不能在产品上使用。质量体系认证都是自愿性的。质量体系认证通常以ISO9000族标准为依据,也就是经常提到的ISO9000质量体系认证。质量体系认证证书如图7-14所示。

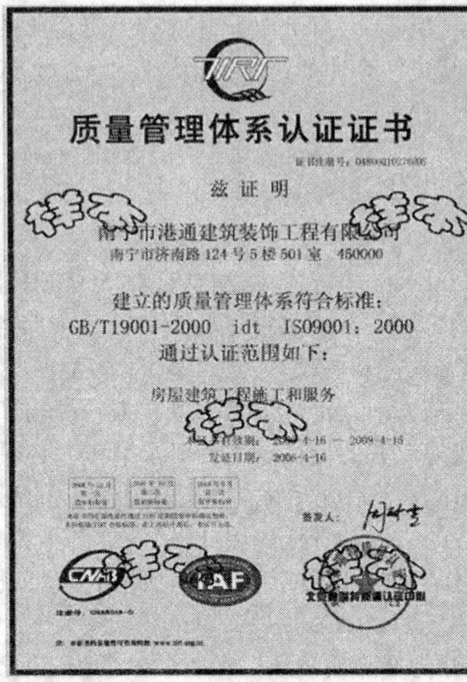

图7-14 质量管理体系认证证书

7.4.5 质量体系认证流程

质量体系认证大体可分为两个阶段：一是认证的申请和评定阶段，其主要任务是受理申请并对申请方质量体系进行检查、评价，决定是否批准认证和予以注册，并颁发证书；二是对获准认证的供方质量体系进行监督管理阶段，其目的是使获准认证的供方质量体系在认证有效期内持续符合相应质量体系标准的要求。

(1)认证申请。申请人提交一份正式的应由其授权代表签署的申请书。申请书或其附件应包括：

①申请方简况，如组织的性质、名称、地址、法律地位以及有关人力和技术资源；

②申请认证的覆盖的产品或服务范围；

③法人营业执照复印件，必要时提供资质证明、生产许可证复印件；

④咨询机构和咨询人员名单；

⑤最近一次国家产品质量监督检查情况；

⑥有关质量体系及活动的一般信息；

⑦申请人同意遵守认证要求，提供评价所需要的信息；

⑧对拟认证体系所适用的标准其他引用文件说明。

(2)签订合同。申请单位接受报价后正式填写申请表。认证机构收到申请表后签订提供认证服务的合同，随后指定项目负责人(审核组长)并通知客户。

(3)文件审查。客户将正式发布的质量手册送交认证机构，由审核组长作文件审查，并将审查结果书面告知客户。如有不符再送交认证机构，直到符合标准要求.

(4)现场初访。了解客户管理基础状况，确定是否可以进行现场审核，商定现场审核计划。必要时可抽取一些要素作预审,以加深了解。但此类预审只作评价不提建议。

(5)现场审核。认证机构派出审核组按计划进行现场审核,审核要求覆盖申请认证的全部范围及所要求标准的全部要素,用抽样方式进行。现场审核将对发现的不合格项开出不合格报告,并要求实施纠正。现场审核结束后将给予书面的审核报告,现场审核结束会议上将口头报告审核结果,告知是否推荐认证通过,然后将全面审核报告送受审方及认证机构项目主管。

(6)纠正措施。对审核中提出的不合格项,都必须实施纠正措施。对推荐通过的客户,可以不到现场跟踪纠正措施的实施,也可以在实施后到现场跟踪查核一次。对不推荐通过的单位,要求整改完成后进行复查。根据问题涉及面的大小,复查可能针对几个要素,也可能是全部要素。复查工作按实际工作另行收费。

(7)核准发证。认证机构项目主管负责审查由审核组长送交的审核报告,认证机构主任负责批准认证通过,认证机构项目管理部门负责颁发由审核组长及认证机构主任签署的认证证书,证书有效期为三年.

(8)证后监督。第一次证书有效期内每年监查两次,三年期满换证后每年监查一次。获证单位的法人代表、组织结构、生产方式或覆盖产品范围等如有变化,应及时通知认证机构,必要时认证机构将派员复查或增加监查次数。

复习思考题:

1. 简述质量的含义。
2. 简述全面质量管理概念和特征。
3. 简述 ISO9000:2000 标准的结构。
4. 论述企业推行 ISO9000 的意义。

案例分析题:

6 西格玛(6σ,6sigma)管理

"为什么要开展6西格玛管理?"摩托罗拉的回答是:"为了生存"。20世纪70年代到80年代,摩托罗拉在同日本的竞争中失掉了收音机和电视机的市场,后来又失掉了BP机和半导体的市场。1985年,公司面临倒闭。一个日本企业在20世纪70年代并购了摩托罗拉的电视机生产公司。经过日本人的改造后,很快投入了生产,并且不良率只有摩托罗拉管理时的1/20。他们使用了同样的人员、技术和设计,显然问题出在摩托罗拉的管理上。在市场竞争中,严酷的生存现实使摩托罗拉的高层接受了这样的结论:"我们的质量很臭"。在其CEO Bob Galvin领导下,摩托罗拉开始了6西格玛质量之路。今天,摩托罗拉已成为世界著名品牌,1998年,摩托罗拉公司获得了美国鲍德理奇国家质量管理奖。他们成功的秘密就是6西格玛质量之路,是6西格玛管理使摩托罗拉从濒临倒闭发展到当今世界知名的质量与利润领先公司。

继摩托罗拉之后,另一个成功实施6西格玛管理的公司是联信公司,其CEO Mr. Larry Bossidy将6西格玛方法与文化变革的软工具结合,发展了6西格玛管理的内涵并取得了成功。从1994年开始推行6西格玛,到1999年获得了以下成就:

(1)推行6西格玛的收益累积超过20亿美元;

(2)利润率超过14%(1999年);

(3)成为市值增长最快的企业。

1996年,GE公司在CEO Mr. Jack Welch的领导下开始了6西格玛管理,并成为GE的三大战略之一。Jack Welch说:“6西格玛管理是GE从来没有经历过的最重要的发展战略”。与摩托罗拉和联信公司不同的是,GE将6西格玛管理扩展到制造活动之外的过程,包括服务与工作过程,取得了非常显著的成就:

(1)推行6西格玛节约的成本收益3亿美元(1997年)、7.5亿美元(1998年)、20亿美元(1999年);

(2)利润率从13.6%(1995年)提高到16.7%(1998年);

(3)市值突破30 000亿美元。

Jack Welch先生为GE制定的三大发展战略:6西格玛、产品服务、全球化,使GE成为全球最大、最成功的多元化经营的跨国集团。

注:在以缺陷率计量质量特性时,用“σ”(西格玛)度量缺陷率。6西格玛质量表示质量特性的缺陷率仅为3.4 ppm,即每百万次生产和服务过程中仅出现不到3.4次失误。

思考与讨论:

结合案例,讨论质量管理的重要性。

实训课题:

1. 搜集2~3个不同产品的产品说明书,并结合产品本身,试描述产品质量。
2. 上网查找ISO9000:2000标准和ISO9000:2008标准,试分析两者不同之处。

模块八 企业技术管理

★**知识目标**：熟悉技术的内涵和类型；

掌握企业技术管理的内容和任务；

熟悉技术引进、改造、创新的内涵及具体途径；

理解价值工程的内容及工作程序；

把握新产品开发的策略、形式与程序。

★**技能目标**：掌握技术管理的方法；

能够进行新产品开发的规划与组织。

引导案例：

洗衣机市场的领军人物——海尔始终坚持质量、服务、价格“三不打折”，以一系列高科技洗衣机新产品不断满足用户的潜在需求，在市场上备受消费者青睐。

海尔洗衣机通过加快创新的步伐，在技术上与国外品牌已没什么差距，而国内洗衣机企业系统完善的销售网络以及特色性产品的开发与国外企业相比还占有一定的优势。中国的洗衣机生产厂家，如海尔，其科技、质量、性能、服务在用户中已形成较高的产品定位。作为目前全球唯一一家可同时规模生产亚洲波轮式、欧洲滚筒式、美洲搅拌式洗衣机的生产企业，海尔洗衣机的产品品种从 1.5 kg 到 10 kg，每递增 0.2 kg 就有一款产品，以其突出的整体优势为其满足全球范围内消费者的个性化需求奠定了坚实的基础。

在产品开发中，海尔利用自己的技术优势，创新性地将波轮洗衣机技术应用于滚筒洗衣机，将滚筒洗衣机技术应用于波轮洗衣机，兼取二者之长，不但在技术上取得了飞跃性的突破，而且研制开发出的个性化产品在以滚筒洗衣机为主的欧洲市场和以波轮洗衣机为主的亚洲市场，均受到了消费者的热烈欢迎，应该说，出口量全国第一、市场占有率一直高居榜首的海尔洗衣机，技术创新和个性产品层出不穷是其市场始终领先的最主要原因之一。据不完全统计，中国洗衣机行业近几年来申报的国家专利海尔占了约 58%，即全国洗衣机市场的新产品近一半是海尔投放的。海尔洗衣机还入选了世界优秀专利技术成果精品库，其中“手搓式”洗衣机等许多创新产品还在国际发明展览会上获得大奖，标志着我国优秀的产品和专利正在世界范围内受到关注并得到认可。

企业是技术竞争的主角，自然也是技术研发的主角。在市场经济条件下，企业“要么创新,要么灭亡”,别无选择。为了在激烈的市场竞争中立于不败之地,企业必须具备核心竞争能力。因此,企业家必须花巨资建立自己的技术中心,吸引高水平的科研人员,从事开创性的研究工作。

8.1 企业技术管理概述

8.1.1 技术的概念

“技术”一词源自希腊文,原意为“应用科学”或“实现特定目标的科学方法”。这个词在不同的研究领域中含义不尽相同。在企业管理领域中,技术被视为把科学知识转化为产品的手段。国际工业产权组织对“技术”做了一个具体的定义:技术是制造一种产品或提供一项服务的系统的知识。这种知识可能是一项产品或工艺的发明、一项外形设计、一种实用新型、一种动植物新品种,也可能是一种设计、安排、维修和管理的专门技能。

8.1.2 技术的类型

根据不同的特征,可以将技术分成不同的类型。

1. 按技术的功能,可分为以下类型:

(1)产品技术。产品技术指技术被用来改变一项产品的特性,包括新产品的开发和对现有产品局部的改进或增加一部分功能。

(2)生产技术。生产技术指技术被用于产品的制造过程,可以是一项新工艺、新的生产流程、新的加工设备和手段等。

(3)管理技术。管理技术指管理思想、管理理念、管理方法与管理技能,或者对整个企业管理流程的全方位改造。

2. 按技术的生产要素特征,可分为以下类型:

(1)劳动密集型技术。劳动密集型技术指生产过程中所投入的劳动成本比资本多的技术。

(2)资本密集型技术。资本密集型技术指生产过程中所投入的资本比劳动成本多的技术。

3. 按技术产权特征,可分为以下类型:

(1)公有技术。即公开技术,是人类社会的公有财产,任何人都可以无偿使用。比如,超过一定期限的专利技术。

(2)私有技术。私有技术指拥有人可以申请专利,受法律保护的技术,超过一定期限成为公有技术。私有技术也可不申请专利,只要保密措施得当就可以长期拥有。

8.1.3 企业技术管理的概念及内容

1. 企业技术管理的概念

现代企业技术管理就是依据科学技术工作规律,对企业的科学研究和全部技术活动进行的计划、协调、控制和激励等方面的管理工作。

企业技术管理是企业管理系统的一个子系统,是对企业的技术开发、产品开发、技术改造、技术合作以及技术转让等进行计划、组织、指挥、协调和控制等一系列管理活动的总称。

企业技术管理的目的是按照科学技术工作的规律性，建立科学的工作程序，有计划地、合理地利用企业技术力量和资源，把最新的科技成果尽快地转化为现实的生产力，以推动企业技术进步和经济效益的实现。

2. 企业技术管理的内容

企业技术管理的内容主要有：

(1)进行科学技术预测，制订规划并组织实施；

(2)改进产品设计，试制新产品；

(3)制定和执行技术标准，进行产品质量的监督检验；

(4)组织信息交流；

(5)建立健全技术操作规程；

(6)技术改造、技术引进和设备更新；

(7)作好生产技术准备和日常技术管理；

(8)做好技术经济的论证工作。

8.1.4 企业技术管理的任务

企业技术管理的任务主要是推动科学技术进步，不断提高企业的劳动生产力和经济效益。

1. 正确贯彻执行国家的技术政策

技术政策是国家根据现代企业生产的发展和客观需要，根据科学技术原理制定的，是指导企业各种技术工作的方针政策。企业许多技术问题和经济问题的解决都离不开国家的有关技术政策。我国现代企业的技术政策很多，主要包括产品、质量标准、工艺规程、技术操作规程、检验制度等，其中，产品的质量标准是最重要的。

2. 建立良好的生产技术秩序，保证企业生产的顺利进行

良好的生产技术秩序是保证企业生产顺利进行的必要前提。企业要通过技术管理，使各种机器设备和工具经常保持良好的技术状况，为生产提供先进合理的工艺规程，并要严格执行生产技术责任制和质量检验制度，及时解决生产中的技术问题，从而保证企业的生产顺利进行。

3. 提高企业的技术水平

现代企业要通过各种方式和手段，提高工人和技术人员的技术素质，对生产设备、工艺流程、操作方法等不断进行挖潜、革新和改造，推广行之有效的生产技术经验；努力学习和采用新工艺、新技术，充分发挥技术人员和工人的作用，全面提高所有生产人员的科学文化水平和技术水平，以加速企业的现代化进程。

4. 保证安全生产

操作工人和机器设备的安全是现代企业生产顺利进行的基本保证，也是社会主义制度的一个基本要求。如果企业不能确保生产的安全，工人的人身安全和健康就不能得到保证，国家的财产就会遭受损失，企业的生产经营活动也会受到极大影响，所以说，安全就是效益。企业生产的安全应靠企业上下各方面的共同努力，从技术上采取有力措施，制定和贯彻安全技术操作规程，从而保证生产安全。

5. 广泛开展科研活动，努力开发新产品

在市场经济中，现代企业必须及时生产出符合社会需求的产品，才能取得相应的经济效

益。这就要求企业必须发动广大技术人员和工人,广泛开展科学研究活动,努力专研技术,积极开发新产品,不断满足需求,开拓新市场。

8.2 技术引进

技术引进有广义和狭义之分。广义的技术引进是指对包含先进技术的产品和知识的引进。比如,通过购买机器和成套设备来引进先进技术。狭义的技术引进专指技术知识的引进,包括专利、专有技术、商标的使用权的转让,或以咨询、培训技术人员等技术协助的方式传授技术知识,以及科研合作等。通过产品引进先进技术往往不能充分学到关键技术,随着经济的发展,我国的技术引进应逐渐过渡到以技术知识引进为主的模式上来。

8.2.1 技术引进的必要性

技术引进的远期目标是根本上消除本国、本单位与国外、其他企业在技术方面差距,提高本国、本单位的技术水平;近期的目标则是从生产需要出发,填补技术空白。

(1)优势互补是技术进步的必然结果。当代技术发展的一个重要特点是技术既向纵深发展又向边缘发展,技术种类繁多、错综复杂,任何国家不可能在所有领域保持技术领先,通过技术引进,资源利用更趋于合理。

(2)节约技术开发的时间,缩小技术差距。

(3)节约技术开发的资金。

日本从1955年到1970年间,引进了60亿美元的先进技术,既赢得了30年的时间,又节省了大量投资,这些先进技术为战后日本经济的腾飞奠定了雄厚的技术基础。可见,引进技术确实是发展经济推动技术进步的一条捷径。

8.2.2 技术引进的内容

国际经验表明,技术引进可以使引进方迅速取得成熟的先进技术成果,不必重复别人已作过的科学研究和试制工作。它是世界各国互相促进经济技术发展必不可少的重要途径。技术引进的内容主要有以下几个方面:

(1)从国外引进工艺、制造技术,包括产品设计、工艺流程、材料配方、制造图纸、工艺检测方法和维修保养等技术知识和资料,以及聘请专家指导、委托培训人员等技术服务;

(2)引进技术的同时,进口必要的成套设备、关键设备、检测手段等;

(3)通过引进先进的经营管理方法,充分发挥所引进技术的作用,做到引进技术知识和引进经营管理知识并举;

(4)通过广泛的技术交流、合作以及学术交流活动、技术展览等,引进国外的新学术思想和科学技术知识;

(5)引进人才。

8.2.3 技术引进的途径

技术引进的途径很多,一般包括许可贸易、技术咨询服务、工程承包、合作生产、国际合资经营、补偿贸易等。

1. 许可贸易

这是最广泛和最主要的一种技术引进途径，指技术供应方与引进方就某项技术转移达成协议，通过签订许可合同的形式转让某项专利、专有技术或商标的使用权，允许被许可方按该项技术制造、使用和销售合同产品，并支付相应的技术费用给技术供应方作为报酬。

技术许可包括专利许可、商标许可、版权许可（包括计算机软件、数据库、音响和影视产品）等。在技术交易过程中，有时单独签订某一类型的许可合同，但在多数情况下，都是签订上述两种或三种类型的混合合同。

2. 技术咨询服务

技术咨询服务指技术提供方利用自己的技术、能力和经验，协助对方达到某种技术经济目的而进行合作，并取得一定报酬的一种技术贸易方式。目前国际上咨询费用一般为工程总值的2%~8%。技术咨询服务的范围广泛，它涉及各行各业的工程设计、管理技术、销售策略和商业服务等，如提供专家指导、人员培训、管理咨询等。

3. 工程承包

受方为了完成某项大型工程，可又缺乏必要的技术支持，于是受方委托供方按规定条件承包建设该项工程，在工程项目中提供工程项目的建设和全部技术工作。如工程设计、施工、提供机器设备并安装、提供技术、培训人员等。发展中国家常通过工程承包的方式引进发达国家的先进技术。

4. 合作生产

合作生产指技术引进方与技术供应方就某种产品的生产进行合作，由技术供应方提供并转让生产技术，提供一部分关键的机器设备或零部件；由技术引进方提供厂房、基础设施或者根据共同签订的协议，分别生产同一产品的不同零部件，由一方或双方装配成产品出售；或分别制造对方所需要的零部件，互相交换，各自组装成产品出售。双方的关系仅仅是合作不是合资，各自独立核算。相互之间的技术转让、设备引进、提供零配件、销售产品都是有偿的。

5. 国际合资经营

国际合资经营是指不同国家之间的公司、企业或其他经营组织共同投资兴办企业，各方除以现金进行投资外，还可以采取其他形式投资。东道国，特别是发展中国家，一般以厂房、土地使用权、原材料作价入股；外国投资者一般以技术（专利、专有技术、商标）、机器设备作价入股。以技术作价入股时，主要采取两种形式：一是将技术按许可交易方式转让给合营企业；二是将技术作为股本投资，使其在企业股本总额中占一定比例，同其他股本一样分享利润。

6. 补偿贸易

补偿贸易是用产品支付引进技术和设备贷款的一种贸易方式。技术引进方以借贷方式引进技术供应方的技术和设备，利用引进的技术和设备生产产品，在双方商定的期限内用所生产的产品分期偿还贷款的本金和利息。

8.2.4 技术引进中的几个问题

通过技术引进可以节约自行开发的时间和成本，也可以较快地投入生产并见到经济效益，但所引进的技术必须与国家的经济发展水平相一致，进行具体项目的选择时，要充分考虑以下几个问题：

1. 技术的先进性

所谓的先进技术是指超越本国、本行业、本企业当前的技术水平,符合该行业的发展方向和国家经济发展目标的技术。

2. 技术的经济性

技术的经济性是指以最小的投资获得最大的经济效益,即选择有利于资源的合理配置与规模经济的形成,并且与社会需求相适应的技术,以取得预期经济效益。技术的经济性表现在两个方面:一是引进技术所生产的产品适销对路,能给企业带来良好的经济效益;二是引进技术的性价比要高。淘汰技术自然不能引进,尖端技术赢利会更大,但价格自然就高,并且我们本身的配套技术和管理技术可能又跟不上,所以对技术的先进性要作全方位的分析

3. 技术的适用性

技术的适用性是指引进国引进的技术能够充分发挥该国现有的生产要素和自然资源的作用,使之得到最佳配置和最有效利用,以满足社会需要。世界银行对技术的适用性提出了四条衡量标准。

(1)目标的适用性。引进的技术是否有利于该国政策目标的实现。

(2)产品的适用性。该项技术的最终产品或提供的服务是否具有使用价值,是否能得到消费者的青睐,消费者有无能力购买。

(3)工艺过程的适用性。生产工艺是否有效地利用了投入的生产要素和资源。

(4)文化和环境的适用性。该项技术的生产工艺过程和产品是否符合引进国的环境和文化背景。

4. 技术的生产要素特征

西方工业化国家的资本资源比劳动力资源雄厚,在这些国家发展出来的技术带有资本密集的特征,而多数发展中国家劳动力资源比资本资源丰富,引进资本密集型技术显然和本国的资源特征不相适应。如何在技术引进上,扬劳动力资源优势之“长”,避资本资源劣势之“短”,是一个值得研究的问题。

8.3 技术改造

技术改造有丰富的内涵,大致内容包括:依托现有企业,以市场为导向,以产品为龙头,以工艺为基础,以节能耗、降低成本为重点,把采用国外先进技术和管理经验同原有企业物质技术和人才条件结合起来,把新产品开发、技术攻关、推广应用、国外新技术的引进,消化吸收和创新,以及质量、计量、标准、专利、情报、咨询、培训等各个环节一条龙地协调配套起来,形成综合能力,提高企业的经济效益。

8.3.1 技术改造的意义

1. 技术改造能有效地缓解资金、能源和原材料的供需矛盾,减轻通货膨胀的压力。

技术改造具有节能和增产的双重效果。相对于固定资产投资中的基本建设投资来说,技改投资具有投资少、周期短、效益高的特点,能有效地缓解资金短缺。技术改造也是降低能源和原材料消耗,摆脱其“瓶颈”制约的重要途径。利用现有技术对现有生产能力进行节能降耗的技术改造,至少可节能30%,而且其节能成本仅为开发新能源的65%。同时,对能

源和原材料生产进行技术改造,还可大大提高能源和原材料的生产能力。也正因如此,技术改造投资所引起的需求增长的压力要比基建投资所引起的增长的压力小得多,因而能在很大程度上抑制投资需求,减轻通货膨胀的压力。

2. 技术改造能有效地增加短线产品的供给能力,促进产品的升级换代,增强出口创汇能力。

技术改造采用国外先进的和适用的高新科技成果,从生产技术和经营管理两个方面对企业进行改造,能较快地提高企业的技术水平和生产能力,并能提高产品的质量,实现产品的更新换代,满足国内市场不断增长的需要同时还能减轻国内市场所受到的进口冲击,保护外汇收入的平衡。

8.3.2 技术改造的类型

技术改造的基本类型主要有机械设备的改造、生产工艺的改造、原材料和能源的改造、生产环境的改造四种。

1. 机械设备的改造

机械设备的改造主要有两项内容:一方面是采用新型的、技术性能更好的设备去更新技术上落后的设备;另一方面是利用先进的科学手段对企业的原有生产设备进行局部小范围的更新和性能、效率上的改进。

2. 生产工艺的改造

生产工艺的改造是运用新技术对加工制造的方法、技术与过程等进行改进和创新,它在提高企业生产效率和产品质量、减少生产消耗、降低成本等方面具有重要意义。

3. 原材料和能源的改造

原材料和能源的改造是改进落后的生产技术和调整不合理的技术结构。落后的生产技术和不合理的技术结构导致了能源和原材料的高消耗,使企业生产费用增加,成本上升,经济效益不佳。为此,企业不仅要积极推广和使用新材料,还要运用新技术提高现有原材料和能源的生产效益和利用水平,以达到节能降耗的目的。

4. 生产环境的改造

生产环境的改造包括劳动条件的改善和对周围环境污染的治理。企业应该根据国家的环保法规和标准,采取有利的技术改造措施,对生产过程中排放的各种废弃物进行科学的处理,从而保护环境、保护自然生态。

8.3.3 技术改造方案方法

由于各行业、各企业的技术水平不一样,产品也不一样,因此技术改造的重点内容也不一样。一般说来,应做好以下几项工作:

(1)了解国内外有关情报资料,提出若干个可行方案;

(2)对各方案进行技术可靠性研究,包括装备可靠性和操作可靠性两方面,装备可靠性又包括材料、设备和仪表三个方面;

(3)对各方案进行可行性研究;

(4)进行技术经济分析。

应注意的是,先进性、可行性和可靠性是经常存在矛盾的,关键是如何协调这些矛盾。

8.4 技术创新

所谓技术创新，是指以市场为导向，以提高竞争力为目标，研究开发新技术、新工艺材料、新产品，并通过市场实现其商品化、产业化，最终在市场上检验是否成功的过程。换句话说，技术创新是以新的技术思想产生为起点，以新的技术成果首次商业化为终点的过程。

8.4.1 技术创新的特征

技术创新有三个鲜明的特征：一是以市场实现程度和获得商业利益为检验成功与否的最终标准，即"用户满意，企业赚钱"；二是强调从新技术的研究开发到首次商业化应用是一个系统工程，为此，有人把技术创新分为两个阶段，即研究开发前期阶段和商业化后期阶段；三是强调企业技术创新的主体。为此，技术创新的基本思路是以市场为导向，以企业为主体，以产品为龙头，以技术开发应用为手段，以提高企业经济效益、增强企业竞争力和培育新的增长点为目标，重视市场机会与技术机会的结合，通过新技术的开发应用带动整个企业或整个行业上一个新的台阶。

在新经济条件下和在激烈的市场竞争中，企业只有不断创新，开发新技术、新产品，努力提高产品的技术含量，才能提高产品的市场竞争优势，扩大市场占有率。需要指出的是，企业的技术创新行为是一种经济行为和商业行为，因而不同于纯科研单位，为技术而技术、为创新而创新，单纯追求技术的高、新、尖、奇，不注重经济价值。否则创新开发的产品，技术再先进、不被消费者所接受，还是不能赢利。现在有不少企业在进行技术创新与产品开发时，往往把技术含量放在第一位，而忽略了市场"含量"和技术创新、产品开发的有效性，造成技术与市场的脱节，结果投入了巨额资金和大量的人力物力，却收效甚微甚至无效益可言。为此，在技术创新时，不仅要问"技术如何"，还要问"技术的市场如何"。这是企业经营者和创新者需要认真思考和对待的问题。市场价值才是技术创新的核心所在。

8.4.2 技术创新的类型

1. 按创新的效益分类

按创新的效益来划分，可将技术创新分为资本节约型技术创新、劳动节约型技术创新和中性技术创新。

(1)资本节约型技术创新。即在创新完成之后，可使商品价值构成中活劳动凝结的价值比重增大，物化劳动转移价值的比重减少。在这种情况下，商品生产向劳动密集型靠拢。

(2)劳动节约型技术创新。即在创新完成之后，可使商品价值构成中物化劳动的转移价值比重增大，活劳动凝结的价值比重减少。在这种情况下，商品生产向资本密集型靠拢。

(3)中性技术创新。即在创新完成之后，生产效率提高，商品内含的价值减少，但在商品价值构成中，活劳动凝结的价值和物化劳动转移价值所占的比重不变。

2. 按创新的对象分类

按创新的对象划分，技术创新可以分为产品创新和工艺创新。

(1)产品创新。即创新的目的是得到新的或有某种改进、改善的产品。

(2)工艺创新。即设计并采用某种新的加工方法，包括改进和革新原有工艺条件。

3. 按创新的程度分类

按创新的程度划分，创新有渐进性创新、根本性创新、技术系统的变革等三种类型。

(1) 渐进性创新是一种渐进的、连续的小创新。这些创新常出自直接从事生产的工人之手。渐进性创新虽是小创新，但它的重要性不可低估。一方面是因为许多大创新需要许多小创新的辅助才能作用，这些大小创新融于一体的。如电是一项重大的创新，但若要离开变压器、高压输变电原理这些小创新，电就不可能进入千家万户。另一方面，一些创新虽然从规模、科学突破上不起眼，但都可能具有很大的商业价值，如集装箱的推广便是一个著名的例子。

(2) 根本性创新是在观念上有根本性突破，常常伴有产品创新、过程创新和组织创新的连锁反应，可在一段时间内引起产业结构的变化。

(3) 技术系统的变革常常影响到各个部门，伴随着高、新、尖产业的出现。

4. 按创新的技术变化的性质分类

按创新的技术变化的性质来划分，技术创新有原理独创型、结构综合型、功能移植型和局部革新型四种创新类型。

(1) 原理独创型的技术创新。即根据基础科学研究所发现的科学原理，经过应用科学研究的探索得到的技术原理，创造出全新的技术实体(装置和工艺)。例如，本生和基尔霍夫根据牛顿的色散原理和夫琅和费的光谱线发明了光谱分析技术；马可尼和波波夫按照麦克斯韦的电磁波原理及赫兹的电磁波发现、创造了无线电通信技术。

(2) 结构综合型的技术创新。即把几种科学原理所规定的现有技术重新组合起来，创造出结构形式全新的技术装置、手段和工艺。例如，科罗廖夫和布劳恩各自设计的火箭、卫星、飞船等航天技术装置，就是将早已成熟的材料技术、燃烧技术、动力技术、通信技术、控制技术等巧妙地综合而成的。

(3) 功能移植型的技术创新。即根据自然规律在各种不同的情况下的各种特殊表现，按现有的成熟技术在不同条件下的不同功能作用，把它移植推广应用到其他领域中去，扩大技术的功能范围。例如，伦琴在发现 X 射线之后，人们最早依据其穿透物体的性质，发明了 X 射线人体透视技术、X 射线物件擦伤技术等。

(4) 局部革新型的技术创新。即在原有技术主体部门基本原理不变的情况下，对其缺陷不足的部门加以改造，使之完善和成熟起来，更加适应人的需要。这类技术创新通常也被叫做革新。

8.4.3 技术创新的基本原则

1. 企业自主创新原则

坚持以企业为技术创新的主体，就是要使企业成为创新决策的主体，产品、技术开发的主体，资本投资的主体，创新收益分配的主体和承担创新风险的主体，并建立起高效的技术开发体系，使企业真正拥有强大的技术开发能力。同时，企业还要充分利用科研部门、大专院校的科技资源，吸引国内外科技力量进入企业，与科研院校建立多种形式、长期稳定的合作关系，使这部分力量在促进企业技术创新中发挥作用。

2. 市场化原则。

坚持市场实现程度是检验技术创新成功与否的最终标准。技术创新的目的是使企业在激烈的市场竞争中获得生存和发展。所以，企业技术创新要以市场为导向，以产品为龙头，以科学管理为基础，以提高创新效益为中心，提高企业的整体创新能力和科技成果转化为商品的能力，形成市场开发、生产、销售紧密结合的有利于自主创新的技术进步机制。

3. 效益化原则

进行企业技术创新的目的，归根结底是为了提高经济效益。因此，在企业技术创新战略中应该充分反映这种目的性。就企业技术创新而言，其效益包括两个方面，即经济效益和社会效益。经济效益的大小表明了经营活动对价值增值的贡献，即企业中劳动者的劳动所创造的价值的多少。社会效益则表明企业在推动社会进步方面贡献的大小。

4. 技术创新与制度创新相结合的原则

企业改革的重点是制度创新，它为生产力的迅速发展创造了内在动力机制。技术进步的核心是技术创新，是发展科技生产力。它可以巩固企业改革的成果，为不断深化改革创造有利条件。制度创新有利于增强企业的活力和动力，技术创新有利于提高企业的实力和能力，两者相辅相成。技术创新和制度创新的有机结合，是企业在激烈市场竞争中求得生存和发展的关键。通过建立规范化的公司法人治理结构，使企业内部经营管理层职责权明确，形成所有者、经营者、劳动者之间相互激励和相互制衡的关系，形成科学的管理体制、约束机制，从而使企业具有技术创新的持续能力。

8.4.4 技术创新的模式

技术创新模式主要有自主创新模式、模仿创新模式、合作创新模式三种。

1. 自主创新模式

所谓自主创新，是指企业通过自身的努力与探索产生技术突破，攻破技术难关，并在此基础上依靠自身的能力推动创新的后续环节，完成技术的商品化、市场化，达到预期的创新目标。自主创新的本质特点是其核心技术来源于企业内部，是企业长期技术积累和研究开发的产物。它的优势是捷足先登，形成较强的技术壁垒和初期的垄断地位。跟进者常常为技术的解密、消化、模仿而消耗时间。

企业自主创新应注意以下几个问题：

(1)要充分利用专利制度保护知识产权；

(2)要灵活恰当地进行技术转让；

(3)要注意自主创新产品和自我完善；

(4)要重视对创新后续环节的投入。

2. 模仿创新模式

模仿创新是指企业通过学习模仿率先创新者的创新思路和创新行为，吸取率先者成功的经验和失败的教训，引进购买或破译率先者的核心技术和技术秘密，并在此基础上改进完善，进一步开发与发展。

模仿创新是一种十分普遍的创新行为，是当今许多企业参与市场竞争的有利武器。三洋电机公司已故社长井植薰在总结其技术经营思想时曾说："三洋电机公司在技术经营道路上的一条重要经验，是在产品研制中，充分运用现有技术，发掘设计潜能。也就是说，在以资本为核心的经营思想向以技术为核心的经营思想转变的过程中，开拓成熟制造技术的运用深度和广度，是企业战胜世界性经济衰退问题和国内产品滞销问题的重要手段。"

模仿创新有以下特点：

(1)模仿的跟随性。模仿创新的重要特点在于最大限度地吸取率先者成功的经验与失败的教训,吸收与继承率先创新者的成果。在技术方面,模仿创新不做新技术的开拓探索者和率先使用者,而是做有价值的新技术的积极追随学习者;在市场方面,模仿创新者也不独自开辟新市场,而是充分利用并进一步发展率先者所开辟的市场。

(2)研究开发的主权性。模仿创新并不是单纯的模仿,而应属于一种渐进性创新行为。模仿创新并不照搬照抄率先者的技术,它同样需要投入足够的研究开发力量,从事其特有的研究开发活动。模仿创新的研究开发不仅仅包括对率先者技术的追求,还包括对率先者技术的完善或进一步开发。与自主创新与合作创新不同的是,模仿创新的投入具有高度的针对性,能够免费获得的公开技术或能够以合理价格引进购买到的技术不再重复开发,其活动主要侧重于破译无法获得的关键技术、技术秘密以及对产品的功能与生产工艺的发展与改进。相比较而言,模仿创新的研究开发更偏重于工艺的研究开发。

3. 合作创新模式

合作创新是指企业间或企业、科研机构、高等院校之间联合的创新行为。合作创新通常以合作伙伴的共同利益为基础,以资源共享或优势互补为前提,有明确的合作目标、合作期限和合作规则。合作创新意味着在技术创新的全过程或某些环节共同投入、共同参与、共享成果、共担风险。

合作创新一般集中在新兴技术和高新技术产业领域,常见的合作创新的模式有:合同合作创新模式、基础合作创新模式、基地合作创新模式、基金合作创新模式、研究公司合作创新模式等。

8.5 价 值 工 程

8.5.1 价值工程的概念

价值工程产生于1947年,由美国通用电气公司的工程师麦尔斯创立。价值工程是通过各相关领域的协作,对所研究对象的功能与费用进行系统分析、不断创新,旨在提高所研究对象价值的思想方法和管理技术。它是一种谋求最佳技术经济效益的先进而有效的方法。它主要用于革新工业产品和作业,还广泛用于改进商业、服务业、政府机关及事业单位的工作。在理解价值工程的概念时,应注意以下几个方面:

(1)价值工程的对象。凡为获取功能而发生费用的事物,均可作为价值工程的对象,如产品、工艺、工程、服务或它们的组成部分等。

(2)价值工程的目的。以对象的最低生命周期成本可靠地实现使用者所需功能,以获取最佳的综合效益。也就是说,要以最低的费用获得足够的适用功能,而不是单纯追求降低制造成本。产品的制造成本由于在短期内集中支出并且体现在售价中,容易被人们重视,而在使用中的人工、能源、维修等耗费常常是制造费用的好多倍,但由于分散支出,容易被人们忽视。价值工程要求综合考虑包括产品设计、生产、使用全过程的耗费,兼顾生产者和用户的利益,求得社会的节约。

(3)价值工程一项科学的管理方法,更是一种管理观念。它用技术与经济相结合的科学方法,研究产品(系统或服务)的功能(使用价值)与生产成本(费用)的关系,力求通过方案创新和优选,达到以最低成本取得必要的功能效果。

(4)价值工程是一种方案创新与优选技术。价值工程促进研究对象的不断创新,经过科学的筛选，找出最佳方案，实现理想的目标。

(5)价值工程是以提高实用价值为目的，以功能分析为核心。功能分析是价值工程最重要的特征，是价值工程特有的工作方法。这里所说的功能指的是必要功能。所谓必要功能，就是用户要求并承认的功能，反之就是不必要的功能。

(6)价值工程以有组织的活动为基础。价值工程以特有的原则和规定强调依靠集体力量，组织集体设计，发挥设计、工艺、财会、生产、供销以及各类有关人员的经验和才智，有组织有计划地开展技术与经济、生产与经营、质量与成本各方面的分析活动，这是开展价值工程活动的重要基础。价值工程符合现代经营思想，它贯穿了三点很突出而鲜明的现代经营思想，即用户第一、质量第一和技术与经济相结合的思想。价值工程的生命力在于：它具有技术、经济和经营管理紧密结合、多学科交叉的特点，以用户需求为基点，以功能创新为核心，以经济效益为目标，以市场和社会为检验价值的标准。也就是要强化对事物的价值管理与价值经营，提高事物价值转化效益的能力，为社会多创造财富，造福于民。

8.5.2 价值工程的内容

价值工程的中心内容可用六个字概括，即功能、创新、信息。

1. 功能分析是核心

功能分析是价值工程特殊思考和处理问题的方法。用户购买任何产品(或服务)，不是购买产品(或服务)的形态，而是购买其功能。例如，用户买煤是买其发热的功能，只要具有相应的功能，就能满足用户的需要，煤气和石油液化气都可以发热，因而可以取代煤而供给用户。具有相同功能而成分或结构不同的产品，其成本一般是不相同的。价值工程就是通过对实现功能的不同手段的比较，抓住功能这一实质，寻找最经济合理的途径，达到保证功能，降低成本，提高效益的目的。

2. 创新是关键

功能总要有具体的实现手段，手段不同、效果也就不同。要想取得好的效果，就必须找到更多更好的手段。手段是人们创新出来的，价值功能的全过程都体现了创新的精神。

3. 信息是基础

价值工程以技术和经济这两方面的结合为特点，也以这两方面的信息为基础。技术上的创新多数是在继承他人成果的基础上实现的，不了解同行各方面的现有技术及其发展趋势，那么想搞技术创新就很难。不了解市场和用户的意见，创新就会无的放矢，最终会失去用户。价值工程就是要从透彻了解所要实现的功能出发，在掌握大量信息的基础上，进行创新，实现用户所需要的功能。

8.5.3 价值工程中的价值概念

价值工程中的价值是指某种产品(作业或服务)的功能与成本(或费用)的综合反映，是功能与成本的比值，它表明产品(作业或服务)中所含功能的数量(或可满足用户的程度)与支付费用之间的量值关系。价值的公式为

$$价值=\frac{功能}{成本}$$

用字母表示为

$$V=\frac{F}{C}$$

在这里,衡量价值的大小主要是看 F 与 C 的比值如何。F/C 只是一个相对数值,为了说明价值的高低,表明取得的经济效果好坏,还应对产品(作业或服务)有一个绝对数值的规定,因为当比值相同时,绝对数值会有多种多样的情况。也就是说,产品(作业或服务)的性能并不是越偏向极值就越好,而要寻求一个最合适的功能值。因此,价值工程活动必须从产品(作业或服务)的功能和实现这些功能所支出的费用之间的相对数值和绝对数值两方面同时进行考虑,这是运用价值工程原理时所必须掌握的辩证观点。

价值工程关于价值的概念为综合评价产品(作业或服务)的功能与成本提供了科学的标准。价值工程观点认为:按照用户的需要,能够以最低的成本,提供必要功能的产品(作业或服务),其价值最大。这与我们日常生活中应用的"价值"很相近,如某人做了一件事,别人认为这件事有"很大价值"或"毫无价值",这些"价值"也就是类似价值工程中所研究的价值。价值工程活动中用"价值"来评价事物的有益程度,是以事物的效用和得到这种效用时投入资源的比值来评价的。

8.5.4 提高价值的途径

价值工程的效益是通过提高产品(作业或服务)的功能和降低成本来实现的。在价值工程的实际应用中,人们对提高价值的研究已经不局限于对实现某一确定功能的最低成本的追求,而是根据功能与成本的关系广泛地寻求一切可能提高价值的途径。

1. $F\uparrow/C— = V\uparrow$

即功能加强,成本不变,价值提高。如在成本不变的情况下,将手控电视机改为遥控电视机。

2. $F—/C\downarrow = V\uparrow$

即功能不变,成本下降,价值提高。在实践中常有此类情况,保持功能不变,采取适当措施降低成本以达到提高价值的目的。这是开展价值工程活动初期乃至整个时期采用的基本途径,是提高效益的最常采用的方法之一。

3. $F\uparrow/C\downarrow = V\uparrow$

既提高功能,又降低成本,价值提高。通过补充必要功能而消除不必要功能,可以降低多余成本,使得价值提高。在价值工程活动中,采用新技术、新材料,达到功能提高,成本降低,以提高价值。尽管这一途径完成起来很困难,但当原有技术和管理状态得到新的突破时,便可同时收到这种效果。功能提高主要有两方面的含义:一是完善功能结构,满足用户需要,增加原设计、原产品所不具备的功能项目;二是从量上提高原设计、原产品的功能水平,功能与成本的相互关系更加合理。

4. $F\uparrow\uparrow/C\uparrow = V\uparrow$

即成本有所提高,但功能提高的倍数更大,价值提高。采用新技术、新方法有时稍微提高成本支出,便可使新的功能出现或扩大原来的功能,给人们增加更多的使用价值,但生命周期成本的增长幅度低于功能提高的幅度,价值仍能提高。

5. $F\downarrow/C\downarrow\downarrow = V\uparrow$

即功能有所降低,但成本降低的幅度更大而价值相应增加。例如,取消气压式热水瓶的某些多余功能,如镀金、转盘底座等。

8.6 新产品开发

8.6.1 新产品的概念

企业管理学中的新产品是从市场和企业两个角度来认识的，它与因科学技术在某一领域的重大发展所产生的新产品不完全相同，前者比后者内容要广泛得多。新产品可以是经过全新设计，在性能、材料、结构上有新突破的创新产品，也可以是一个企业向市场提供自己从未生产过的、对现有产品进一步完善的更新产品。固然，市场上出现的前所未有的崭新的产品是新产品。例如，一百多年以前出现的汽车，20 世纪 30 年代发明的黑白电视机等。但是，这种新产品并不是经常出现的，有些产品在形态或功能方面略有改变，人们也习惯于把它们看作新产品。例如，西方每年出现新型号的汽车就是汽车市场出现的新产品。由此可见，新产品的"新"，具有相对的意义。但那些只改变花色、外观、包装而在性能上没有改进的产品，不能列入新产品；那些用进口元件、零部件组装的国内尚未生产的产品或根据顾客要求生产的单台非标准设备，也不可列入新产品。新产品一般具有新颖性、先进性、经济性和风险性等特点。

因此，可将新产品可定义为：在结构、材质、工艺等某一方面或几方面比老产品有明显改进，或者是采用新技术原理、新设计构思，从而显著提高了产品的性能或扩大使用功能的产品。

8.6.2 新产品的分类

按创新程度，新产品可以分为以下几类：

1. 全新新产品

全新新产品是指采用新原理、新技术、新工艺、新结构、新材料制造的前所未有的产品。这类产品之前，市场上从未有相同或相似的产品，它们是科学技术的重大发明和创造。例如，汽车、电话、飞机、计算机等最初上市时都属于全新新产品。全新新产品开发通常需要大量的资金和先进的技术水平，并需要有一定的需求潜力，故企业承担的市场风险较大。

2. 换代新产品

换代新产品也称部分新产品，是指在原有产品的基础上，部分采用新技术、新材料制成的，性能有显著提高的新产品。例如，电子计算机从问世以来到现在，已经经历了电子管、晶体管、集成电路、大规模或超大规模集成电路和具有人工智能的电脑等五代发展历程，每一代计算机与前一代相比都属于换代新产品。再如，普通自行车发展到变速自行车，普通电熨斗发展到自动调温或自动喷水蒸气的电熨斗等。更新换代产品与原有产品相比，产品性能有了一定改进，质量也有了相应提高。它适应了时代发展的步伐，也有利于满足消费者日益增长的物质需要。

3. 改进新产品

改进新产品指对现有产品在质量、结构、品种、材料等方面作出改进的产品。它主要包括质量的提高、用途的增加、式样的更新、材料的更易取或更便宜。例如，普通牙膏改为药物牙膏、普通卷烟改为过滤嘴卷烟以及新款式的服装等。但一种产品只是在花色、外观、表面装饰、包装装潢等方面的改进和提高不属于新产品。改进新产品与老产品比较是一种量变。

与换代产品相比,改进新产品受技术限制较小,且研制成本相对较低,对企业资源要求不高,开发出的产品便于向市场推广,但也容易被竞争者模仿。

4. 仿制新产品

仿制新产品企业模仿市场上正在销售产品的性能、工艺而生产的产品。这类产品就整个市场来说已不是新产品。但对企业来说,由于设备是新的,工艺是新的,生产的产品也与原来的产品不同,所以它仍然是企业的新产品。开发企业新产品,对于我国许多企业来说能快速缩短和国际先进水平之间的差距。应注意的是,在引进和仿制的时候,要对原产品的某些缺陷和不足加以改造,而不应全盘照抄,并符合专利法等法律的规定和要求。

8.6.3 新产品的开发程序

1. 寻求构思

新产品开发过程是从寻求构思开始的。构思就是开发新产品的设想,虽然并不是所有的设想或创意都可变成产品,但寻求尽可能多的创意却可为开发新产品提供较多的机会。

2. 筛选构思

取得足够构思之后,要对这些设想加以评估,研究其可行性,并挑出可行性较强的构思,这就是筛选构思。筛选构思的目的就是淘汰那些不可行或可行性较低的创意,使公司有限的资源集中于成功机会较大的产品上。筛选构思时一般要考虑两个因素:一是该构思是否与企业的战略目标相适应,表现为利润目标、销售目标、销售增长目标、形象目标等几个方面;二是企业有无足够的能力开发这种构思,表现为资金能力、技术能力、销售能力等。

3. 形成产品概念

产品构思是企业从自身角度考虑希望提供给顾客的产品设想,而产品概念是企业从顾客角度对这种构思进行的详细描述。例如,从企业角度来讲,一块手表主要包括这样一些因素:齿轮、轴心、表壳、制造过程、管理方法(市场、人事方面的条件)及成本(财务状况)等。而从消费者的角度看,他们不会考虑上述因素,只是考虑手表的外形、价格、准确性、是否保修、适合什么样的人使用等。所以,企业必须根据消费者的要求把产品创意发展为产品概念。确定最佳产品概念,进行产品和品牌的市场定位后,就应当对产品概念进行试验。产品概念试验就是用文字、图画描述或者用实物将产品概念展示于一群目标顾客面前,观察他们的反映。

4. 制定市场营销战略

形成产品概念后,需要制定市场营销战略,企业的有关人员要拟订一个将新产品投放市场的初步市场营销战略报告书。报告书由三个部分组成:描述目标市场的规模、结构、行为,新产品在目标市场上的定位,前几年的销售额、市场占有率、利润目标等;简述新产品的计划价格、分销战略以及第一年的市场营销预算;阐述计划长期销售额和目标利润以及不同时间的市场营销组合。

5. 营业分析

在这一阶段,管理者要复查对新产品将来的销售额、成本和利润的估计,看看它们是否符合企业的目标。如果符合,就可以进行新产品开发。

6. 产品开发

如果产品概念通过了营业分析,研究与开发部门及工程技术部门就可以把这种产品概念转变成为产品,进入试制阶段。只有在这一阶段,文字、图表及模型等描述的产品设计才变为实体产品。这一阶段应当搞清楚的问题是,产品概念能否变为技术上和商业上可行的产品。如果不能,除了在全过程中取得一些有用副产品即信息情报外,所耗费的资金将全部付诸东流。

7. 市场试销

如果企业的高层管理者对某种新产品开发试验结果感到满意,就应着手用品牌名称、包装和初步市场营销方案把这种新产品装扮起来,在市场进行试销。其目的在于了解顾客和经销商对于使用和再购买这种新产品的实际情况以及市场大小,然后再酌情采取适当对策。市场试验的规模决定于两个方面:一是投资费用和风险大小;二是市场试验费用和时间。投资费用和风险较高的新产品,试验的规模应大一些;反之,投资费用和风险较低的新产品,试验规模就可小一些。从市场试验费用和时间来讲,所需市场实验费用越多、时间越长的新产品,市场试验规模应越小一些;反之,市场试验规模则可大一些。

8. 批量上市

在试销基础上,企业可获取大量信息资料,从而决定是否将产品全面推向市场。一旦决定大批投产上市,就需再次大量投资,购置设备、原材料,支付广告费等。在这一阶段,企业高层管理者应当作以下决策:何时推出新产品,在何地推出新产品,向谁推出新产品,如何推出新产品。

复习思考题:

1. 企业技术管理的任务有哪些?
2. 什么是技术引进,企业为什么要实施技术引进?
3. 什么是许可贸易,对许可贸易的使用权限有哪些规定?
4. 简述技术创新的原则和模式。
5. 如何理解价值工程中价值的概念,提高价值的途径有哪些?
6. 什么是新产品,如何进行新产品开发?

案例分析题:

雀巢是瑞士最大的工业企业,也是全球规模最大的食品工业。但谁能想到雀巢曾经经历过一段艰难困苦的岁月。1977 年,一场消费者抵制雀巢食品的运动由美国开始,并且蔓延至 10 个工业国家,1975 年至 1980 年间,公司平均利润增长仅为 2.2%,远低于美国通用食品公司 8.3% 的增长率。1982 年,61 岁的赫尔穆·莫彻尔出任雀巢公司的总裁。他根据全球食品业新的需求,采取了一系列新产品开发战略。

(1) 增加新品种。为解决众口难调的问题,在传统速溶咖啡的基础上,雀巢公司推出了适合不同口味的多种咖啡,如全质咖啡、特浓咖啡、咖啡伴侣等。

(2) 开发速冻食品。在单身职工和双职工家庭日益增多的今天,雀巢公司大胆推出速冻食品,并大获成功。为提高速冻食品的口味,还聘请了名闻遐迩的烹调大师担任"芬达斯"系列冷冻食品的监厨。

(3) 开发"宠物"食品。随着饲养宠物的家庭越来越多,对宠物食品的需求与日俱增,其利润非常可观。如今,雀巢公司已占领世界宠物食品市场的半壁江山。

(4) 重视食品研发。雀巢公司在世界各地设立了近 20 个研究所,专门研究适合当地居民口味的食品,而且还设置专门研究小组,研究营养成分与健康之间的关系。终于,这头世界食品工业的"睡狮"被唤醒了。

思考讨论题：

1. 具有 140 年历史的雀巢之所以成为世界食品工业的"霸主",靠的是什么?
2. 雀巢公司新产品开发取得成功的原因是什么?

实训课题：

跟随父母或熟人到企业去,观察现实企业技术管理的状况,谈谈他们工作中的技术创新(如包括哪些方面、如何开展等)。

模块九　企业财务管理

★知识目标：了解企业财务活动和财务关系；
熟悉企业筹资方式；
熟悉固定资产、流动资产和无形资产的定义、特点；
熟悉财务分析指标体系。

★技能目标：掌握固定资产折旧方法；
掌握最优资本结构决策方法；
掌握财务分析方法。

引导案例：

南京仁杰电子公司是一家成立于1995年的私营企业，注册资金300万人民币。该电子公司的经营范围是代理国内和国际品牌的通信产品，属于商品流通单位，也负责对终极用户的安装。这个不足20人的小企业，在电子产品的激烈竞争下始终保持较高的赢利水平，这与其财务理念有很大关系。

1. 成本控制有张有弛

成本控制是许多中小企业普遍重视的，但成本的节约应该是一种有取舍有原则的节约。为了节约人员的开支，该公司对成本的控制采取了不同情况不同对待的方法。对于少量的终极用户安装业务，多采用临时聘请熟识的工程队；对于机器的日常小规模维护，则采用对业务人员进行普及技术培训的方法；而针对高端机器的紧急修理，则采取和上游厂商签订维护协议的方法。

2. 人人参与财务管理

这个公司财务部有4名会计。虽然公司的会计人员很少，但他们的财务工作却对整体公司的运作起了强大的约束作用。南京仁杰电子公司推行的是“人人参与财务管理”的模式。在公司的走廊以板报的形式，由财务人员每天按照合同的具体条目更新现金回收状况。它的出现，引起了公司每个人的关注：业务人员经常来查对，讨论并通过它来跟进自己负责合同的收款进度；主管也可以通过它来获得对二级经销商回款情况的估计。这样，每个人都可以从这里获得重要的信息。在公司，应收账款在收回前只不过被看成是一项市场费用，如果还没有收到货款，就不能算销售已经完成，也没有客户满意度而言，当然也不会给相应的销售人员支付佣金。“人人参与财务管理”的模式，极大地调动了销售人员的积极性，杜绝了销售人员只管签订合同而不管实际收款的情况。

3. 重视存货管理

南京仁杰电子公司对每月的销量进行细致的统计记录，并设定了管理软件中的库存模式,一旦存货低于警戒线即立即补货。长期经营的经验使他们公司的存货占用资金非常低。也因为他们的业务大体是订制的机器,所以和厂家的协调非常重要。该公司和长期合作的生产企业均有详细的协议。对于设置的付款比例是按照与买方合同的收款比例同步的,这样就大大降低了由于付款时间差距引起的对现金大量占用的风险,也对厂家为机器设备安装期间提供的售后服务起到了一定的牵制作用。而对于小型设备突然出现的需求量浮动,他们采用向同行调货的方式实现,虽然比直接从供货商调货价高,但由于次数少,相比起来也比囤积大量库存占用流动资金要合算得多。

9.1 企业财务管理概论

9.1.1 企业财务活动

企业财务活动是企业财务活动及其所体现的经济利益关系的总称,又称企业理财活动,是企业为了生产经营需要而进行的资金筹集、资金运用和资金分配以及日常资产管理等一些活动的简称。企业财务活动主要包括以下四种:

1. 资金筹集活动

资金是企业赖以生存和发展的前提条件。资金筹集活动是指企业取得维持生产经营必需的资金的过程。财务管理的首要任务是从各方面合理筹措资金,满足企业生产经营对资金的需要。具体来说就是要保持合理的资金结构,即要保持负债筹资与资本筹资之间的合理比例;保持长期资金与短期资金的比例,即根据企业对长期资金与短期资金的需要分别做出不同方案的筹资决策;保持资金筹集与资金需求的平衡,既及时满足资金的需要,又不造成资金的积压;在保证满足资金需要的前提下,尽可能降低筹资成本;合理选择外部筹资与内部积累的比例。筹资是企业财务管理的基础环节,要科学合理地确定资金数额和资本结构,合理选择筹集资金的方式,努力降低资本成本和筹资风险。

2. 投资活动

企业筹集资金的直接原因是为了投资。投资活动是指将筹集到的资金投入到生产经营活动中的过程,可分为内部投资和外部投资。内部投资是指对企业自身的投资,主要投放于流动资产、固定资产、无形资产和递延资产等;外部投资是指企业对其他经济实体进行的投资,其形式多种多样,按不同标准可分为外购与新建、合资与独资、子公司与分公司、股票与债券等。对内投资所形成的各项资产是企业直接从事生产经营活动的经济来源,在生产经营活动中会不断被耗费。投资是企业财务管理的关键环节,要认真选择投资方向和投资形式,合理安排资产结构,努力降低生产耗费和投资风险,力争提高效益。

3. 资金分配

企业进行投资的具体原因虽然有所不同,但从根本上来说都是为了获取利润。资金分配主要是收益的分配。企业营业收入和其他收入扣除生产经营过程中发生的各项耗费和损失之后的余额,即为企业收益。资金分配就是将这部分收益分别以利息、所得税、利润等形式在投资者和国家之间分配。

4. 日常资产管理

日常资产管理是指对企业的固定资产和流动资产等进行的日常管理,其目的是提高资产的使用效率,使企业获得较高的经济效益。具体包括:保持资金的收支平衡;及时处理企业的临时闲置资金，以获取短期投资收益；加强对存货、应收账款的管理，提高企业的资金周转速度，以节约资金，提高资金使用效率；提高生产效率，降低消耗，节约费用开支。

9.1.2 企业财务关系

企业财务活动只是企业财务管理的形式特征，要揭示企业财务的本质特征，需要对企业财务活动所体现的财务关系作深入的分析。企业财务关系是企业在资金筹集、资金运用和资金分配过程中与各方面发生的经济利益关系。财务关系的内容和本质特征是由经济体制所决定的。在市场经济条件下，企业的财务关系主要有以下几个方面。

1. 企业与企业所有者之间

企业与所有者之间的财务关系是各种财务关系中最根本的财务关系，这种关系是企业所有者对企业投入资金和参与企业收益分配而形成的投资和分配关系。

2. 企业与债权人及债务人

主要是指企业与金融机构以及其他单位或个人之间的债权、债务关系。具体表现为：

(1)企业与金融机构的资金借贷关系；

(2)企业与债券持有人的债权、债务关系；

(3)企业与购销客户之间的财务关系。

3. 企业与国家

主要是指企业按税法规定向国家交纳税金的关系。企业依法履行纳税人的义务，享有纳税人的权利，税务部门代表国家行使征税的职能。

4. 企业与内部职工之间

主要是指企业向职工支付工资、劳保及福利方面的报酬，体现企业与职工之间的按劳分配关系。

除此以外，还有企业通过外部投资、横向联合、融资租赁等活动而产生的企业与其他经济主体间的财务关系。

9.1.3 企业财务管理的目标

企业财务管理是组织财务活动、处理企业与各方面的财务关系的一项企业管理工作。企业财务管理的目标是指企业财务管理工作所要达到的最终目的。财务管理是企业管理的一个重要组成部分，财务管理的目标应与企业的最终目标一致。企业是以赢利为目的的经济组织，因此财务管理的目标首先是实现企业利润最大化。但是如果将利润最大化作为财务管理的最终目标却是不合适的。国内外的财务管理理论和实践都证明了财务管理的最终目标应是实现所有者权益的最大化。所有者权益最大化与企业利润最大化的区别在于，将所有者权益最大化作为企业财务管理的目标，能使企业在追求利润的同时，兼顾注重企业的长远利益，有效控制企业风险，保障企业长期稳定发展，并且能更有效地保护企业所有者的利益。

9.2 企业筹资管理

资金是企业进行生产经营活动的必要条件，企业创建、购买生产要素、进行日常生产经营活动，都不能没有资金。筹资管理是指为满足企业融资的需要，对筹资的途径、筹资的数量、筹资的时间、筹资的成本、筹资风险和筹资方案进行评价和选择，从而确定一个最优资金结构的分析判断过程。筹资管理的主要任务就是利用不同的筹资方式力求筹集到最经济、资金成本最低的资金。

9.2.1 筹资方式

企业资金按占用期限的长短，可以分为短期资金和长期资金。短期资金是指占用时间在一年或一个营业周期内的资金。短期资金的筹集具有以下特点：筹资速度快，手续简便；所受限制相对较少，一般情况下不会受到法律或约束性条款的限制；资金成本较低，利息负担较轻，筹资费用较少；筹资的风险高。主要筹资方式有：短期借款、商业信用、应计费、应收账款的代理、出售分期收款合同等。长期资金是资金占用在一年以上的资金，主要筹资方式有：吸收直接投资、长期借款、发行债券、发行股票、融资租赁等。

(1)借款。企业可以向银行、非金融机构借款以满足需要，借款可分为短期借款和长期借款。银行借款的成本包括银行贷款利息，银行手续费，抵押贷款时抵押品的评估、确认等费用。银行利率的高低视申请贷款企业财务状况及信誉等级而定。

(2)商业信用是指商品交易中延期付款或交货而形成的借贷关系，是企业之间的一种直接信用行为。商业信用最原始最典型也是最主要的方式是应收账款，此外，还有应付票据、商业承兑汇票、商品赊销、预收货款、预收服务费等。商业信用的成本主要是因企业放弃现金折扣而产生的机会成本。

(3)应计费用。应计费用又称应付费用，是企业在生产经营过程中发生的应付未付费用，主要包括应付工资、应付税金和其他应付费用。应计费用和应收账款一样，是企业在生产经营过程中自然形成的短期资金来源。企业利用应计费用筹集的资金是没有成本的。因此，企业应尽可能地利用这种筹集方式，但前提是不影响企业信誉和形象，而且不能违法。

(4)吸收直接投资。直接投资是指直接将现金、实物财产和无形资产直接投入企业的一种股权性投资。它是长期资金筹集的重要方式。

(5)发行企业债券。企业债券是按法定程序发行并承担在指定的时间内支付一定的利息和偿还本尽义务的有价证券。这一方式与借款有很大的共同点，但债券融资的来源更广，筹集资金的余地更大。

(6)发行股票。发行股票可分为普通股和优先股。普通股是股份公司资本构成中最基本、最主要的股份。普通股不需要还本，股息也不需要向借款和债券一样需要定期定额支付，因此风险很低。但采取这一方式筹资会引起原有股东控制权的分散。优先股综合了债券和普通股的优点，既无到期还本的压力，也并不必担心股东控制权的分散。但这一种方式税后资金成本要高于负债的税后资本成本，且优先股股东虽然负担了相当比例的风险，却只能取得固定的报酬，所以发行效果上不如债券。

(7)融资租赁。融资租赁又称设备租赁或现代租赁，是一种世界性的现代融资手段，在国外已十分普遍。融资租赁以专业性的租赁公司为出租人，租赁公司按承租企业的要求，由租赁公司向银行贷款，再从国外或国内购入承租企业选定的新设备，并租赁给承租企业使用。融资租赁方式使承租企业不必依靠贷款筹资，依托具有直接进口能力与经验的租赁公司便能很方便地获得所需的设备，并减少风险损失。对企业来说，无疑是开拓了一条"小钱办大事，零钱办整事，暂时没钱也能办好事"的融资融物的途径。

(8)企业自留资金。企业自留资金是由企业税后利润所形成的，积累速度慢，不适应企业规模的迅速扩大,而且自我积累存在双重征税问题。

9.2.2 资金成本

企业筹集资金的渠道有很多,但各种来源渠道的资金成本不同。资金成本包括资金筹集费用和资金占用费用两部分。资金筹集费用指资金筹集过程中支付的各种费用,如发行股票,发行债券支付的印刷费、律师费、公证费、担保费及广告宣传费。资金占用费是指占用他人资金应支付的费用,或者说是资金所有者凭借其对资金所有权向资金使用者索取的报酬,如股东的股息、红利、债券及银行借款支付的利息。

1. 个别资金成本

个别资金成本是指各种筹资方式的成本,主要包括债券成本、银行借款成本、优先股成本、普通成本和留存收益成本,前两者可统称为负债资金成本,后三者统称为权益资金成本。资金成本可以用绝对数表示,也可以用相对数表示。在财务管理中,一般使用相对数,即称之为资金成本率。资金成本率是用资费用与实际筹资净额(即筹资额扣除筹资费用后的金额)的比率。资金成本率一般简称为资金成本。通用公式表示为

$$资金成本率=\frac{资金占用费用}{筹资总额-筹资费用}$$

(1)银行借款成本。银行借款的占用成本一般是借款利息,筹集费是手续费。借款利息通常允许在企业所得税前支付,可以起到抵税的作用。因此,企业实际负担的利息为

$$利息\times(1-所得税率)$$

其计算公式为

$$银行借款成本率=\frac{年利息\times(1-所得税税率)}{筹资总额\times(1-借款筹资费用率)}\times100\%$$

(2)债券成本。债券的成本主要是债券利息和筹资费用。债券利息也在所得税前支付,其处理与银行借款的利息处理相同,债券的筹资费用即发行费,一般较高,主要包括申请发行债券的手续费、债券注册费、印刷费、上市费及推销费用等。债券的发行价格有平价、溢价、折价三种价格。债券利息按面值和票面利率确定,但债券的筹资额应按具体发行价格计算,以便正确计算债券的成本。其计算公式为

$$债券成本率=\frac{年利息\times(1-所得税税率)}{债券筹资额\times(1-债券筹资费用率)}\times100\%$$

其中,年利息=债券面值×债券票面利息率。债券筹资额按实际发行价格确定。

(3)优先股成本。公司发行优先股筹集资金,既要支付筹资费用,又要定期支付股利。与债券不同的是股利是在税后支付,不能抵税,并且没有固定的到期日。其计算公式为

$$优先股成本率=\frac{优先股每年的股利}{发行优先股总额\times(1-优先股筹资费用率)}\times100\%$$

(4)普通股成本。如果每年股利固定,普通股成本的计算公式为

$$普通股成本=\frac{每年固定股利}{普通股总额\times(1-普通股筹资费用率)}\times100\%$$

如果股利不固定,而是以一个固定的年增长率增加,则普通股成本可依照下式计算

$$普通股成本率=\frac{第1年股利}{普通股金额\times(1-普通股筹资费用率)}\times100\%+年增长率$$

其中,普通股总额按发行价计算。

(5)留存收益成本。留存收益成本实质上是普通股股本的增加。因此,留存收益成本除了无筹资费用外,基本同于普通股成本。在普通股股利固定情况下为

$$留存收益成本=\frac{留存收益总额\times 普通股年股利率}{留存收益总额}\times 100\%$$

$$=\frac{每年固定股利}{普通股金额}\times 100\%$$

普通股股利在固定增长率递增情况下为

$$留存收益成本=\frac{第1年股利}{普通股金额}\times 100\% + 年增长率$$

2. 最优资本结构

资本结构是指企业各种不同资金来源占资金总额的比例,它是决定综合资金成本率的重要因素。最优资本结构决策就是研究不同资金结构的筹资方案,寻求最优组合,以降低综合资金成本率。

综合资金成本率的计算公式为

$$综合资金成本率 = \sum(某项资金的成本率\times 该项资金占总资金的比重)$$

例1 某公司需要筹资1 200万元,其中:①发行长期债券1 000万元,债券票面利率为12%,发行费用为3%,所得税税率为33%;②发行优先100万元,筹资费率4%,每年支付股利12%;③发行普通股100万股,每股发行价格1万元,筹资费率5%,第1年末每股发放股利0.12元,预计以后每年增加4%。要求:①计算该公司的个别资本成本;②计算该公司的综合资本成本。

解 长期债券资金成本 $=12\%\times(1-33\%)/(1-3\%)=8.28\%$

优先股资金成本 $=12\%/(1-4\%)=12.5\%$

普通股资金成本 $=0.12\times(1+4\%)/(1-5\%)+4\%=17.14\%$

综合资金成本 $=1\,000/1\,200\times 8.28\%+100/1\,200\times 12.5\%+100/1\,200\times 17.14\%$

$=9.33\%$

为了便于比较不同筹资方案或本年筹资方案与往年筹资方案的优劣,就要通过计算各方案的综合资金成本率。通过比较综合资金成本率,选择综合资金成本率最低的方案为最优方案。

例2 某公司成立时,有三种筹资方案可供选择,见表9-1。

表9-1 三种筹资方案

筹资方式	A方案		B方案		C方案	
	比例/%	资金成本率/%	比例/%	资金成本率/%	比例/%	资金成本率/%
普通股	50	12	40	12	30	12
优先股	30	10	20	10	10	10
债券	10	8	30	8	40	10
银行借款	10	6	10	6	20	6
合计	100		100		100	

A 方案综合资金成本率:50% ×12% +30% ×10% +10% ×8% +10% ×6% =10.4%

B 方案综合资金成本率:40% ×12% +20% ×10% +30% ×8% +10% ×6% =9.8%

C 方案综合资金成本率:30% ×12% +10% ×10% +40% ×8% +20% ×6% =9.0%

可见,C 方案综合资金成本率最低,应选择 C 方案。但是,筹资活动存在一定风险,因此,最优资本结构的确定取决于筹资风险与资金成本的权衡,即综合资金成本率最低与筹资风险最小的有机结合。

9.2.3 筹资风险

企业资金来源主要有两大渠道:所有者权益和负债,这两种来源形成企业资本的自有资本和借入资本。自有资本与借入资本之间的比例关系,称为资金来源结构。企业的筹资风险主要来源于企业投资收益率与借入资本利息率的不确定性。当企业的投资收益率高于借入资本利息率时,企业使用一部分借入资本,可以提高自有资本的利润率;当企业的投资收益率低于借入资本利息率时,企业使用借入资本,反而会使自有资本利润率降低,甚至发生亏损,这就给企业负债经营带来风险。这种因借入资本而增加的风险,称为筹资风险。

分析筹资风险可通过计算自有资本利润率、财务杠杆系数和标准离差来进行,计算公式为

$$\text{自有资本利润率} = \sum(\text{投资收益率} \times \text{概率})$$

由于企业投资收益率与固定的借入资本利息率的不一致,企业可以利用借入资本来提高自有资本利润率,通常称为财务杠杆。财务杠杆的计算公式为

$$\text{财务杠杆系数} = \frac{\text{息税前投资收益额}}{\text{息税前投资收益额} - \text{借入资本利息额}}$$

在企业息税前投资利润率大于借入资本利息率的情况下,企业借入资本占自有资本的比例越大,财务杠杆系数就越高。但过分提高财务杠杆系数,使用过多的借入资本,会加重企业利息负担,削弱企业的财务实力,增加筹资风险。

标准离差指可能利润率对期望利润率的偏离程度。标准差越大,表明风险越大。标准离差的计算公式为

$$\text{标准离差} = \sqrt{\sum(\text{投资收益率} - \text{期望自有资本收益率})^2 \times \text{概率}}$$

其中,投资收益率是指在各种自然状态下的收益率;期望自有资本收益率 = 投资收益率 × 概率;概率是指各种自然状态出现的可能性。

9.3 企业资产管理

企业的生产经营活动实际上是各项资产的运用过程。企业的经营能力和状况可以通过各项资产的周转以及结构比例来反映。

9.3.1 固定资产管理

固定资产是指使用期限超过一年,单位价值在标准以上,并且在使用过程中保持原有物质形态的资产。固定资产有以下特点:

(1)其功能作用于产品生产,而不是以实体加入产品;

(2)一次性投资,以折旧形式分期回收;

(3)其价值补偿和实物更新是分别进行的。随着使用年限的增加,实物形态上的价值逐年减少,而脱离实物形态转化为货币准的价值逐年增加,直到报废时,垫支在固定资产上的资金才实现价值补偿,在实物形态上更新。

1. 固定资产的计价

固定资产计价是指以货币为计量单位来计量固定资产的价值。固定资产计价的正确与否,不仅关系到固定资产的管理和核算,而且也关系到企业的收入与费用是否配比,经营成果的核算是否真实。

(1)原始价值。原始价值是指购建某项固定资产达到可供使用状态前所发生的一切合理、必要的支出。原始价值是固定资产的基本计价标准,其主要优点是客观性和可验证性。

(2)重置完全价值。重置完全价值是指在当时的生产技术和市场状况下,重新购建同样的固定资产所需要的全部支出。重置完全价值可以比较真实地反映固定资产的现时价值。

(3)净值。净值也称为折余价值,是指固定资产原始价值或重置完全价值减去累计已提折旧后的净额。净值是固定资产现有的账面价值,反映实际占用在固定资产上的资金数额和固定资产的新旧程度。

2. 固定资产的折旧

企业应根据固定资产所含经济利益的预期实现方式选择折旧方法。可供选择的折旧方法主要包括平均年限法、工作量法、双倍余额递减法、年数总和法等。折旧方法一经确定,不得随意变更。

(1)平均年限法。平均年限法,也称直线法,即指按固定资产的使用年限平均计提折旧的一种方法。它是最简单、最普遍的折旧方法。适用于各个时期使用情况大致相同的固定资产折旧,其计算公式为

$$\text{固定资产年折旧额}=\frac{\text{固定资产原值}-(\text{预计残值收入}-\text{预计清理费用})}{\text{预计使用年限}}$$

$$=\frac{\text{固定资产原值}-\text{预计净残值}}{\text{预计使用年限}}$$

$$\text{固定资产月折旧额}=\text{固定资产年折旧额}/12$$

一定期间的固定资产应计折旧额与固定资产原值的比率称为固定资产折旧率。它反映一定期间固定资产价值的损耗程度,其计算公式为

$$\text{固定资产年折旧率}=\frac{\text{固定资产年折旧额}}{\text{固定资产原值}}\times 100\%$$

$$\text{固定资产年折旧率}=\frac{1-\text{净残值率}}{\text{折旧年限}}\times 100\%$$

年限平均法忽略了折现因素。随着固定资产的使用,修理费越来越多,到资产的使用后期修理费和折旧额会大大高于固定资产购入的前几年,从而影响企业的所得税额和利润。

(2)双倍余额递减法。双倍余额递减法是在不考虑固定资产残值的情况下,用直线法折旧率的两倍作为固定的折旧率乘以逐年递减的固定资产期初净值,得出各年应提折旧额的方法。双倍余额递减法是加速折旧法的一种,它假设固定资产的服务潜力在前期消耗较大,在后期消耗较少,为此,在使用前期多提折旧,后期少提折旧,从而相对加速折旧。

$$年折旧率 = \frac{2}{预计折旧年限} \times 100\%$$

$$年折旧额 = 固定资产期初账面净值 \times 年折旧率$$

$$固定资产期初账面净值 = 固定资产原值 - 累计折旧 - 固定资产减值准备$$

采用双倍余额递减法计提的固定资产,应当在固定资产折旧年限到期以前两年内,将固定资产账面净值扣除预计净残值后的余额平均摊销。

例3 某医院有一台机器设备原价为600 000元,预计使用寿命为5年,预计净残值24 000元。要求按双倍余额递减法计提折旧。

解 年折旧率 = 2/5 = 40%

第1年应提的折旧额 = 600 000 × 40% = 240 000元

第2年应提的折旧额 = (600 000 - 240 000) × 40% = 144 000元

第3年应提的折旧额 = (600 000 - 240 000 - 144 000) × 40% = 86 400元

第4,5年每年应提的折旧额 = (600 000 - 240 000 - 144 000 - 86 400 - 24 000)/2 = 52 800元

(3)年数总和法

年数总和法又称折旧年限积数法、年数比率法、级数递减法或年限合计法,是将固定资产的原值减去预计净残值后的净额乘以一个逐年递减的分数计算每年的折旧额,这个分数的分子代表固定资产尚可使用的年数,分母代表使用年限的逐年数字总和。

其折旧的计算公式为

$$年折旧率 = \frac{折旧年限 - 已使用年限}{折旧年限 \times (折旧年限 + 1)/2} \times 100\%$$

例4 丁企业在2011年3月购入一项固定资产,该资产原值为300万元,采用年数总和法计提折旧,预计使用年限为5年,预计净残值为5%,要求计算出2012年和2013年对该项固定资产计提的折旧额。

解 2012年计提的折旧额为300 × (1 - 5%) × 5/15 × 9/12 = 71.25万元

2013年计提的折旧额中1~3月份属于是折旧年限第一年的,9~12月份属于是折旧年限第二年的,因此对于2013年的折旧额计算应当分段计算:

1~3月份计提折旧额为300 × (1 - 5%) × 5/15 × 3/12 = 23.75万元

4~12月份计提折旧额300 × (1 - 5%) × 4/15 × 9/12 = 57万元

2013年计提折旧额为23.75 + 57 = 80.75万元

(4)工作量法。工作量法是指按实际工作量计提固定资产折旧额的一种方法。实质上,工作量法是平均年限法的补充和延伸。适用于那些在使用期间负担程度差异很大,提供的经济效益很不均衡的固定资产。

按照行驶里程计算折旧,其计算公式为

$$单位里程折旧额 = \frac{原值 \times (1 - 预计净残值率)}{总行驶进程}$$

按工作小时计算折旧,其计算公式为

$$每工作小时折旧额 = \frac{原值 \times (1 - 预计净残值率)}{总工作小时}$$

按台班计算折旧的公式为

$$每台班折旧额=\frac{原值\times(1-预计净残值率)}{工作总台班数}$$

9.3.2 流动资产管理

流动资产是指企业可以在一年或不超过一年的一个营业周期内变现或运用的资产,包括现金、银行存款、短期投资、应收及预付账款、应收票据、存货等。

流动资产有三个显著特点。

(1)流动性大,随着资产周转循环,流动资产不断改变其形态:由货币形态依次转化为原材料、在制品、产成品后又回到货币形态,相应的资金形式为货币资金、储备资金、生产资金、成品资金、货币资金,如此循环,形成流动资金的周转。

(2)价值一次性消耗、转移或实现。在一个生产经营周期内,流动资产一次性被消耗,其价值全部转移到产品中,并通过产品销售得到补偿。

(3)占用资金具有波动性,即随着供、产、销的变化,资金占用数量有高有低,起伏不定。

1.现金的管理

现金从理论上讲有广义与狭义之分。狭义现金是指企业所拥有的硬币、纸币,即由企业出纳员保管作为零星业务开支之用的库存现款。广义现金则应包括库存现款和视同现金的各种银行存款、流通证券等。我国所采用的是狭义的现金概念。

(1)企业置存现金的原因

企业置存现金的原因,主要是满足交易性需要、预防性需要和投机性需要。

交易性需要是指满足日常业务的现金支付需要。企业经常得到收入,也经常发生支出,两者不可能同步同量。收入多于支出,形成现金置存;收入少于支出,需要借入现金。

预防性需要是指置存现金以防发生意外的支付。企业有时会出现意想不到的开支,现金流量的不确定性越大,预防性现金的数额也就应越大;反之,企业现金流量的可预测性强,预防性现金数额则可小些。此外,预防性现金数额还与企业的借款能力有关,如果企业能够很容易地随时借到短期资金,也可以减少预防性现金的数额;若非如此,则应扩大预防性现金额。

投机性需要是指置存现金用于不寻常的购买机会,比如遇有廉价原材料或其他资产供应的机会,便可用现金大量购入;再如在适当时机购入价格有利的股票和其他有价证券等。当然,除了金融和投资公司外,一般地讲,其他企业专为投机性需要而特殊置存现金的不多,遇到不寻常的购买机会,也常设法临时筹集资金。

(2)现金管理的基本原则

现金管理就是对现金的收、付、存等各环节进行的管理。依据《现金管理暂行条例》,现金管理的基本原则如下:

第一,开户单位库存现金一律实行限额管理。

第二,不准擅自坐支现金。坐支现金容易打乱现金收支渠道,不利于开户银行对企业的现金进行有效地监督和管理。

第三,企业收入的现金不准作为储蓄存款存储。

第四,收入现金应及时送存银行,企业的现金收入应于当天送存开户银行,确有困难的,应由开户银行确定送存时间。

第五,严格按照国家规定的开支范围使用现金,结算金额超过起点的,不得使用现金。

第六，不准编造用途套取现金。企业在国家规定的现金使用范围和限额内需要现金，应从开户银行提取，提取时应写明用途，不得编造用途套取现金。

第七，企业之间不得相互借用现金。

知识链接：

所谓“白条”是指没有审批手续的凭据。因此“白条”不能作为记账的依据。“白条”具有很多的危害性，主要表现在以下几个方面：

①用“白条”顶抵现金，使实际库存现金减少，日常零星开支所需的现金不足，还往往会使账面现金余额超过库存现金限额；

②用“白条”支付现金，付出随意性大，容易产生挥霍浪费、挪用公款等问题，付出后不能及时进行账务处理，不便于进行财务管理；

③“白条”一般不便于管理，一旦丢失，无据可查，难以分清责任，有时会给单位或个人造成不应有的损失。

“账外账”是指有的单位将一部分收入没有纳入财务统一管理，而是在单位核算账簿之外另设一套账来记录财务统管之外的收入。“账外账”有的是财会部门自己设置的，也有的是单位其他部门、小单位设置的。

“小金库”又称“小钱柜”，是单位库存之外保存的现金和银行存款，一般情况下与单位设置的“账外账”相联系，有“账外账”就有“小金库”，有“小金库”就有“账外账”。

设置“账外账”和“小金库”是侵占、截留、隐瞒收入的一种违法行为，为各种违法违纪提供了条件，危害性极大，必须坚决予以取缔。

2. 应收账款的管理

应收账款是指企业销售产品、商品、提供劳务时，应向购货客户或接受劳务的客户收取的款项和代垫的运杂费，它是企业采取信用销售而形成的债权性资产。

信用政策是企业应收账款的管理的有效手段，包括信用标准、信用条件和收账政策。

(1)信用标准。信用标准是企业决定授予客户信用所要求的最低标准，也是企业对于可接受风险提供的一个基本判别标准。信用标准较严，可使企业遭受坏账损失的可能减小，但不利于扩大销售。反之，如果信用标准较宽，虽然有利于刺激销售增长，但有可能使坏账损失增加，得不偿失。

(2)信用条件。信用条件是企业赊销商品时，给予客户延期付款的若干条件，主要包括信用期限和现金折扣等。信用期限是企业为客户规定的最长付款期限。适当地延长信用期限可以扩大销售量，但信用期限过长也会造成应收账款占用的机会成本增加，同时加大坏账损失的风险。为了促使客户早日付款，加速资金周转，企业在规定信用期限的同时，往往附有现金折扣条件，即客户如能在规定的折扣期限内付款，则能享受相应的折扣优惠。折扣的表示往往由折扣率与折扣期限两者构成，折扣率越小，折扣期限一般就越长；而折扣率越大，折扣期限一般就越短。现金折扣一般是采用 2/10，5/30，*N*/30 等符号表示，其意思为：2/10 即在销售发票开出后 10 天内付款，就可以享受 2% 的价格优惠；5/30 即在销售发票发出后 30 天内付款，就可以享受 5% 的价格优惠；*N*/30 即表示付款最后期为 30 天，此时付款没有价格优惠。是否向客户提供现金折扣，关键仍在于成本效益的分析，即提供折扣应以取得的收益大于现金折扣的成本为标准。

(3)收款政策。收款政策是指当信用条件被违反时,企业应采取什么行动来收回账款。收账必须有合理的收账程序和追债方法。客户拖延付款是有很多原因的,一般可分为无力付款和故意拖延。无力付款是客户因管理经营不善,引至财务出现问题,未能按时付款,遇到这些情况,企业需要对客户拖延付款进行详细的分析,决定能否再予延期付款。故意拖延是指客户有付款的能力,但为了本身利益,想尽办法故意不付款,遇到此情况,企业必要采取适当的讨债行动,达到收款目的。收账有一定的程序,由信件通知、电话催收、上门谈、法律行动等。

9.3.3 无形资产管理

无形资产是指不具备实物形态,而以某种特殊权利、技术、知识、素质、信誉等价值形态存在于企业并对企业长期发挥作用的非货币性长期资产。无形资产按其能否辨认,分为可辨认无形资产和不可辨认无形资产。可辨认无形资产包括专利权、非专利技术、商标权、租赁权、土地使用权等,不可辨认无形资产主要指商誉。

1. 无形资产的特征

无形资产在使用和形成过程中,具有不同于有形资产的特征。

(1)非实体性。一方面无形资产没有人们感官可感触的物质形态,只能从观念上感觉它。它或者表现为人们心目中的一种形象,或者以特许权形式表现为社会关系范畴;另一方面,它在使用过程中没有有形损耗,报废时也无残值。

(2)垄断性。无形资产的垄断性表现在以下几个方面:有些无形资产在法律制度的保护下,禁止非持有人无偿地取得,排斥他人的非法竞争,如专利权、商标权等;有些无形资产的独占权虽不受法律保护,但只要能确保秘密不泄露于外界,实际上也能独占,如专有技术,秘诀等;还有些无形资产不能与企业整体分离,除非整个企业产权转让,否则别人无法获得,如商业信誉。

(3)不确定性。一方面,无形资产的有效期受技术进步和市场变化的影响很难准确确定;另一方面,是由于有效期不稳定。

(4)共享性。共享性是指无形资产有偿转让后,可以由几个主体同时共有,而固定资产和流动资产不可能同时在两个或两个以上的企业中使用。例如,商标权受让企业可以使用,同时出让企业也可以使用。

(5)高效性。无形资产能给企业事业远远高于其成本的经济效益。企业无形资产越丰富,其获利能力越强;反之,企业的无形资产短缺,则企业的获利能力就弱,市场竞争力也就越差。

2. 无形资产的分类

无形资产通常包括专利权、非专利技术、商标权、著作权、特许权、土地使用权等。

(1)专利权。即国家专利主管机关依法授予发明创造专利申请人对其发明创造在法定期限内所享有的专有权利,包括发明专利权、实用新型专利权和外观设计专利权。

(2)非专利技术,也称专有技术。即不为外界所知,在生产经营活动中应采用了的,不享有法律保护的,可以带来经济效益的各种技术和诀窍。

(3)商标权。即专门在某类指定的商品或产品上使用特定的名称或图案的权利。

(4)著作权。即制作者对其创作的文学,科学和艺术作品依法享有的某些特殊权利。

(5)特许权,又称经营特许权、专营权。即企业在某一地区经营或销售某种特定商品的权利或是一家企业接受另一家企业使用其商标、商号、技术秘密等的权利。

(6)土地使用权。即国家准许某企业在一定期间内对国有土地享有开发、利用、经营的权利。

3. 无形资产的计价和摊销

无形资产应当按照成本计价。自行开发的无形资产,其成本包括自满足无形资产确认条件后至达到预定用途前所发生的支出总额,但是对于以前期间已经费用化的支出不再调整。其他方式取得的无形资产,参照固定资产计价。

9.4 企业利润管理

9.4.1 利润的构成

利润是指企业一定期间内获得的经营成果。根据我国现行《财务通则》规定,企业的利润总额主要由营业利润、投资净收益和营业外收支净额构成,其关系为

企业的利润总额 = 营业利润 + 投资净收益 + 营业外收支净额

营业利润 = 主营业务利润 + 其他业务利润 -(管理费用 + 营业费用 + 财务费用)

主营业务利润 = 主营业务收入 -(主营业务成本 + 主营业务税金及附加)

9.4.2 利润的分配

企业年度决算后实现的利润总额,要在国家、企业的所有者和企业之间进行分配。利润分配关系着国家、企业、职工及所有者各方面的利益,是一项政策性较强的工作,必须严格按照国家的法规和制度执行。我国改革后的利润分配程序为:企业的利润总额按照国家规定作相应调整后,首先要缴纳所得税;税后剩余部分的利润为可供分配的利润。可供分配利润再按以下顺序进行分配。

(1)支付被没收的财物损失,违反税收规定支付的滞纳金和罚款。

(2)弥补以前年度亏损。《财务通则》规定:“企业发生年度亏损,可以用下一年度的利润弥补;下一年度不足弥补的,可以在五年内用所得税前利润延续弥补,延续五年未弥补完的亏损,用交纳所得税后的利润弥补。”即税前弥补和税后弥补以五年为界限。亏损延续未超过五年的,用税前利润弥补,弥补亏损后有剩余的,才缴纳所得税;延续期限超过五年的,只能用税后利润弥补。

(3)提取盈余公积金。根据《公司法》规定,盈余公积金分为法定盈余公积金和任意盈余公积金。法定盈余公积金是国家统一规定必须提取的公积金,它的提取顺序在弥补亏损之后,按当年税后利润的10%提取。盈余公积金已达到注册资本50%时不再提取。任意盈余公积金由企业自行决定是否提取以及提取比例。任意盈余公积金的提取顺序在支付优先股股利之后。法定盈余公积金和任意盈余公积金可以统筹使用。盈余公积金主要用途有两个方面:弥补亏损和按国家规定转增资本金。转增资本金就是将盈余公积金转为实收资本,它实际上是向股东发放股利的过程。

(4)提取公益金。公益金主要用于企业职工的集体福利设施支出。《公司法》规定,法定公益金的提取比例为5%~10%。

(5)向投资者分配利润。企业以前年度未分配的利润,可以并入本年度向投资者分配,

本年度的利润也可以留一部分用于次年分配。

股份制企业提取公益金后，按照下列顺序分配：

①支付优先股股利。

②提取任意公积金，任意公积金按公司章程或股东大会决议提取和使用。

③支付普通股股利。企业当年无利润时，不得分配股利，在用盈余公积金弥补亏损后，经股东会特别决议，可以按照股票面值6%的比率用盈余公积金分配股利。在分配股利后，企业法定盈余公积金不得低于注册资金的25%。

9.5 财务分析与评价

企业财务分析与评价是以企业的财务报告等会计资料为基础，用一系列专门的分析技术和方法，对企业过去和现在有关筹资活动、投资活动、经营活动、分配活动的赢利能力、营运能力、偿债能力和增长能力状况等进行分析与评价的经济管理活动。

9.5.1 财务分析的基础

财务分析是以企业的财务报告为基础的。财务报告是企业向股东、债权人等企业利润相关者提供的，反映一定时期内的财务状况、经营成果和影响企业未来发展的重要经济事项的书面文件。企业财务报告主要包括资产负债表、损益表和现金流量表。

9.5.2 财务评价指标体系

通过对财务报表提供的信息进行重新组织，可形成财务评价指标体系，对企业偿债能力、营运能力、获利能力进行评价。

1. 偿债能力

企业偿还各种到期负债的能力叫做偿债能力。衡量企业偿债能力的指标有流动比率、速动比率、资产负债率和产权比率等指标。

(1)流动比率。流动比率是企业流动资产与流动负债的比值，用公式表示为

$$\text{流动比率}=\frac{\text{流动资产}}{\text{流动负债}}$$

公式中流动资产和流动负债的数据来源于资产负债表。如流动比率为2.3的含义是流动资产对流动负债的保障倍数，即每1元流动负债有2.3元的流动资产作为偿付保障。对于一般企业来说，流动比率在2.0左右较为合适。

当企业存货较多，发生存货积压时，企业用流动资产不能偿还流动负债的风险加大，此时，流动比率不能正确衡量企业的偿债能力，需要引入新的财务比率。

(2)速动比率。企业流动资产中扣除存货后的资产叫做速动资产。速动比率是速动资产与流动负债的比值，用公式表示为

$$\text{速动比率}=\frac{\text{速动资产}}{\text{流动负债}}$$

一般情况下，速动比率为1.0比较合适。但对于某些特殊的行为，这一数值并不一定适用。例如，零售业这一数值可能偏低。

(3)负债比率。负债比率又称资产负债率，是企业负债总额与资产总额的比率，用公式

表示为

$$负债比率=\frac{负债总额}{资产总额}$$

如果资产负债率过高,则企业不能按期偿付贷款利息和本金的风险就会增大,债权人的利益就得不到保障,因此债权人一般希望该比率越低越好。

从股东的立场看,他们最关心的是所投资金的效益性。当企业的全部资产由股东资金形成时,全部资金利润率即是股东资金利润率,企业不能利用财务杠杆。如果这时全部资金利润率高于借款利率,企业就应积极负债融资,利用负债资金创造较高的收益,抵付相应的借款利息后,为股东带来额外的收益。因此,股东会要求企业积极负债经营,以降低股东资金的风险,并提高权益收益。过低的资产负债率会被认为缺乏进取精神,过于保守。

对于企业的经营者来说,既要积极举债经营,又要控制资产负债率水平,防止出现较严重的财务危机。

(4)产权比率。产权比率是企业负债总额与股东权益总额的比率,用公式表示为

$$产权比率=\frac{负债总额}{股东权益总额}$$

产权比率反映了债权人提供的资金与股东提供的资本之间的关系,反映了企业的资本结构。

2. 营运能力

营运能力比率主要反映企业在生产经营过程中资金周转的状况,对这些比率进行分析,可以了解企业管理中存在的问题,并对资金运营的效率作出评价,其中重要的有存货周转率、应收账款周转率、流动资产周转率和总资产周转率。

(1)总资产周转率。总资产周转率是销售收入总额与平均资产总额的比值,用以评价企业全部资产的利用效率,其计算公式为

$$总资产周转率=\frac{销售收入总额}{平均资产总额}$$

其中

$$平均资产总额=\frac{年初资产总额+年末资产总额}{2}$$

总资产周转率高,说明企业能有效利用资产创造收入;总资产周转率低,则说明企业没有充分利用资产,需提高销售额或削减部分资产。

(2)流动资产周转率。流动资产周转率是销售收入净额与流动资产平均余额的比率,它反映企业占用在流动资产上的资金在一定时期内周转的次数。该比率越高,说明企业的销售能力越强,流动资金的利用率越高。流动资产周转率的计算公式为

$$流动资产周转率=\frac{销售收入净额}{流动资产平均余额}$$

(3)存货周转率。存货周转率反映了企业占用在存货上的资金在一定时期内周转的次数。它是一定时期的销售成本(即主营业务成本)与平均存货的比率。用公式表示为

$$存货周转率=\frac{销售成本}{平均存货}$$

其中

$$平均存货=\frac{期初存货余额+期末存货余额}{2}$$

$$存货周转天数=\frac{365}{存货周转率}$$

存货周转率越高，存货周转天数越短，说明企业存货变现速度越快。分析企业存货周转率是否合理，一般与全行业平均水平或企业历史水平相比较。存货周转率过慢，说明企业库存管理不利，经济批量过大，企业销售状况不好；存货周转率过快，说明企业的销售能力强，经常缺货，也有可能是采购批量过小的原因造成的。提高存货周转速度的途径有两条：降低存货资金占用额和缩短存货周转期。

(4)应收账款周转率。在市场经济环境中，企业越来越多地使用赊销的方式销售产品。企业的应收账款余额在总销售额中的比重越来越大。应收账款周转率是一定时期的销售收入与平均应收账款净额（扣除潜在坏账之后的应收账款）的比率，用公式表示为

$$应收账款周转率=\frac{年赊销收入净额}{平均应收账款净额}$$

其中

$$平均应收账款净额=\frac{期初应收账款净额+期末应收账款净额}{2}$$

$$应收账款平均收账期=\frac{365}{应收账款周转率}$$

一般地，企业应加快应收账款的周转速度，加速应收账款的变现。但是，与同行业平均水平或企业历史水平比较，企业应收账款周转率过快，可能是企业执行了较严的信用政策，减少赊销所致。这时企业应比较销售收入的减少额与应收账款成本降低额，使企业获得最大收益；当应收账款周转率过慢时，可能是企业为了销售执行了较宽的信用政策。

3. 获利能力

获利能力是指企业赚取利润的能力。投资者及公司经营者都非常关心这一比率。衡量获利能力的指标有资产报酬率、股东权益报酬率、销售利润率等。

(1)资产报酬率。资产报酬率也称资产净利率或资产利润率，是一定时期内的净利润与资产平均余额的比率，用以衡量企业使用全部资产获取净利润的能力，其计算公式为

$$资产报酬率=\frac{净利润}{平均资产总额}$$

资产报酬率综合反映了企业资产的运营效果。在资本结构相同的情况下，该比率越高，说明企业利用有限资产获取净利润的能力越强。在实际运用中，行业间资产报酬率会趋于平衡。这是因为，资产作为一种资源，会向资产报酬率较高的行业转移，直至每个行业获得平均利润率。

(2)股东权益报酬率。股东权益报酬率也称净资产收益率，是净利润与股东权益平均总额的比率。用公式表示为

$$股东权益报酬率=\frac{净利润}{股东权益平均总额}$$

股东权益报酬率反映了企业资产利用效果和利用财务杠杆两方面的能力。这是因为

$$股东权益报酬率=资产报酬率\times平均权益乘数$$

其中

$$平均权益乘数=\frac{资产总额}{股东权益总额}$$

当企业经营利润率（税息前利润率）大于借款利率时，企业负债经营，可以利用财务杠杆提高股东权益报酬率；当企业资本结构一定时，提高资产报酬率也可以提高股东权益报酬率。

(3)销售净利率。销售净利率是净利与销售收入的比率。用公式表示为

$$销售净利率=\frac{净利润}{销售收入净额}$$

它说明每一百元的销售收入中,净利润为多少元。在资本结构一定的情况下,销售净利率越高,企业通过销售赚取利润的能力越强。

资产报酬率与销售净利率、总资产周转率之间的关系为

$$资产报酬率=销售净利率\times总资产周转率$$

企业要提高资产报酬率,一是提高市场占有率,增加年销售收入,节约资金占用,提高总资产周转率;另一个途径是在增加销售收入的同时,节约成本费用,提高销售净利率。

复习思考题:

1. 简述企业财务活动的内容和主要财务关系。
2. 流动资产和固定资产管理包括哪些内容?
3. 怎样进行利润管理?
4. 财务评价有哪些指标?

案例分析题:

上海申光玻璃总厂是1982年开始立项的扩产基建项目,1984年与天津、山东、安徽、江苏的玻璃瓶项目同时被国家计委批准,1989年正式批准开工,1992年竣工投产。该厂进入生产经营阶段后,生产稳定,销售形式较好。1992年主利税总额262万元,1993年利税总额37.8万元,在全国五大玻璃瓶项目中生产经营状况是最好的。然而由于从筹划到建成阶段累积了大量债务,总投资14 781万元中除50万元的自有资本金外全部由银行贷款,即使用1992年和1993年1月至6月的利税总额尚无法偿还1993年到期的利息和本金。

为了尽快摆脱困境,该厂家寄希望于与外商合资经营,以走出一条生存之路。1993年7月,与世界制瓶业排名第三的澳大利亚ACI包装集团合资成立“澳联公司”。澳联公司总资产6 100万美元,申光玻璃总厂将其大部分优良资产投入合资公司,占30%股份,澳方以现金投资,占70%股份。合资公司1993年至1995年一直处于亏损状态,1996年才赢利945万元。该厂按30%的股份分成利润283.5万元,远不能偿还债务,并且由于合资后,该厂几乎全部精华进入合资公司,留下的是近2 000名职工和分流人员的沉重包袱及巨额债务负担。

由于申光玻璃厂合资后已无主营业务可言,成了一个虚拟的经济实体,从合资公司所获的利润只是杯水车薪。资不抵债,入不敷出,摆在其面前的路只有一条,即申请破产。对其在澳联的30%的股权进行重新评估后有偿转让给上海轻工玻璃总公司,所得额用于安置留守的职工后已所剩无几。在此之前,安徽、天津、山东、无锡四大玻璃厂已相继于1996年、1997年间破产。20世纪90年代初陆续投产、投资额均在亿元以上的五大玻璃厂已全军覆没,而与国内玻璃企业形成鲜明对照的是,澳联公司1996年的市场占有率已达30%以上。从发展趋势看,澳方以其雄厚资金实力可以增股扩股,而占公司30%股份的上海轻工玻璃总公司是以国有资产投资入股,一旦无能力再追加资本,澳联公司将完全由澳方控制。

思考题:

1. 申光玻璃总厂为何申请破产?

2. 试分析引进外资的机遇和风险。

实践课题：

在老师或其他人的帮助下，听某一企业财务主管谈谈企业财务的运作，了解企业资金的筹集、投资、收入、成本、利润及财务评价指标的情况及财务报表是如何产生的。

模块十 人力资源管理

★**知识目标**：熟悉人力资源的概念、构成及特点；
熟悉人力资源规划的含义、内容、程序；
熟悉人员选聘的原则和途径及人员培训的方法；
熟悉绩效考核的概念、基本原则、程序、方法和步骤；
熟悉薪酬的构成。

★**技能目标**：理解并运用人力资源管理的基本原理；
能够制订招聘计划并实施招聘；
能够制订培训计划和实施培训工作。

引导案例：

A公司刘总刚从日本考察回国，对日本企业管理界研读中国《三国演义》感慨良多。旋即在公司中高层管理者中推行这一做法，并且规定每季度要召开读书心得交流会，要求每次围绕一个主题，以一人为主题发言，大家参与讨论。一年过去了，刘总感到收效不明显。今晚照例轮到人力资源管理部吴经理做主题发言。吴清清嗓子开口道："为了准备这次研讨，我去了趟广州，与我的导师讨论了有关《三国演义》与人力资源管理的有关问题……从人力资源管理部的角度看，我认为《三国演义》是部企业管理和人力资源管理方面发人深省的反面教材，是先人留给我们的一部警世之作。"此言一出，满座哗然。

吴经理继续说道，从人力资源管理的视角看，《三国演义》是一座取之不尽的富矿，只不过是人们长期以来忽视它而已。我的导师与我讨论了三国各自的战略意图与人力资源管理战略，各自的选人、育人、用人、留人策略及其成功与失当之处，并着重对曹操、孙权、刘备尤其是诸葛亮在人力资源管理方面的功过是非进行了深入的探讨，得出了许多与人们通常认识不一致的结论，使我既感到震撼又收益良多。

曹操之所以能够统一北方但又始终无法统一全国，最终导致三分天下的格局，与其在不同阶段的战略思维与用人战略是分不开的。孙权虽说是继承父兄基业，但在诸侯林立之中仍然稳据东南，与他在不同阶段根据形势需要使用关键人才是分不开的，起初是重用周瑜开疆劈土，再次是任用鲁肃整顿内务，继而使用吕蒙稳定局面，最后是大胆起用年轻的陆逊去抗拒老谋深算的刘备，创造了火烧连营七百里的战争佳话。刘备的起家则完全靠的是外貌忠厚内藏乾坤的雄才大略和一套叹为观止的人力资源策略。从刘关张桃园三结义奠定刘备集团的核心，到网罗卧龙凤雏形成其参谋咨询班底，再到吸引赵云、黄忠、马超、魏延等战将，从一个落泊之人到成就伟业之雄才,处处显示其卓著的人力资源管理才能。而反观诸葛亮,则是谋事能臣,用人庸才。刘备去世后,实际掌握蜀汉大权的诸葛亮的每一决策几乎都与人力资源管理理念背道而驰。其用人策略与其战略理念相违背,本应是东和孙吴,北拒曹魏,却安排与曹魏不清不楚而与孙吴不共戴天的关羽镇守荆州,由于不重视人才培养和使用导致蜀中无大将,廖化作先锋,由于不懂(舍)得授权,事必躬亲,致使年仅50余岁英年早逝,空使英雄泪满襟。我们试想,如果诸葛亮投奔曹操且得到重用会怎么样?或者以诸葛亮之才,又懂得运用人力资源管理策略,也许历史将会重写。吴经理的话音刚落,会议室里陷入了长久的沉默。

10.1 人力资源管理概述

大凡要成就一番事业者,仅凭个人的力量是有限的。一个组织实际上就是一群人的集合体,如何将这些人力资源整合成能够攻无不克、战无不胜的团队,正是人力资源管理所要研究的问题。

10.1.1 人力资源

1. 人力资源的概念

在自然界中影响财富创造的因素按其性质来分,可分为两类:人力和物力。物力包括矿藏、土地、水源、动植物、物资、时间、空间等,它们都是自然界提供的,也可称为自然物;人力是指人的劳动能力,人力资源的使用过程就是劳动。

资源,从字面上讲,是指资财或财富的来源,资财是某种可备利用,提供资助或满足需要的东西,经济学上常指为了创造财富而投入生产过程中的一切要素称为资源。

人力资源,又称劳动力资源或人力资本,是指能推动社会生产力发展,创造社会财富,能进行智力劳动和体力劳动的人们的总称。如果从现实的应用形态来看,则包括体质、智力、知识和技能四个方面。

2. 人力资源的构成

人力资源包括人力资源数量和人力资源质量。

(1)人力资源数量指的是一个国家或地区具有劳动能力并从事社会劳动的人口,加上劳动适龄人口之外具有劳动能力的人口。

关于劳动年龄,由于各国的社会经济条件不同,劳动年龄的规定不尽相同。一般国家把劳动年龄的下限规定为15岁,上限规定为64岁。我国招收员工规定一般要年满16周岁,员工退休年龄规定男性为60周岁(到60岁退休,不包括60岁),女性为55周岁(不包括55岁),所以我国劳动年龄区间应该为男性16~59岁,女性16~54岁。

(2)人力资源的质量指人力资源所具有的体质、智力、知识和技能水平及劳动者的劳动态度。可通过一系列指标进行衡量:健康卫生指标——如平均寿命、每万人拥有的医务人员数量;教育状况指标——人均受教育年限、每万人大学生拥有量;劳动者的技术等级状况——每万人中高级职称人员所占的比例等;劳动态度指标——对工作的满意程度、工作的努力程度、工作的负责程度、与他人的合作性等。

3. 人力资源的特点

与物力资源相比,人力资源有以下特点。

(1)能动性。即能有目的地进行改造外部世界的活动。人具有意识,这种意识不是低水平的动物意识,而是对自身和外部世界具有清晰看法的,对自身行动作出抉择的,调节自身与外部关系的社会意识。这种意识使人在社会生产中居于主体地位,使人力资源具有了能动作用,能够让社会经济活动按照人类自己的意愿发展。

(2)智力性。即它包含着智力的内容,一般的动物只能靠自身的肢体运动做功,取得其生存资料。人类则把物质资料作为自己的手段。人类创造了工具,通过自身的智力,使器官得到延长、放大,从而使得自身的能力无限扩大,推动数量巨大的物质资料,获得丰富的生活资料。人类的智力具有继承性,这是指人力资源所具有的劳动能力随着时间的推移的不断积累、延续和增强。

(3)再生性。人力资源是一种可再生资源,其再生性即人口的再生产和劳动力的再生产,通过人口总体内各个体的不断替换更新和劳动力再生产的过程得以实现。人力资源的再生性不同于一般生物资源的再生性,除了遵守一般的生物学规律之外,它还受着人类意识的支配和人类活动的影响。

(4)双重性。一方面,人力资源存在于人体之中,是一种“活”的资源,与人的自然生理特征相联系,这即其生物性,也是人力资源的最基本特点;另一方面,人力资源还具有社会性。从一般意义上说,人力资源是处于一定社会范围的,它的形成要依赖社会,它的分配(或配制)要通过社会,它的使用要处于社会经济的分工体系之中。从本质上讲,人力资源是一社会资源。

(5)时效性。即它的形成、开发、使用都具有实践方面的限制。从个体的角度看,作为生物有机体的人,有其生命的周期;而作为人力资源的人,能从事劳动的自然时间又被限定在生命周期的中间一段;能够从事劳动的不同时期(青年、壮年、老年),其劳动能力也有所不同。

10.1.2 人力资源管理

1. 人力资源管理的定义

人力资源管理是指运用现代化的科学方法,对与一定物力相结合的人力进行合理的培训、组织和调配,使人力、物力经常保持最佳比例,同时对人的思想、心理和行为进行恰当的诱导、控制和协调,充分发挥人的主观能动性,使人尽其才,事得其人,人事相宜,以实现组织目标。

根据定义,可以从两个方面来理解人力资源管理。一是对人力资源外在要素——量的管理。对人力资源进行量的管理,就是根据人力和物力及其变化,对人力进行恰当的培训、组织和协调,使二者经常保持最佳比例和有机的结合,使人和物都充分发挥出最佳效应。二是对人力资源内在要素——质的管理。主要是指采用现代化的科学方法,对人的思想、心理和行为进行有效的管理(包括对个体和群体的思想、心理和行为的协调、控制和管理),充分发挥人的主观能动性,以达到组织目标。

2. 企业人力资源管理的目标

(1)企业从人力资源潜力的充分发挥中获得最大的利益(收益最大化);

(2)企业员工通过劳动从组织中获得预期的物质和心理两方面的最大回报(效用

最大化);

(3)通过员工与企业的良好互动关系,形成企业长期的顾客满意最大化。

为了达到上述目标,所有人力资源管理活动必须相互配合支持,并与企业的战略经营目标和企业绩效改善目标保持一致。

10.1.3 人力资源管理基本原理

人力资源管理和其他管理一样,必须遵循相应的管理规律,才能使管理做到科学、规范、有效。人力资源管理规律是由人力资源管理的任务和人力资源的情况两个因素的相互作用而形成的。人力资源管理的基本原理包括以下方面:

1. 投资增值原理

投资增值原理是指对人力资源的投资可以使人力资源增值,而人力资源增值是指人力资源品位的提高和人力资源存量的增大。劳动者劳动能力的提高主要靠两方面投资:营养保健投资和教育培训投资。人力资源存在于人的活体中,人的健康身体是人力资源的物资承担者。健康的身体应该是完善的感觉器官、神经系统和运动系统,充沛的体力和耐力的身体。劳动者要拥有一个健康的身体,就必须在营养保健方面进行投资。正当的投资形成正常的生活消费,止当的生活消费造就健康的身体。有了健康的身体才有可能形成较高的劳动能力。因此,营养保健投资是提高劳动者劳动能力的重要投资。但是,只有健康的身体还不能认为就有了较高的能力。在生产力很落后的情况下,劳动者较高的劳动能力表现为能从事较强程度的劳动和忍耐更长的劳动时间。随着科学技术的不断发展,生产中大量运用科学技术进行劳动,劳动能力的高低主要不是表现为劳动强度高低和劳动时间长短,而是劳动者掌握科学技术的程度。掌握较多科学技术知识的劳动者,在劳动中就能运用较多的科学技术从事劳动,从而大大提高劳动生产率。对劳动者来说,科学技术知识不是与生俱来的,而是靠后天的不断学习而掌握的。要想使企业中的员工提高其生产效率和生产能力,就必须对其进行业务培训。

2. 激励强化原理

心理学家们认为,人的行为来自于他的心理动机,而心理动机的形成又受到他的需求欲望的驱使。因此,针对人的不同需求欲望给予满足或限制,就可以影响其心理动机,从而达到改变其行为的目的。人们把这一过程称为激励。激励过程实质上就是激发、调动人的积极性的过程。激励强化指的是通过对员工物质的或精神的需求欲望给予满足的允诺,来强化其为获得满足就必须努力工作的心理动机,从而达到充分发挥积极性并努力工作的结果。人在工作过程中是否有积极性,或积极性多高,对于其能力的发挥程度至关重要。科学家们估计认为,当一个人在工作中充分发挥了积极性、主动性,那么他发挥出来的能力可达80%~90%,而在工作中缺乏积极性、主动性的人,他只能发挥出20%~30%的能力。人力资源管理者的任务不只是获得人力资源为目标,而是获得人力资源之后,要通过各种开发管理手段,合理使用人力资源,提高人力资源的利用率。

3. 个体差异原理

人力资源是由一个个的劳动者的劳动能力组成的。而各个劳动者的劳动能力由于受到身体、教育程度、实践经验等因素的影响而各自不同,形成个体差异。就个体能力来说,这种差异包括两方面:一是能力性质、特点的差异。即能力的特殊性不同。如计算能力、操作能力、规划能力、交际能力、表达能力、研究能力等个人能力的特殊性,形成他的专长、特长,即他能干什么,最适合干什么。人也有其短处一面,即不能干什么,不适合干什么。有所长又有所短,这才是真实的人。"金无足赤,人无完人",说的正是这个道理。二是能力水平的差异。不同的人,能力才干是不同的。有的高些,有的低些。承认人与人之间能力性质、特点差异的目的是为了用人之长、避人之短。"长"者表示其所能,是可利用的人力资源;"短"者表示其不能,不构成人力资源,也就无所谓利用。"用人之长,避人之短"是人力资源管理的基本原则。承认人与人之间能力水平上的差异,目的是为了在人力资源的利用上坚持能级层次原则,大才大用,小才小用,各尽所能,人尽其才。

4. 互补合力原理

在现代社会中,任何个人都不可能孤立地去做事,人们只有结成一定的关系或联系,形成一个群体来共事。因此,群体内部的关系如何直接关系到该群体所承担任务的完成情况。现代人力资源管理要求,一个群体内部各个成员之间应该是密切配合的互补关系。人各有所长也各有所短,以己之长补他人之短,从而使每个人的长处得到充分发挥,避免短处对工作的影响,这就叫做互补。互补产生的合力比之单个人的能力简单相加而形成的合力要大得多。这是因为当个体与个体之间,个体与群体之间具有相辅相成的时候,群体的整体功能就会正向放大;反之,整体功能反向缩小,个体优势的发挥也受到人为的限制。个体与个体之间的互补内容主要是指以下几方面:

(1)特殊能力互补。一个单位需要完成的任务是多种多样的,每一项具体的任务都需要具有特殊能力的人去完成。但是,一个人一般只有一种或几种特殊能力,为了使一个单位的人员能够顺利完成本单位的各项任务,就要使单位内的每一个人的特殊能力产生互补关系:形成合理的能力结构。要做到这一点,人力资源管理者就要严格按照每一个工作岗位(职位)的特殊要求,选拔聘用具有相应特殊能力的人。

就拿一个单位的领导班子来说,一般应由以下四种具有不同能力的人组成,才能形成互补关系:一是善于思考,具有决断能力的人;二是善于交往,具有调节和解决各种难题能力的人;三是善于苦干、巧干,具有从事实际工作能力的人;四是联想分析,具有综合能力的人。第一种人是属于"帅才",后三种人属于"干才",但各人的"才干"又各有特长:有交际周旋方面的,有实干方面的,有综合调整方面的。领导班子中都是"帅才"而无"干才"不行,只有"干才"而无"帅才"也不行;只有某一方面的"干才"而无其他方面的"干才"同样不行。合理的能力搭配,才能取长补短,形成互补,从而大大提高"集体力"。

(2)能级互补。即能力等级的互补,人与人之间不仅存在能力特点(即特殊能力)的不同,而且在能力水平上也是不同的。前者是能力的质的区别,后者属于能力的量的区别。实际工作对人的能力水平的要求是有层次的,能力层次也就是能力等级。比较复杂、繁重、责任大的任务,需要具有较高能力的人去完成;比较简单、容易、责任较轻的任务,拥有较低能力的人就可完成。如果一个单位或组织都要高能级的人,就会出现高能力层次的人从事只需要低能力层次的工作,造成高能低就,浪费人才,也就是浪费了高素质的人力资源;反之,如果一个单位或组织都是低能级的人,就会出现低能力层次的人从事需要高能力层次才能从事的工作,造成低能高就,滥竽充数,贻误工作。

(3)年龄互补。一个单位或组织的工作,有的需要具有丰富阅历、稳健的中老年人去完成比较有利,有的则需要朝气蓬勃、干劲十足的年轻人去做更合适。中老年人的经验和稳健可弥补年轻人思考不周、易于冲动的不足;而年轻人的热情、干劲又可弥补中老年人的某种惰性。年龄上的互补,可以使一个单位或组织的工作既稳健又朝气蓬勃。

(4)气质互补。心理学认为,气质是人的典型的、稳定的心理特性,它是一个人生来就具有的心理活动的动力特征。人的气质并不影响他的能力,但会影响他的行为特征以及与别人的相互关系。不同气质的人具有不同的性格特征,而不同的工作任务,需要相应性格的人去完成。一个单位或组织的成员,如果在气质上也是互补的,就会形成一种合力,从而大大提高工作效率,更好地完成单位或组织的任务。

5. 动态适应原理

动态适应原理是指人力资源的供给与需求是通过不断的调整才能求得相对适应。随着事业的发展,适应又会变为不适应,又要不断调整达到重新适应,这种不适应—适应— 再不适应—再适应的循环往复的过程,正是动态适应原理的体现。

6. 同素异构原理

同素异构原理一般是指事物的成分因在空间组合关系和方式的不同,即在结构形式和排列次序上的不同,会产生不同的结果,引起不同的变化。例如,在群体成员的组合上,同样数量和素质的一群人,由于排列组合不同而产生不同的效应;在生产过程中,同样人数和素质的劳动力因组合方式不同,其劳动效率高低也不同。

10.2 企业人力资源规划

10.2.1 企业人力资源规划的含义

企业人力资源规划是指企业适应周围环境的变化,为实现企业的总体目标,在现有人力资源状况分析的基础上,对未来较长周期内(一年或一年以上)人力资源的供给与需求作出预测,并制定实施计划来满足企业发展对于人力资源的需要。可以从四个方面来把握这一含义:

(1)人力资源规划是企业适应内外环境变化的需要。企业所处的内外环境是不断变化的,这就必然影响到企业人力资源的需求和供给变化,人力资源规划可对这些变化进行科学的预测和分析,从而保证企业在近期、中期和远期都能获得必要的人力资源补充。

(2)企业的人力资源供需不平衡是经常的,所以人力资源规划要用稳定的政策措施来应对。企业中经常会出现新的业务拓展或原有业务规模的扩大,这都会在绝对数上产生对外部人员的需求,也可能会在某些方面收缩业务或发生技术对人员的替代,这又会产生过剩人员,即使在问题平衡时,正常的人员调动、升迁、退休、离职等也会产生结构性不平衡,因此人力资源规划要落到实处。

(3)人力资源规划是企业总体规划的一个组成部分,因此要以企业战略目标为导向。企业战略规划要先行,人力资源规划要服从和服务于企业战略规划。

(4)对企业目标的服从不能以牺牲员工利益为代价,应综合平衡。企业的人力资源规划要为员工的自我发展创造良好的条件,企业应该充分发挥每个员工的积极性、主动性和创造性,要不断提高员工的工作效率,从而最终实现组织的经营目标。在考虑企业经营目标的同时,企业应该关心每一个员工的利益和发展要求,要引导他们在实现企业目标的同时实现个人的自我价值。只有这样企业才能获得所需要的人力资源。

企业人力资源规划是企业发展战略和年度计划的重要组成部分,是企业人力资源管理各项工作的依据。

10.2.2 企业人力资源规划的的内容

(1)企业战略发展规划。企业战略发展规划是各种人力资源具体计划的核心,是事关全局的关键性计划。

(2)企业组织人事规划。企业组织人事规划是人力资源战略规划的下属概念,包括组织结构调整变革计划、劳动组织调整发展计划、劳动定员定额提高计划。

(3)企业制度建设规划。企业要保证人力资源总体规划目标的实现,就必须不断建立、健全和完善企业人力资源管理的制度体系,使人力资源管理的吸引、录用、维持、评价、调整、发展等六项基本职能得到充分的发挥。

(4)企业员工开发规划。人力资源的开发和利用是人力资源规划的重点,它包括企业全员培训开发规划、员工职业道德的教育计划、员工职业技能的培训计划、专门人才的培养计划等。这类计划的编制和实施,有利于提高企业整体素质和员工个体素质,增强企业智力资本的竞争优势。

10.2.3 人力资源规划的程序

1. 收集信息

人力资源规划的信息要靠人力资源信息系统来提供,拥有这一系统的企业搜集和分析信息的效率要高一些。无论有无人力资源信息系统,信息的搜集都要从企业内外两个环境入手来进行分析。

(1)外部环境分析。所谓外部环境就是影响企业正常经营的外部因素,如企业所在地的政治、经济、文化、法律、人口以及社会环境等。外部环境中最重要的因素是劳动力市场因素、政府相关法律法规以及劳动者的自主择业情况。外部环境因素会直接影响人力资源供给状况,如劳动力市场的缩小会直接导致企业人力资源的外部供给减少。

(2)内部环境分析。内部环境主要包括组织的经营战略、企业的人力资源结构以及企业的环境等。企业的经营战略是企业的宏观计划,对企业内所有的经营活动都有指导作用。企业的环境主要包括企业现有的组织结构、管理体系、薪酬设计以及企业文化等,只有对企业现有的组织结构有了充分的了解,才能预测企业未来的组织结构。企业的人力资源结构就是现有的人力资源状况,包括人力资源数量、素质、年龄、工作类别、岗位等,有时也涉及员工价值观、员工潜能等。只有对现有人力资源进行了充分了解和有效利用,人力资源规划才能真正实现它的价值。

2. 人力资源供需预测

人力资源供给和需求预测是人力资源规划的核心部分,也是技术要求最高的部分,供需预测的准确性直接决定着人力资源规划的成败。

(1)人力资源需求预测。需求预测主要是根据企业战略规划和企业的内外条件选择预测技术,然后对人力资源需求结构和数量进行预测。

影响人力资源需求预测的因素主要有:企业的业务量或产量,预期的人员流动率,提高产品或劳务的质量以及进入新行业的决策对人力需求的影响,生产技术水平或管理方式的变化对人力需求的影响,企业所能拥有的财务资源对人力需求的约束。通过需求预测可以得出企业在员工数量、组合、成本、新技能、工作类别等方面的需求,以及为完成企业目标所需的管理人员数量和层次。

最简单的人力需求预测是先预测企业产品或服务的需求,然后将这一预测转化为满足产品或服务需求而产生的对员工的实际需求。

(2)人力资源供给预测。人员供给预测也称为人员拥有量预测,包括两部分:一是内部拥有量预测,即根据现有人力资源及其未来变动情况,预测出各规划时间点上的人员拥有量;二是对外部人力资源供给量进行预测,即确定在各规划时间点上的企业外部各类人员的可供给量。企业外部人力资源供给的主要渠道有:各类学校毕业生、失业人员、转业退伍军人、其他企业或组织人员。内部供给是企业人力资源供给的优先途径,在内部供给不能满足企业需要时,才需要进行外部人力资源供给预测。

3. 人力资源供需平衡

在充分掌握了人力资源的供求预测后,可以根据企业的具体情况,制定相应的措施,以实现企业人力资源供求的平衡。通常来说,人力资源供给与需求之间可能有四种较为典型的情况存在:人力资源供不应求,人力资源供大于求,人力资源供给与需求之间的结构关系失调,人力资源供给和需求基本保持平衡。人力资源供给和需求基本保持平衡的情形较少,且都是短期行为,任何一个企业都不可能存在长期的均衡,这是由企业内外环境的复杂性所决定的。

当人力资源供不应求,企业可考虑下列做法:

(1)从外部雇用人员,包括返聘退休人员;

(2)提高现有员工的工作效率,具体方法有改进生产技术、进行技能培训、提高员工工资、调整工作方式等;

(3)适当延长现有员工工作时间;

(4)降低员工离职率,减少员工流失,同时进行内部调配,通过增加内部流动性来提高某些职位的供给;

(5)组织的某些业务外包,减少对人力资源的需求。

当人力资源供过于求,企业可考虑下列做法:

(1)扩大经营规模或者开拓新的经济增长点,从而增加对人力资源的需求;

(2)冻结招聘,即暂停从外部招聘人员;

(3)提前退休,即给那些接近退休年龄的员工提供比较优惠的政策,让他们提前离开企业;

(4)缩短工作时间、工作分享或降低于员工工资;

(5)对富余员工进行培训,为企业未来发展储备人才;

(6)永久性裁员或辞退员工。

当人力资源供给与需求之间的结构关系失调,企业可考虑下列做法:

(1)重新配置现有人员,通过晋升、调动、降职,弥补空缺岗位;

(2)进行针对性的专门培训,是内部人员能够胜任空缺职位的工作;

(3)进行人员置换,裁减组织不需要的人员,同时补充组织需要的人员。

4. 人力资源规划的制定与实施

人力资源规划的制定就是根据前面对供需的平衡需要制定各种具体的规划,重点要做好三个方面。

(1)设计新的组织结构,能够吸引、容纳、保留、激励员工,以服务于规划目标。这种组织应该具有以下特征:员工拥有更多的工作自主权;参与决策与管理的机会;畅通的全方位的沟通网络;内部激励与外部激励有机结合的激励系统与机制;更进步的工作设计;关心员工工作生活质量与生产率并重;全面考虑员工的技能、知识、个性、兴趣、偏好及组织特征之间的相互匹配等。

(2)设计有效的替换计划和继任计划。替换计划主要适用于一般员工,并关注近期需要,需要包括:随着新技术、新产品、新市场的发展,哪些不适应的人员需要替换;替换计划表要标明各个任职者的姓名、需要替换的人员姓名、可能替换该任职者的人员的姓名以及需要从外部招聘的人员资质特征等。继任计划主要适用于管理者,具有长期性、开发性和弹性;强调继任的及时性、代际之间的年龄梯次性和能力的递升性;注重继任者的储备性、差额性。

(3)设计裁员计划。裁员是企业由于各种原因在人力资源供大于需或供不适应需时的重要活动,是人力资源计划的重要组成部分。裁员计划要适当、适度、适时。它包括:提前退休、外部安置、工资清算、工作技能再培训、提供工作转换机会、员工职业生涯计划设计以及有关的咨询服务等。

在人力资源规划政策的指导下,确定具体的实施方案。一般来说,供求情况和相应的政策确定后,执行的具体操作和技术就不成问题,问题是企业要重视这些工作,明白人力资源规划对企业经营的影响程度,按科学程序进行管理。人力资源规划实施过程需要注意以下几点:

(1)必须要有专人负责既定方案的实施,要确保这些人拥有保证人力资源规划方案实现的权利和资源;

(2)要确保不折不扣地按规划执行;

(3)在实施前要作好准备;

(4)实施时要全力以赴;

(5)要有关于实施进展状况的定期报告,以确保所有的方案都能够在既定的时间里执行到位,并且保证方案执行的初期成效与预期的情况一致。

5. 人力资源规划过程的反馈与评估

对人力资源规划实施的效果进行评估是整个规划过程的最后一步,由于预测不可能做到完全准确,因此人力资源规划也不是一成不变的,它是一个开放的动态系统。人力资源规划的评估包括两层含义:一是指在实施的过程中,要随时根据内外部环境的变化来修正供给和需求的预测结果,并对平衡供需的措施作出调整;二是指要对预测的结果以及制定的措施进行评估,对预测的准确性和措施的有效性作出衡量,找出其中存在的问题以及有益的经验,为以后的规划提供借鉴和帮助。

10.3 人员选聘与培训

人员选聘包括招聘和选拔,是企业寻找那些有能力、又有兴趣到企业任职,并从中吸引录用合适人员的过程。

10.3.1 人员招聘

人员招聘就是企业通过各种信息,把具有一定知识、能力和技巧,同时又有兴趣到本企业工作的潜在的任职者吸引到企业空缺岗位的过程。人员招聘是人力资源开发与管理中极为重要的环节。人力资源规划是企业招聘人员的基本前提,人力资源规划的结果决定了企业招聘人员的数量、结构和类型,决定了企业人员招聘的途径。

1. 招聘的原则

(1)因事择人。企业应依据人力资源规划进行招聘。多招人、招错人,都将给企业带来很大的负面作用,除了人力成本、低效率、犯错误等看得见的损失外,由此导致的人浮于事还会在不知不觉中对企业文化造成不良影响,并降低企业的整体效率。

(2)用人所长。在招聘中,必须考虑有关人选的专长,量才使用,做到"人尽其才""事得其人",这对应聘者个人以及企业都非常重要。

(3)双向选择。招聘者要在劳动力市场上搜寻令他满意的劳动者,而求职者也想在劳动力市场上寻找心仪的用人单位,双方应处于平等的法律地位,相互选择,而不是单方面意愿。

(4)公开。招聘信息、招聘方法应公之于众,并且公开进行。这样既可将录用工作置于公开监督之下,以防止不正之风,又可以吸引大批的应聘者,从而有利于招到一流人才。

(5)平等竞争。对所有应聘者应一视同仁,不得人为地制造各种不平等的限制。要通过考核、竞争公平地选拔企业所需的人才。

2. 招聘的途径

人员招聘的途径主要包括内部招聘和外部招聘,根据需要也可以采取内外部结合招聘。

(1)内部招聘。内部招聘是指企业利用现有的员工补充职业空缺的政策,其方法有公开招募、内部提拔、横向调动、岗位轮换、重新雇用或召回以前的雇员等。其中,公开招聘是面向企业全体人员,内部提拔、横向调动和岗位轮换则是局限于部分人员,重新雇用或召回以前的雇员就是吸引那些因企业不景气等原因而被企业裁减的人或者在竞争中被暂时淘汰下去的人。

(2)外部招聘。为保证企业发展的需要,必须不断地从外部寻求人才,满足自身的需要。外部招聘包括到大学、人才交流会、专业协会或介绍所去物色对象,也可通过报纸、专业杂志、广播电视等媒体上刊登广告公开招聘。要使外部招聘有效实施,对企业空缺职位所需人员的能力和资格要求必须描述清楚,否则将会增加许多不必要的工作量。此外,企业内部成员引荐也是一个有效的途径。

大多数企业实行内外招聘并举。如果某一企业的外部环境和竞争情况变化非常迅速,它就既需要开发利用内部人力资源,同时又必须侧重利用外部人力资源。对那些外部环境变化缓慢的企业来说,从内部进行提拔往往又更为有利。内外部招聘的优劣比较见表 10-1。

表 10-1 内外部招聘的优劣比较

招聘渠道	优点	缺点
内部招聘	可提高被提升者的士气;对员工能力可更准确地判断,在有些方面可节省成本;可调动员工的工作积极性;可促成连续的提升;一般只从低级别的员工中选拔	"近亲繁殖"造成企业的视野逐渐狭窄;易形成"政治上的"勾心斗角;未被提升的人或许士气低落;必须制订管理与培养计划
外部招聘	能够吸收"新鲜血液";有利于带来新的观念和思维;有助于拓宽企业的视野;比培训专业人员要廉价和快速;在企业内没有业已形成的政治支持者	可能引来企业窥察者;可能未选到"适应"该职务或企业需要的人;可能会影响内部未被选拔的候选人小集团的士气;新员工需要较长的"调整期"或熟悉时间

10.3.2 人员选拔

招聘的最终目的是选择到合适的人选，以帮助实现企业目标。无论是内部招聘还是外部招聘，都要经历选拔过程。

人员选拔就是选择具有资格的人来填补岗位（或职务）空缺的过程，是人员招聘时的甄别、挑选、确认的过程。

1. 人员选拔的程序

（1）审查申请表（求职者）和简历。求职者通常填写求职申请表，提交个人资料。求职表要求的具体信息可能依企业不同而有所差别，甚至依组织中工作类型不同而不同。一般来说，求职表主要包括姓名、地址、电话号码、学历、工作经历等信息。企业要将填好的求职表中的信息与职位要求进行比较，以确定求职者的条件与企业要求是否一致。简历不同于求职表，简历始于一页白纸而求职表始于具体的问题。求职者会挑选一些资料放在简历表上，一般来说，求职表上要求的信息在简历上也应当提供。例如，工作经历、教育程度、学术成果、职业生涯和目标等。

求职表和简历审核主要包括十个方面的问题：一是浏览求职表和简历；二是寻找遗漏；三是审核求职者的就业历史，确认是否有时间空白；四是审核重叠时间；五是记下其他不一致的地方；六是考虑工作变化的频率；七是客观评价一个人的薪水要求；八是谨慎评价求职者的离职理由；九是如果一个人的职责在求职表和简历中没有描述清楚，要让其解释清楚；十是审核求职表或简历中的重点模糊之处。

（2）笔试和面试。笔试是让求职者在试卷上笔答事先拟好的试题，然后由主考人员根据求职者解答的正确程序予以评定成绩的一种测试方法。通过笔试，可以测到求职者的基本知识、专业知识、管理知识和相关知识的掌握情况，以及综合分析问题的能力、文字表达能力等。笔试作为一种简便易行的测试方法，至今仍不失为人才选拔的一种重要方法。但由于这种方法不能全面考察求职者的工作态度、品德修养及组织管理能力、口头表达能力和操作技能等，因此，还需要采用其他测试方法进行补充。

面试是一种面试人与求职者相互交流信息的有目的的会谈。面试是获取求职者的相关个人资料最常见的方法之一，企业实际上都在采用这种方法。经验证明，书面的东西容易起误导作用。企业需要更多的信息确定候选人是否愿意并且能够适应该企业岗位的工作。面试的内容依企业及工作的不同而有很大的差异，包括专业技术能力（通常通过学习成绩或学术成就和工作经历表现出来）、个人素质、个人特点（如人际关系能力）及个人潜力（包括求职意向）等。

（3）测试。人员录用测试的内容非常广，主要包括智力测验（测试学习、分析解决问题的能力，包含表达、计算、推理、记忆和理解的能力）、技能测验（测试某些具体工作所需的特殊技能，如手的灵巧程度、手与眼的协调程度）、熟练度测验（某些具体工作所需熟练程度，如打字、操作电脑、速记）、个性测验（测试其性格类型、事业心、成就欲望、自信心、耐心）、职业倾向测验（测试其对某些职业的兴趣和取向）等。值得注意的是，大多数测试侧重于测试与职务有关的各种水平和技能，有的与面试同时进行，有的在工作现场或模拟场景，甚至可以委托专业的人才测评机构来完成。

（4）体检。通过前面各环节选拔的成功求职者，最后要进行体检。体检的主要目的是确定求职者在体力上能否胜任工作。例如，如果工作有体力上的要求，而体检表明求职者不具备完成工作所需的身体条件,那么这个人将被淘汰。在我国,根据《中华人民共和国宪法》和其他法律法规,企业有权利安排应聘人员去相关医院作身体检查,以保证招聘的员工身体健康,为国家和企业创造财富作出贡献。

10.3.3 人员培训

培训是指通过传授知识、更新观念及提高技能等方法,使其具备完成本岗位目前或未来工作所必需的基本技能,以及提高工作绩效的一系列活动。

培训是一个学习训练的过程,在这一过程中,培训人员可以获得其完成本职工作所必需的基本技能或知识。培训是一种重要的人力资本投资形式,通过知识培训、技能培训、心理素质培训、潜能开发和综合素质提升等方式可实现员工人力资本增值,通过企业文化培训和协作能力培训等方式可增加企业的人力资本总值。

1. 人员培训的功能

(1)实现人力资本增值。通过培训,员工个人和企业都实现了人力资本的增值,使得两者在竞争中都取得了一定的优势。培训更新了员工的知识,提高了员工的技能,提升了员工的素质,这些都能转化为企业的竞争优势,为企业目标的实现提供了有力的保障。

(2)优化企业文化。一个经常有培训的学习型组织会形成一种积极向上不断进取的良好风气。这里的员工不会因循守旧、墨守成规,而乐于接受各种新思想、新观念,富有创新精神。这些有价值的东西经过积累就会成为企业文化的一部分,从而优化企业文化。

(3)加强有效的交往和沟通。很多培训方式是交互式的或员工参与式的,在这些培训中可以加强培训者和受训者、受训者之间、组织者与参与者之间的交往和沟通。

(4)激励。培训能增加员工的人力资本值,从而可以使员工获取更高的工作生活质量。培训提高了员工的知识水平、技能水平和综合素质,使员工具有更广阔的发展空间和晋升机会。这种光明前景的激励作用是十分明显和有效的。

2. 人员培训的方式

应对不同层次的员工实施不同内容和不同方式的培训,可选择采用以下几种方式。

(1)在职培训。企业最普遍的培训方式是在职培训。在职培训是指员工不脱离岗位,通过工作过程学习技能和知识。这类培训方式的特点是:培训在真实的工作环境和工作条件下进行,贯穿于实际工作之中,不论这种培训是否有计划,人们都会从他们的工作经历中学到某些东西,受训者能够直接掌握工作技能和有效提高工作能力,而且培训与开发的成本也较低。

一般来说,在职培训方式适用于技术和能力培训。具体培训方式有以下四种:

①学徒制培训。由工龄较长的技工以师傅带徒弟的方式传授技艺,这是一种比较传统的培训方式,比较适用于技术性较强的工种的任职培训,如电工、钳工、机修工等,培训时间为1~3年。采用此种培训方式的重要前提是要对师傅进行资格认证。

②工作指导培训。由指定的训导人员在工作中有计划地对受训者进行培训,训导人员可以是受训者的直接上级或其他人员,适用于技术工种的技能培训和普通岗位的操作技能培训。

③工作轮换。工作轮换是在职培训的一种形式,指员工在一个工作单位或部门学习几种不同的工作,并且只在一段特定时间内从事一项工作的培训方式。这样就可以使部门内的灵活性成为可能。

④持职锻炼。让受训者担任非正式的助理等职务,使其在管理工作中进行实际锻炼,这

是一种培训管理者的方式。

(2)脱产培训。脱产培训是人们最为熟悉的培训方式,指员工离开工作岗位,去专门从事知识或技能的学习与练习。脱产培训分为两大类,一类是分层次脱产培训,另一类是分专业脱产培训。无论是分层次的还是分专业的脱产培训,下面的一些方法和技术都是在日常开展的培训工作中应用得比较广泛的,主要有课堂教学、视听技术(电视、录像、电影、录音带)、计算机辅助指导、情景模拟、学术会议与讨论、角色扮演、案例研究、高级游戏、讲座、多媒体技术、新员工培训学校等。

10.4 绩效考核

绩效考核,也称业绩考评或“考绩”,是对企业中每个员工所承担的工作,应用各种科学的方法,对员工行为的实际效果及其对企业的贡献或价值进行考核和评价。业绩考评的目的是通过考核提高每个个体的效率,最终实现企业的目标。

绩效考核是现代企业不可或缺的管理工具。它是一种周期性检查与评估员工工作表现的管理系统。有效的绩效考核不仅能确定每位员工对企业的贡献或不足,更可在整体上对人力资源的管理提供决定性的评估资料,从而可以改善企业的反馈机能,提高员工的工作绩效,更可激励士气,也可作为公平合理地酬赏员工的依据。

10.4.1 绩效考核的内容

绩效考核的内容,即企业对员工的基本要求。考评内容是否科学、合理,直接影响到绩效考核的质量。由于绩效考核的多因性,绩效考核的内容也较复杂,但就其基本方面而言,主要包括德、能、勤、绩四个方面。

1. 德

德指员工政治思想素质和道德素质,它决定了员工的行为取向,反映了个人的价值观。在改革开放的今天,德的一般标准是坚持党的基本路线,坚持集体主义价值观,富有使命感、责任心和进取精神,遵纪守法,遵守职业道德。

2. 能

能是指人的能力素质,即人认识和改造世界的本领。一般来讲,能包括员工的认识能力、思维能力、研究能力、创新能力、决策能力、组织能力、协调能力、语言表达能力、动手操作能力等。对不同职位而言,能的要求侧重点不同。

3. 勤

勤是指勤奋的敬业精神,主要指员工的工作积极性、创造性、主动性、纪律性和出勤率。需要注意的是,勤不单指出勤率,还包括工作责任感和投入感。

4. 绩

绩指运功的工作成果,包括完成工作的数量、质量、效率、经济效益和社会效益。对不同职位,考核的侧重应有所不同,但效益应当处于中心地位,经济效益固然重要,也应适当考虑社会效益。

10.4.2 绩效考核的基本原则

绩效考核只有渗透到日常工作的每个环节当中,才能真正发挥效力,由此,应遵循以下基本原则：

1. 公平客观原则

人事考评应当根据明确规定的考评标准，针对客观考评资料进行评价，尽量避免渗入主观性和感情色彩。公平是确立和推行人员考绩制度的前提。不公平，就不可能发挥考绩应有的作用。

2. 严格考核原则

考绩不严格，就会流于形式，形同虚设。考绩不严，不仅不能全面地反映工作人员的真实情况，而且还会产生消极的后果。考绩的严格性包括：要有明确的考核标准，要有严肃认真的考核态度，要有严格的考核制度与科学而严格的程序及方法等。

3. 结合奖惩原则

依据考绩的结果，应根据工作成绩的大小、好坏，有赏有罚，有升有降，而且这种赏罚、升降不仅与精神激励相联系，而且还必须通过工资、奖金等方式同物质利益相联系，这样，才能达到考绩的真正目的。

4. 反馈的原则

考评的结果（评语）一定要反馈给被考评者本人，否则就起不到考评的教育作用。在反馈考评结果的同时，应当向被考评者就评语进行说明解释，肯定成绩和进步，说明不足之处，提供今后努力的参考意见等。

5. 差别的原则

考核的等级之间应当有鲜明的差别界限，针对不同的考评成绩工资、晋升、使用等方面应体现明显差别，使考评带有激励性，鼓励员工的上进心。

10.4.3 绩效考核方法

1. 量表考核法

量表考核法是最简单和运用最普遍的绩效考核技术之一。此方法要求考核者对被评人在一系列与工作相关的特征上作出程度考核（打分）。

2. 强制分布法

强制分布法是在考核进行之前就设定好绩效水平的分布比例，如优、中、差分别占总数的30%，40%和30%或优、良、中、差、劣分别占总数的10%，20%，40%，20%和10%，然后根据每个员工的相对优劣程度，强制安排到某一等级里。

3. 交替排序法

交替排序法是一种较为常用的排序考核法。其原理是在群体中挑选出最好的或者最差的绩效表现者，较之于对其绩效进行绝对考核要简单易行得多。因此，交替排序的操作方法就是分别挑选、排列的“最好的”与“最差的”，然后挑选出“第二好的”与“第二差的”，这样依次进行，直到将所有的被考核人员排列完全为止，从而以优劣排序作为绩效考核的结果。

4. 配对比较法

配对比较法是一种更为细致的通过排序来考核绩效水平的方法，它的特点是每一个考核要素都要进行人员间的两两比较和排序，使得在每一个考核要素下，每一个人都和其他所有人进行了比较，所有被考核者在每一个要素下都获得了充分的排序。

5. 关键事件法

关键事件法是一种通过员工的关键行为和行为结果来对其绩效水平进行绩效考核的方法，一般由主管人员将其下属员工在工作中表现出来的非常优秀的行为事件或者非常糟糕的行为事件记录下来，然后在考核时点上（每季度或者每半年）与该员工进行一次面谈，根据记录共同讨论来对其绩效水平作出考核。

6. 行为锚定等级考核法

行为锚定等级考核法是基于对被考核者的工作行为进行观察，将员工的主要工作行为与实现所描述的该工作中的典型事件行为进行比较，从而评定绩效水平的方法。

7. 360°考核法

360°考核法是指将原本由上到下，由上司评定下属绩效的旧方法，转变为全方位360°交叉形式的绩效考核。在考核时，通过同事评价、上级评价、下级评价、客户评价以及个人评价来评定绩效水平的方法。交叉考核不仅是绩效评定的依据，更能从中发现问题并进行改革提升。

8. 目标管理法

目标管理法是现代更多采用的方法，管理者通常很强调利润、销售额和成本这些能带来成果的结果指标。在目标管理法下，每个员工都确定有若干具体的指标，这些指标是其工作成功开展的关键目标，它们的完成情况可以作为评价员工的依据。

10.4.4 绩效考核程序

企业的绩效考核程序分六个具体的步骤。把每一个步骤列为一个作业单元，在行动前精心组织操作培训和专项辅导，并进行必要的模拟演练。

1. 确定考核周期

依据企业经营管理的实际情况（包括管理形态、市场周期、销售周期和生产周期），确定合适的考核周期，工作考核一般以月度为考核周期。每个周期进行一次例行的重点工作绩效考核。对需要跨周期才可能完成的工作，也应列入工作计划，进行考核。可以实行时段与终端相结合的考核方法，在开展工作的考核周期，考核工作的进展情况，在完成工作的考核周期，考核工作的终端结果。

2. 编制工作计划

按照考核周期，作为考核对象的职能部门、业务机构和工作责任人，应在期初编制所在部门或岗位的工作计划，对纳入考核的重点工作内容进行简要描述。每一项重点工作都要明确设置工作完成的时间指标和质效指标。同时按照预先设定的计分要求，设置每一项重点工作的考核分值。必要时，附加开展重点工作的保障措施。周期工作计划应按照时间要求编制完成，并报送考核执行人确认，然后付诸实施。

3. 校正量效化指标

绩效考核强调要求重点工作的开展和完成必须设置量效化指标，量化指标是数据指标，效化指标是成效指标。重点工作的量效化指标，反映了重点工作的效率要求和价值预期。另外，在实际工作的操作中，并不是所有的工作结果或成效都可以用数据指标进行量化的，而效化指标则比较难以设置和确定，需要一定的专业素质和及时的信息沟通。因此，考核执行人应会同考核对象，对重点工作的量效化指标进行认真校正并最终确定，保障重点工作的完成质效。

4. 调控考核过程

在管理运转中,存在并发生着不确定性因素,容易造成工作变数,考核也是如此。当工作的变化、进展和预置的计划发生冲突时,首先应该对变化的事物进行分析,准确识别变化的原因和走向,然后对工作计划和考核指标作出及时、适当的调整改进。

5. 验收工作成效

每个周期期末,在设定的时间内,考核执行人依据预置或调整的周期工作计划,对考核对象的重点工作完成情况进行成效验收。按照每项工作设置的量效化指标和考核分值,逐项核实工作成效,逐项进行评分记分,累计计算考核对象该考核周期重点工作完成情况的实际得分,并就工作的绩效改进作出点评。

6. 考核结果运用

考核的目的是改进绩效、推进工作、提高效率。考核对象重点工作完成情况的实际得分即为考核结果。如何运用考核结果会直接影响考核的激励作用。要切实结合企业管理资源的实际情况,充分考虑企业文化的负载能力,在这个基础上选择和确定考核结果的运用方式。在这里简说几种考核结果的运用方法。

(1)考薪挂钩,就是考核结果与薪资收入并轨,按照考核得分,计算薪资实际收入。这个薪资可能是职能职务薪酬或岗位工资,也可以是独立设立的绩效工资,还可能是效益奖金。

(2)考职挂钩,把考核结果与考核对象的职位挂钩。考核对象由于主观因素,在较长时间内不能按计划完成重点工作或者不适于承担所在岗位的工作职责,应合理地调整其岗位或职务,避免重点工作遭受损失。

(3)信息整合,通过考核,可以反映、整合并有效利用多个方面的考核信息。有资源配置信息、岗位设置信息、管理损耗信息、工作问题信息和人才信息等。考核结果的信息运用,能够为企业的工作决策、管理运转和人才的培养使用,提供重要的信息支持。

附 某公司高级职员绩效考核见表 10-2。

表 10-2 高级职员考核表

(考核对象:经理(含)以二级管理人员)

姓名: 岗位名称: 总得分:

考核项目及权重	考核内容	配分	自评	上级审核
领导能力 15%	善于领导部署提高工作效率,积极达成工作计划和目标 灵活运用部署顺利达成工作计划和目标 尚能领导部署勉强达成工作计划和目标 不得部署信赖,工作意愿低沉 领导方式不佳,常使部署不服或反抗	15 13~14 11~12 7~10 7 以下		

表 10－2(续)

考核项目及权重	考核内容	配分	自评	上级审核
策划能力 15%	策划有系统,能力求精进	15		
	尚有策划能力,工作能力求改善	13～14		
	称职,工作尚有表现	11～12		
	只能做交办事项,不知策划改进	7～10		
	缺乏策划能力,需依赖他人	7 以下		
工作任务及效率 15%	能出色完成工作任务,工作效率高,具有卓越创意	15		
	能胜任工作,效率较高	13～14		
	工作不误期,表现符合标准	11～12		
	勉强胜任工作	7～10		
	工作效率低,时有差错	7 以下		
责任感 15%	有积极责任心,能彻底达成任务,可放心交代工作	15		
	具有责任心,能达成任务,可交付工作	13～14		
	尚有责任心,能如期完成任务	11～12		
	责任心不强,需有人督导,亦不能如期完成任务	7～10		
	无责任心,时时需督导,也不能完成任务	7 以下		
沟通协调 10%	善于上下沟通平衡协调,能自动自发与人合作	10		
	乐意与人沟通协调,顺利达成任务	8～9		
	尚能与人合作,达成工作要求	7		
	无法与人协调,致使工作无法开展	5 以下		
授权指导 10%	善于分配权力,积极传授工作知识,引导部署达成任务	10		
	灵活分配工作或权力,有效传授工作知识达成任务	8～9		
	尚能顺利分配工作与权力,指导部署完成任务	7		
	欠缺分配工作权力及指导部署之方法,任务进行偶有困难	5～6		
	不善分配权力及指导部署之方法,内部时有不服及怨言	5 以下		
工作态度 10%	品德廉洁,言行诚信,立场坚定,足为楷模	10		
	品行诚实,言行规矩,平易近人	8～9		
	言行尚属正常,无越轨行为	7		
	固执己见,不易与人相处	5～6		
	私务多,经常利用上班时间处理私事,或擅离岗位	5 以下		
成本意识 10%	成本意识强烈,能积极节省,避免浪费	10		
	具备成本意识,并能节约	8～9		
	尚有成本意识,尚能节约	7		
	缺乏成本意识,稍有浪费	5～6		
	无成本意识,经常浪费	5 以下		

考核人签名　　　　　　　　(副)总经理确认　　　　　　　　考核日期

备注:关于“工作任务”这个项目,必须另附上工作计划及工作总结供参考和审核。

——摘自 http://zhidao.baidu.com/question/305356267.html

10.5 薪 酬

薪酬或称报酬,是指雇员作为雇佣关系中的一方所得到的各种货币收入,以及各种具体的服务和福利之和。

10.5.1 薪酬的形式

薪酬形式主要有四种。

1. 基本薪资

基本薪资是雇主为已完成的工作而支付的基本现金薪酬。它反映的是工作或技能价值,往往忽视了员工之间的个体差异。某些薪酬制度把基本工资看作是雇员所受教育、所拥有技能的一个函数。对基本工资的调整可能是基于以下事实:整个生活水平发生变化或通货膨胀,其他雇员对同类工作的薪酬有所改变,雇员的经验进一步丰富,员工个人业绩、技能有所提高。

2. 绩效工资

绩效工资是对过去工作行为和已取得成就的认可。作为基本工资之外的增加,绩效工资往往随雇员业绩的变化而调整。调查资料表明,美国90%的公司采用了绩效工资。我国的广大企业在2000年前后开始的新一轮工资改革中也都纷纷建立了以绩效工资为主要组成部分的岗位工资体系,事业单位在2006年的工资改革中也都设置了绩效工资单元。

3. 激励工资

激励工资也和业绩直接挂钩。有时人们把激励工资看成是可变工资,包括短期激励工资和长期激励工资。短期激励工资通常采取非常特殊的绩效标准。例如,在普拉克思航空公司的化学与塑料分部,每个季度如果达到或者超过了8%的资本回报率目标,就可以得到一天的工资;回报率达到9.6%,在这个季度工作了的每个员工可得到等于两天工资的奖金;如果达到20%的资本回报率,任何员工都可以得到等于8.5天的工资奖金。而长期激励工资,则把重点放在雇员多年努力的成果上。高层管理人员或高级专业技术人员经常获得股份或红利,这样,他们会把精力主要放在投资回报、市场占有率、资产净收益等组织的长期目标上。

虽然激励工资和绩效工资对雇员的业绩都有影响,但两者有三点不同:一是激励工资以支付工资的方式影响员工将来的行为,而绩效工资侧重于对过去工作的认可,即时间不同;二是激励工资制度在实际业绩达到之前已确定,与此相反,绩效工资往往不会提前被雇员所知晓;三是激励工资是一次性支出,对劳动力成本没有永久的影响,业绩下降时,激励工资也会自动下降,绩效工资通常会加到基本工资上去,是永久的增加。

4. 福利和服务

福利和服务包括休假(假期)、服务(医药咨询、财务计划、员工餐厅)和保障(医疗保险、人寿保险和养老金),福利越来越成为薪酬的一种重要形式。

构成总薪酬的除了以上四种形式之外,非货币的收益也影响人们的行为。包括赞扬与地位、雇佣安全、挑战性的工作和学习的机会。其他相关的形式可能包括成功地接受新挑战,和有才华的同事一起工作的自我满足感。它们是“总薪酬体系”的一部分,并经常和薪酬相提并论。全国经济专业技术资格考试人力资源管理专业知识用书将薪酬分为经济性薪酬和非经济性薪酬两大类，据此，我们可以将薪酬结构作一细分，见表 10－3。

表 10－3　薪酬构成表

<table>
<tr><td rowspan="12">薪酬</td><td rowspan="7">经济性薪酬</td><td rowspan="2">直接经济薪酬</td><td>基本薪酬</td></tr>
<tr><td>可变薪酬（绩效工资、激励工资等）</td></tr>
<tr><td rowspan="5">间接经济薪酬
（福利和服务）</td><td>带薪非工作时间</td></tr>
<tr><td>员工个人及其家庭服务</td></tr>
<tr><td>健康以及医疗保健</td></tr>
<tr><td>人寿保险</td></tr>
<tr><td>养老金</td></tr>
<tr><td rowspan="5">非经济性薪酬</td><td colspan="2">满足感</td></tr>
<tr><td colspan="2">赞扬与地位</td></tr>
<tr><td colspan="2">雇佣安全</td></tr>
<tr><td colspan="2">挑战性的工作机会</td></tr>
<tr><td colspan="2">学习的机会</td></tr>
</table>

10.5.2　影响薪酬的主要因素

1. 内部因素

（1）本企业的业务性质与内容。如果企业是传统型、劳动力密集型的，它的劳动力成本可能占总成本的比重很大；但若是高技术的资本密集型的组织，劳动力成本在总成本中的比重却不大。显然，这些企业的薪酬政策会有所不同。

（2）企业的经营状况与财政实力。一般来说，资本雄厚的大公司和赢利丰厚并且正处于发展上升的企业，对员工付酬也较慷慨；反之，规模较小或不景气的企业，则不得不量入为出。

（3）企业的管理哲学和企业文化。企业文化是企业分配思想、价值观、目标追求、价值取向和制度的土壤。企业文化不同必然会导致观念和制度的不同，这些不同决定了组织的薪酬体系、分配机制的不同，这些因素间接地影响着组织的薪酬水平。

2. 外部因素

（1）劳动力市场的供需关系与竞争状况。劳动力价格受供求关系影响，劳动力的供求关系失衡时，劳动力价格也会偏离其本身的价值：一般而言，供大于求时，劳动力价格会下降；供小于求时，劳动力价格会上升。

（2）地区及行业的特点与惯例。这里的特点也包括基本观点、道德观与价值观，例如，受传统的“平均”“稳定”至上观点的影响，则拉开收入差距的措施便多半不易被接受。

（3）当地生活水平。这个因素从两层意义上影响企业的薪酬政策：一方面，生活水平高了，员工对个人生活期望也高了，无形中对组织造成一种偏高的薪酬标准的压力；另一方面，生活水平高也可能意味着物价指数要持续上涨，为了保持员工生活水平不致恶化及购买力不致降低，企业也不得不定期向上适当调整薪酬水平。

（4）国家的有关法令和法规。薪酬管理与法律法规和政策有着密切联系，法律、法规和政策是薪酬管理的依据，对企业的薪酬管理行为起着标准和准绳的作用，如最低工资制度、个人所得税制度等。

10.5.3 薪酬设计的一般程序

1. 制定本组织的付酬原则与策略

这是由企业最高管理层的管理哲学及组织文化所决定的，包括对员工本性的认识，对员工总体价值的评价，对管理骨干及高级专业人才所起作用的估计等核心价值观；组织基本工资制度及分配原则；有关薪酬分配的政策和策略，如薪酬拉开差距的分寸、差距标准、薪酬、奖励、福利费用的分配比例等。

2. 工作设计与工作分析

工作设计是对工作进行周密的、有目的的计划安排，包括工作本身的结构设计、与工作有关的社会各方面因素的考虑以及对员工的影响，全面搜集工作信息的管理过程。工作设计和工作分析为明确工作分类、定岗定编进而比较不同工作的相对价值大小奠定了基础。

3. 工作评价

这一阶段主要解决的是把组织内的不同岗位进行相对价值的排序，即内部公平性的解决，这也是薪酬设计的关键一环。

4. 薪酬结构设计

薪酬结构是指一个企业内各项岗位的相对价值及其对应的实付薪酬间保持着什么样的关系。这种关系和规律通常多以“薪酬结构线”来表示，如图 10－1 所示。

薪酬结构线显示的是企业内部各个岗位相对价值和与其对应的实付薪酬之间的关系。薪酬结构线的横坐标是以工作评价获得的表示其相对价值的分数，纵坐标是实付薪酬值。薪酬结构线可以用在以下两个方面：

(1) 保证内部公平性。企业内各项岗位的薪酬是按市场经济中通行的等价交换原则确定的，也就在于说谁的贡献越大，对组织的价值相对越高，所获薪酬便应越多，薪酬与贡献之间的正比关系决定了与其对应的关系是直线形式。

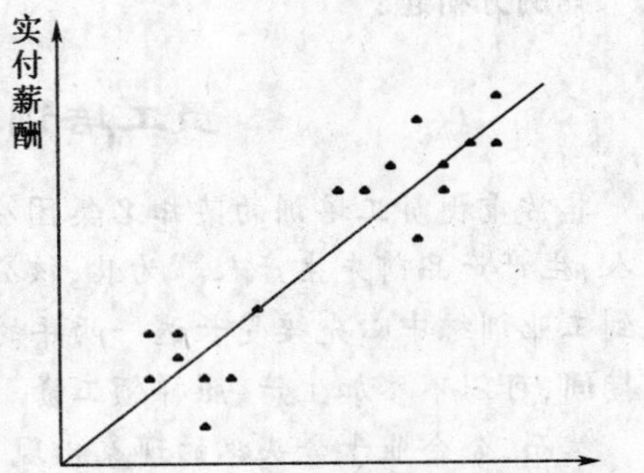

图 10－1 薪酬结构线

(2) 调整现有薪酬水平。即利用定性或定量分析的方法将工作评价分数与实付薪酬间的散点图转化为一条直线，然后根据需要调整那些偏离此线的薪酬点。一般多采用保留结构线以上点薪酬水平而调整结构线以下点薪酬水平的做法。

5. 薪酬调查

这一环节活动主要研究两个问题：一是要调查什么；二是怎样去调查和进行数据搜集。调查的内容首先是本地区、本行业，尤其是主要竞争对手的薪酬状况。数据来源首先应当是公开的资料，如国家及地区统计部门、劳动人事机构、工会等公开发布的资料；其次是通过散发问卷或抽样采访进行收集；另外，也能从应聘人员与其他组织的招聘信息中获取相关资料。

6. 薪酬分级和定薪

企业根据工作评价确定的薪酬结构线将众多类型的岗位薪酬归并合成若干等级，形成一个薪酬等级系列，从而确定组织内每一岗位具体的薪酬范围，保证员工个体的公平性，并应结合个人情况进一步确定薪酬幅度，即同一等级内不同人员薪酬水平的差异，最终将薪酬明确到每一个个人。

7. 薪酬制度的执行、控制和调整

企业薪酬制度一经建立，如何投入正常运作并对之实行适当的控制与管理，使其发挥应有的功能，是一项长期而复杂的工作。

复习思考题：

1. 什么是人力资源管理，人力资源管理的目标是什么？
2. 与物力资源相比，人力资源有何特点？
3. 试述人力资源管理原理的基本内容。
4. 影响人力资源需求预测的因素主要有哪些？
5. 怎样做好人力资源规划的制定与实施工作？
6. 在进行人员招聘时，应遵循哪些基本原则？
7. 企业进行人员培训能够实现哪些功能？
8. 企业绩效考核有效性的影响因素有哪些？
9. 什么是薪酬，薪酬设计一般要经过哪些程序？

案例分析题：

员工培训后立即跳槽怎么办？

非常重视员工培训的某知名集团公司，喊出了这样的口号："公司不光生产产品，也生产人，生产产品前先生产人。"为此，该公司成立了工业训练中心，许多新招来的大学生都被送到工业训练中心先接受长达一两年的培训，费用全部由公司承担。公司还规定，员工在受训期间，可以不参加生产，照样领工资。至今，这个工业训练中心已先后培训了5届员工。

然而，令企业十分头疼的现象出现了：企业花大本钱辛苦培训的员工，后来能留在企业的却不多。第一届36人，至今只剩3人；第二届也仅剩5人，绝大多数都带着从企业学到的本领跳槽高飞了。记者从劳动部门了解到，在福建至少有八成以上的企业表示或多或少都会安排员工参加培训进修，甚至有针对性地对一部分员工进行较高层次的培训。可这些企业又都担心，害怕培训后的员工翅膀硬了，企业留不住，投入的培训费用为他人做了嫁衣。

据了解，在沿海城市，员工跳槽就像家常便饭一样。劳动部门有关专家称，企业中有80%以上的员工跳过槽，能从年初到年底一直待在一个企业的员工平均还不到60%；连续待上两年的员工还不到40%，而能连续待上3年的就更少了，可能20%都不到。一家通信公司人力资源部经理先生告诉记者，他从毕业到现在刚好满3年，却先后在5家公司工作过了。据他介绍，每跳到一家单位，都能接受到一个月左右的系统培训，这些培训对他很快介入工作起到了直接的作用。

思考与讨论：

试分析出现这种现象的主要原因是什么，应如何遏制？

实训课题::

1. 以周边知名企业某个岗位为模型,设计招聘计划,发布招聘广告,设计面试题目并模拟面试,作出录取决定。

2. 根据学院辅导员的岗位职责和工作性质,设计简单的绩效考评方案。

模块十一 企业文化与公共关系

★**知识目标**：熟悉企业文化的定义和功能；
熟悉企业文化的结构构成；
了解企业文化建设的主体和内容；
熟悉公共关系的定义；
了解企业基本公共关系分类等。

★**技能目标**：掌握企业文化建设的程序；
能够结合实例开展公共关系调查；
能够编写公共关系策划方案。

引导案例：

有一天，一个中国管理者和他的朋友在日本东京，开着车去办事，等他们办完事从办公楼里出来时，看见一个日本人拿着抹布正在擦他们的车，他们很纳闷，站在一边想看个究竟，就没有吱声。过了一会，他的朋友走上前去，问："先生，这是谁的车"，那人回答："我们的车"，朋友奇怪，明明是我们的车，怎么成了你们的车，我拿着钥匙，看你们怎么开走。又过了一会，这个人在车的周围转了一圈，仔细看看，确认擦干净了，头也不回的走开了，这时，中国管理者和他朋友赶紧上前去问，"这不是你们的车么，你怎么不开走呢"，这个人说："是啊，是我们丰田公司的车啊，我看到我们公司的车被弄得这么脏，我们不能容忍，这是我们公司的形象"，他们终于明白了，这就是丰田公司的文化——企业文化。

11.1 企 业 文 化

20 世纪 70 年代中后期，日本经济迅速从一个满目疮痍的"灰姑娘"变成一个经济巨人，神话般站立在昔日的"山姆大叔"面前，在汽车业、手表业和电器等产业方面，把美国挤出亚洲市场，并以咄咄逼人之势向美国国内市场渗透。于是美国的管理学界掀起了一场日美管理比较研究热潮。美国学者认为，美国的管理注重"硬"的方面，强调理性管理；而日本人不但注重"硬"的方面，更注重"软"的方面：他们注重企业中的文化因素，注重企业全体职工所共同具有的价值观念，注重强化职工对本企业的向心力和忠诚度，注重企业中的人际关系。美国人将这些"软"的特点认为是一种企业的"文化"。1981 年，威廉·大内出版了他的专著《Z 理论——美国企业界怎样迎接日本的挑战》；1982 年，泰伦斯·狄尔和爱伦·肯尼迪出版了《企业文化》一书，同年，托马斯·彼得斯与小罗伯特·沃特曼合著《寻求优势——美国最成功的公司的经验》，还有理查德·帕斯卡尔和安东尼·阿索斯合著的《日本的管理艺术》被合称为企业文化的"四重奏"，标志着企业文化研究的兴起。

11.1.1 企业文化的定义

从广义上讲，企业文化是社会文化的一个子系统，是一种亚文化。企业文化通过企业生产经营的物质基础和生产经营的产品及服务，不仅反映出企业的生产经营特色、组织特色和管理特色等，更反映出企业在生产经营活动中的战略目标、群体意识、价值观念和行为规范，它既是了解社会文明程度的一个窗口，又是社会当代文化的生长点。

从狭义上讲，企业文化体现为人本管理理论的最高层次。企业文化重视人的因素，强调精神文化的力量，希望用一种无形的文化力量形成一种行为准则、价值观念和道德规范，凝聚企业员工的归属感、积极性和创造性，引导企业员工为企业和社会的发展而努力，并通过各种渠道对社会文化的大环境产生作用。

综合分析，我们认为，企业文化是指在企业的长期经营发展过程中逐步形成的、具有本企业特色、能够长期推动企业发展壮大的群体意识和行为规范，以及与之相适应的规章制度和组织机构的总和。它包括文化观念、价值观念、企业精神、道德规范、行为准则、历史传统、企业制度、企业内外部环境、企业产品、企业形象等，其中体现企业价值观的企业精神和经营理念是企业文化的核心内容。

11.1.2 企业文化的结构

企业文化结构是指企业文化系统内各要素之间的时空顺序、主次地位与结合方式。一般认为，企业文化的结构是一个由三个层次构成的由表及里的同心圆，如图 11－1 所示。

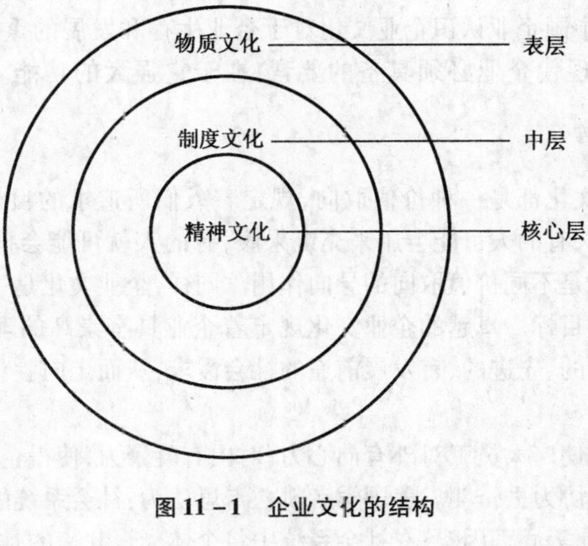

图 11－1 企业文化的结构

1. 物质层

企业文化的物质层是由企业员工创造的产品和各种物质设施等构成的器物文化，包括企业产品结构和外表、款式、企业劳动环境和员工休息娱乐环境、员工的文化设施以及厂容厂貌等。其实质是组织精神文化的物质体现和外在表现，所以有人称之为"外显文化"。

2. 制度层

企业文化的制度层是指企业为实现自身目标对员工的行为给予一定规范的文化,是具有本企业文化特色的各种规章制度(如人事制度、劳动制度和奖惩制度等)、道德规范和职工行为准则的总称,主要包括企业领导体制、企业组织机构和企业管理制度三个方面。包括厂规、厂纪以及生产经营中的交往方式、行为准则,企业领导体制、企业组织机构和企业管理制度等。企业领导体制是企业领导方式、领导结构、领导制度的总称。企业组织结构是企业为有效实现企业目标而筹划建立的企业内部各组成部分及其关系。管理制度是企业为求得最大利益,在生产管理实践活动中制定的各种带有强制性义务并能保障一定权利的各项规定或条例,包括企业的人事制度、生产管理制度、民主管理制度等一切规章制度,也包括企业内部长期形成的企业风俗,是一种强制性文化。

3. 精神层

企业文化的精神层是企业文化结构的内核,又称为"内隐文化",是指企业在生产经营过程中形成的一种精神成果和文化观念,包括企业精神、经营哲学、企业道德、企业风貌和企业价值观。精神文化是观念形态和文化心理,是组织文化的核心和灵魂,是形成组织文化的物质层和制度层的基础与原则。

企业文化的三个层次相互依存,相互影响,相互作用,共同构成组织文化的整体。企业文化的实质是组织内部的物质、制度、精神诸要素间的动态平衡与最佳结合。企业文化的精髓是提高人的素质,重视人的社会价值,尊重人的独立人格。

11.1.3 企业文化的功能

事实已经证明,国内外许多企业的成功,都是依靠培育先进企业文化的结果。第二次世界大战以后的日本企业,之所以能取得巨大成功,就是由于建成了非常强大而且有凝聚力的文化,而强大的文化也是美国企业持续成功的幕后驱动力。随着全球经济一体化的进程不断加快,越来越多的中国企业认识企业文化对于企业生存和发展的重要性。企业文化之所以重要,之所以成为现代企业必须具备的要素,在于它强大的功能。企业文化具备以下功能:

1. 导向功能

一般地说,任何文化都是一种价值取向,规定着人们所追求的目标,具有导向的功能。同样是面对一颗玉米,有的人可能会用来充饥果腹,有的人就可能会把它种下去,等来年收获更多的果实。这就是不同价值取向的导向作用。同样,企业文化是一个企业的价值取向,规定着企业所追求的目标。卓越的企业文化规定着企业具有崇高的理想和追求,总是引导企业去主动适应健康的、先进的、有发展前途的社会需求,从而走向胜利。

2. 凝聚功能

企业文化的形成使广大员工对外有向心力,对内有凝聚力,使得企业的个体成员能够为达成企业的目标同心协力去奋斗。美国学者凯兹卡思认为:社会系统的基础是人类的态度、知觉、信念、动机、习惯等心理因素;在社会系统中将个体凝聚起来的是心理力量。这种心理力量就是共同的理想与信念。企业文化正是以各种微妙的方式,沟通人们的思想感情,融合人们的观念意识,把广大员工的信念统一到企业价值观和企业目标上来。通过员工的切身感受,产生对本职工作的自豪感、使命感、归属感,从而使企业产生强大的向心力和凝聚力。

3. 协调功能

协调功能亦称之为维系功能。企业文化的协调功能表现在对外协调和对内协调两个方面。对外协调企业和社会的关系,使企业的发展目标、方向和行为与社会的发展方向和要求一致,尽可能地从社会中获取企业发展所需要的各种资源和支持,为企业的发展服务,并承担着对外树立企业形象的使命。对内可以协调各分支机构、各部门以及员工之间的关系,使企业内部的资源——物质资源、时间资源、精神资源等得到最有效的配置。企业规模越大,企业文化的对内协调作用越明显,一些大的跨国公司分散在世界各地的无数分公司就是通过对企业价值观和经营理念的认同保持方向的一致。

4. 激励功能

共同的价值观念使每个职工都感到自己存在和行为的价值,自我价值的实现是人的最高精神需求的一种满足,这种满足必将形成强大的激励。在以人为本的企业文化氛围中,领导与职工、职工与职工之间互相关心,互相支持。特别是领导对职工的关心,职工感到受人尊重,自然会振奋精神,努力工作。另外,企业精神和企业形象对企业职工有着极大的鼓舞作用,特别是企业文化建设取得成功,在社会上产生影响时,企业职工会产生强烈的荣誉感和自豪感,他们会加倍努力,用自己的实际行动去维护企业的荣誉和形象。

5. 美化功能

企业文化力求把员工的生活和工作统一起来。它不仅把企业当成工作场所来对待,而且也当作生活区域来营造;不仅把工作当作谋生手段,而且尽可能发掘工作本身的意义,使之成为职工所愿意、所喜欢从事的工作。在那些企业文化搞得好的企业里,工作本身成了激励因素,职工们觉得上班和生活一样有意思。

企业文化在"美化生活"的基础上实现了"美化工作",帮助职工在工作中实现自我价值。企业文化不仅把工作场所美化了,而且把工作本身美化了,这就是企业文化的美化功能。

6. 约束功能

现实告诉我们,企业中员工的个人目标与企业的组织目标不可能完全相同,个人的价值观与企业的整体价值观也不可能绝对一致,这就决定了员工的实际行为与组织要求的行为之间必然存在着一定的差距,只不过优秀企业中的差距小些,非优秀企业中的差距大些。如果不能很好地解决这个问题,企业的发展就会受到不同程度的影响。为解决这一问题,企业可能建立了一整套包括规章制度在内的约束机制来保证控制职能的实现,这当然会有一定的效果,但是,应当指出,这种外在的约束所起的作用是很有限的,它会因为使员工觉得不被信任而大打折扣。企业文化的建立可以弥补这种硬约束的不足。企业文化因为将企业的目标、价值观和行为方式最大限度地内化为员工自己的目标、价值观和行为方式,使对员工的外在约束变成了员工的自我约束,从而达到管理的最高境界——无为而治。

7. 辐射功能

辐射功能又称传播功能。这是任何有生命力的文化都具有的功能,这一点从人类历史中的文化传播现象可以找到佐证。无论是六世纪印度的佛教文化传入中国,还是八世纪中国儒家文化东渡扶桑,或是当代西方文化的全球扩散,都无一例外地说明了文化的辐射功能。企业文化也是如此,也同样具有辐射或传播功能。这一点,只要看看人们如何津津乐道松下幸之助的经营哲学、GE 的成功秘诀、海尔的中国造等就明白了。优秀的企业就是在自身文化的辐射过程中完成了与外界的有效沟通,树立了良好的企业形象。

11.2 企业文化建设

企业文化建设是现代市场经济运行、企业发展中的一个重大课题。在市场经济背后,有一只看不见的手,就是经济规律,同时还有一只看不见的手也是不能忽视的,那就是文化。

11.2.1 企业文化建设的主体

1. 企业员工

企业员工是企业文化建设的基本主体,也是企业文化建设的基本力量。企业文化建设的过程,实际上是企业广大员工在管理实践中不断创造、不断实践成长的过程。企业员工不仅是企业文化的创造者之一,同时是企业文化的实践者。在企业文化由精神向行为以及物质转化过程中,企业员工是主要的实践者。全体员工只有在工作和生活中积极实践企业所倡导的优势文化,以一种正确的行为规范、一种优良的工作作风和传统习惯、一种积极向上的精神风貌来爱岗敬业,才能生产出好的产品,推出优质服务,创造出最佳的经济效益。

2. 企业精英

企业精英是企业文化建设的骨干主体,也是企业文化建设的榜样力量。企业精英人物是现代企业民主管理过程中产生的,所谓精英是指一批在企业伦理道德上和企业经营管理理念以及生产管理实践上的卓越人物,他们是与企业一般员工相区分的一个群体,如全国劳动模范、先进生产者、"三八"红旗手等。企业精英人物是企业先进文化的体现者和代表人物。因此,企业精英具有企业精神品质化和企业榜样规范化的作用,是企业精神具体的化身表现,是企业形象的一个重要组成部分。总的来说,企业精英对企业文化建设起到具体形象化、榜样感召化以及聚合化的作用。

3. 企业家

企业家是企业文化建设的核心主体,也是企业文化建设的基本力量。在我国企业家通常指企业的董事长、总经理或厂长,是一个企业的主要领导人物,一般是企业的法人代表。他们是企业文化的倡导者、塑造者、企业文化建设的基本原则及程序传播者、培育者和发扬者。企业家以自己的经营哲学理念、价值观、理想、素质、作风等融合而成个性,精心塑造企业精神。二战后,日本经济快速发展,一个重要原因是日本企业有像松下幸之助那样的一些企业家,IBM 创始人老沃森亲自为公司确立了"尊重每一个人""为顾客提供尽可能好的服务""追求卓越"三大信条。企业家拥有对企业员工的感召力和影响力,企业家的权威对企业精神的贯彻具有强大的推动作用。企业家还是企业精神的表率,是企业精神的具体化身。事实上,许多成功公司的领导者倡导的价值观、制定的行为标准,常常激励着全体员工使公司具有鲜明的文化特色,且成为对外界的一种精神象征,如张瑞敏带领海尔坚持"有缺陷的产品就是废品""用户的难题就是我们的课题"等经营理念。

11.2.2 企业文化建设的内容

企业文化建设内容主要包括企业文化定位、企业环境建设、价值观建设、企业精神的提炼与表达、精英人物的培养与发掘、习俗和仪式的建设以及企业文化网络建设。

1. 企业文化定位

所谓企业文化定位其实就是为企业文化建设寻找一个根,规划一个发展方向,规范该企业文化的发展方向，同时确立该企业文化是什么。企业文化定位要特别注意以下三点：企业文化的对象性、企业文化的个性和企业文化的可持续发展性。

2. 企业环境建设

企业环境是指承载企业文化的各种主客观条件，是企业文化赖以形成的一种文化氛围。它包括外部环境和内部环境两方面。

3. 价值观建设

价值观是企业全体成员所共同拥有的基本信念和最高目标，也是整个企业的基本信念和信仰，是企业文化的核心要素。《日本企业管理艺术》一书提出著名的"七因素理论"。它将共同价值观放在管理体系的核心地位，各因素间互有联系，如图 11－2 所示。

4. 企业精神的提炼与表达

企业精神是指企业在生产和经营活动中，为谋求自身的生存发展而长期形成的、并为员工所认同的一种健康向上的群体意识。企业精神的建设包括企业精神的提炼、企业精神的命名方式、企业精神的传播三个方面。

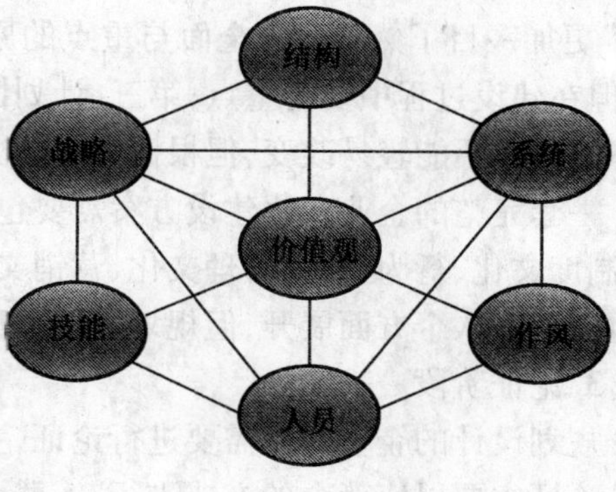

图 11－2 七因素关系

5. 精英人物的培养与发掘

精英人物是指那些能够充分代表和体现企业文化的人物，是企业文化的载体和人格化，是员工学习的榜样。在企业文化建设中要为普通员工向精英人物的转变创造条件，同时要大力发掘各个岗位上涌现出的杰出代表，以此形成企业强有力的凝聚力。

6. 习俗和仪式的建设

习俗和仪式是在日常生活中向职工渲染和灌输价值观的各种活动的形式和方法。企业文化常用的仪式有工作仪式、管理仪式、奖励仪式、庆祝仪式、教育仪式、迎新仪式、娱乐仪式等。

7. 企业文化网络建设

企业文化网络指企业各种正式和非正式的沟通手段和媒介，也是其他文化要素的"载体"和传递途径。企业沟通大致有以下五种形式：横向沟通、纵向沟通、组织沟通、非组织沟通以及内部广播电视或互联网沟通等。

11.2.3 企业文化建设的程序

企业文化建设是一项复杂的系统工程，优秀的企业文化需要企业有意识、有目的、有组织地进行长期的倡导、提炼、强化和总结。因此，在企业文化建设的过程中，必须根据企业文化发展规律的要求，按照科学的程序，克服主观盲目性，增强自觉性。企业文化建设的基本流程大致如下：

1. 调查阶段

除新建的企业文化属零起点外，大多数企业建设自身的文化都是在原有文化的基础上进行的，因此，企业文化建设应首先搞好调查研究，把握企业现有的文化状况及影响企业文化的各种因素，为企业文化的提案作好准备。企业文化调查研究的主要内容包括：

(1)企业文化现状的调查，分析企业现有的文化理念及其适应性；

(2)企业领导人的个人修养和精神风范;

(3)企业员工的素质需求特点;

(4)企业的发展历程调查分析,主要是对企业的物质文化发展史和精神发展史进行调查分析,从发展历程中发掘有价值的文化财富,作为企业文化建设的参考点;

(5)企业所在的行业背景及所处地域特征和企业发展所处的政治、经济和文化环境对企业文化的影响。

2. 规划设计阶段

企业文化规划设计需要坚持以下几个原则:首先,实事求是的原则。企业文化的规划设计要根据企业的客观实际情况,不可凭空想象。规划设计不可高于或低于企业目前的现状,否则,员工根本无法参与到企业文化建设中来,无法实现企业文化的落地,企业文化本身的“虚”更加一目了然;其次,全面与重点的原则。根据实际情况对企业文化进行全面规划设计,但在建设过程中要有重点;第三,计划性与灵活性。规划设计属于方案,在建设过程中,大体的框架不能轻易改变,但根据实际情况可以有所变动。

一套完整的企业文化建设方案需要包括企业文化建设的八个方面,即物质文化、精神文化、制度文化、行为文化、管理文化、营销文化、品牌文化及学习型组织。规划设计的基本内容也围绕这八个方面展开,但规划设计的重点是精神文化和学习型组织。

3. 论证阶段

规划设计的企业文化需要进行论证,主要从两个方面进行论证,理论论证和实践论证。理论论证主要以座谈会的方式进行,实践论证则要结合企业的具体情况开展,可以选区域试行,也可以全面试行;可以对规划设计的部分内容试行,也可以是全部内容试行。

4. 宣传传播阶段

论证好的企业文化建设方案需要宣传传播,宣传传播主要是对内与对外,其中对内宣传传播是重点。无论是对内还是对外都尽可能利用一切可利用的方式进行宣传传播,如对内可采用讲座、卡拉 OK 比赛、宣传栏、户外拓展等方式,对外可利用各种媒体进行宣传,尤其是近些年发展迅速的网络媒体。

5. 评估完善阶段

随着企业经营管理实践的发展和企业内外部环境的变化,企业文化需要不断进行充实、完善和发展。企业文化建设的组织者要不断地吸收外来文化的精华,剔除本企业文化中不利于企业长远发展的成分,对现有企业文化进行提炼、升华,促进文化建设的不断发展。

11.3 公共关系

“公共关系“一词源自英文的 Public Relations。Public 一词可译作“公共的”“公开的”,也可译作“公众的”。Relations 则宜译作“关系”。因此,中文表述可称为“公共关系”,也可称为“公众关系”,简称 PR 或公关。公共关系是社会组织通过形象塑造、传播管理、利益协调等方法,提高认知度、美誉度、和谐度,促成社会组织与其相关公众良好合作并和谐发展的科学和艺术。

11.3.1 公共关系的职能与作用

公共关系的职能与作用就是调动一切可以调动的力量,运用各种手段,塑造良好的组织形象，赢得良好的生存环境，促进组织的生存发展，使组织在激烈的竞争中取胜。

1. 收集信息

现代企业把公共关系信息的获取划入企划之中，成为企业活动不可缺少的组成部分。公共关系部门就是要利用各种渠道和网络搜集与企业发展有关的一切信息，为企业决策科学化提供强有力的保证。搜集信息包括企业战略环境信息、产品声誉信息及企业形象信息等。

2. 咨询建议

公共关系咨询建议是指公共关系专业人员向决策层和各管理部门提供有关公共关系方面的意见和建议，从而使决策更加民主化、科学化、系统化，促进组织形象更加完善，与公众的关系更加和谐。其具体内容包括：关于企业战略目标的咨询、对社会组织及其产品形象的咨询、对社会组织知名度和美誉度方面的咨询、关于公众心理的咨询和预测。

3. 沟通协调

公共关系活动的过程主要是组织与公众之间进行传播与沟通的过程。公共关系中讲的沟通协调是组织与其公众在信息传递的基础上相互认识，并据此调整其中的不合理因素，对内以提高组织的向心力、凝聚力；对外以争取公众的好感与支持，为组织的生存和发展奠定“人和”的基础。

4. 塑造形象

公共关系中的组织形象是指公众对社会组织的整体印象和评价，是社会组织的表现和特征在公众心目中的反映。良好的组织形象，对于一个社会组织来说，是一笔无形的财富。良好的组织形象可以使社会组织获得更好的发展条件和发展环境；可以为社会组织的各种服务和产品创造出优良的营销环境；可以为社会组织吸引人才、集中人才提供优越的条件；也有助于社会组织寻求可靠的原材料和能源供应客户，增加投资者的信心，求得稳定而优惠和经销渠道，增进周围地区对组织的了解。

5. 教育引导

公共关系的教育引导职能主要反映在两个方面：一是对组织员工素质的培育和提高。公共关系的一个职能就是传播公关意识，传播公共关系的思想和技巧，进行知识更新。通过公共关系活动，可以培养和提高员工各方面的素质和才能。二是对公众进行教育和引导。人们常说“公众永远是对的”，这是从服务的角度将“正确”让给对方，但客观地讲，公众不可能永远正确，而是需要加以引导。这种引导主要体现在公共关系活动对社会互动环境和社会心理环境的优化上。

6. 科学预警，危机管理

危机是社会组织生存发展的大敌，处理不好往往给组织造成重大损失，甚至断送组织的“生命”，因而社会组织将危机处理作为公共关系的主要职能和工作重点之一。随着公关理论和实践的发展，事前预测管理危机已成为公共关系对待危机的主流方法，这是公共关系的新发展。

7. 提高效益，促进发展

一般来说，公共关系为组织提高效益表现在三个方面。

(1)提高经济效益。公共关系为企业提高经济效益不是通过产品开发，而是通过咨询、形象竞争和科学管理来实现的。

(2)提高社会效益。从提高企业经济效益到提高社会整体效益是公共关系的一次飞跃,是企业在认识上的一次革命,在市场经济条件下尤其如此。如企业为了建立信誉,总是选择社会和公众迫切需要的公共关系活动项目,促进社会文体教育和福利事业的发展,并以此带动经济发展(赞助希望工程、资助贫困女童)。

(3)提高环境效益。随着社会的进步,21世纪生态环境的问题日益受到重视。组织若要在公众心中塑造良好形象就必须自觉保护生态环境,主动想办法治理环境污染、美化社区,搞好组织同社区的关系,从而使得环境得到改善。

11.3.2 企业基本公共关系

企业作为最活跃的社会组织,其基本公共关系包括企业内部公共关系和企业外部公共关系两种。

1. 企业内部公共关系

企业内部公共关系是指企业与员工、领导者、企业各部门以及股东之间的关系。内部关系是否融洽、团结、目标一致,决定着企业能否充满生机,能否具有竞争优势和发展潜力。建立良好的内部公共关系,是企业开展各类对外公共关系活动的基础和前提。

(1)员工关系。它是指企业内部的人际关系。员工关系是企业内部公共关系中最基本、最重要的关系。员工关系的重要作用体现于:它决定着企业各项目标的实现,体现企业的素质和形象,决定着企业的管理效能。

创造和谐的员工关系,必须要做到:①满足员工物质和精神需求;②实行民主管理,调动员工积极性;③加强信息沟通,减少矛盾与摩擦;④培育企业文化,增强企业凝聚力。

(2)领导层内部的关系。即企业经营管理者之间的人际关系。现代企业的领导者通常是由具有一定的层次结构组成的集体,又称之为领导层。其内部关系如何对企业各方面的影响重大。

要形成良好的领导层内部的关系,应做到明确职责范围,分工又合作;互相尊重、互相信任;沟通情况,增进理解。

(3)部门关系。企业内部各部门是联系企业与员工的中介,又是企业运营的关键环节。加强部门之间的关系协调,关键在于信息的沟通。可以采取职工大会、文件传达与情况通报、个别谈话、内部刊物、座谈会、茶话会、建议制度等诸多形式实现充分的信息交流,以达到相互理解、信任与合作的目的。

(4)股东关系。股东是按一定比例出资,享有股东会表决权和利润分配权,并在工商部门备案登记的投资者,是企业的所有者。股东关系是现代公司制企业内部关系的一种形式。这种关系处理得当与否,对企业的发展有直接的影响和制约作用。只有尊重股东权益,让股东充分了解企业的客观经营情况,才能增进股东的信任与支持;开展良好的股东关系活动,通过各种形式保持企业和股东密切的信息沟通和情感联系,使股东关心和支持企业发展。

2. 企业外部公共关系

它是指企业与社会公众,主要是与消费者之间的关系。主要包括以下方面。

(1)顾客关系。它是企业外部公共关系中最重要的关系。这是由企业的经营性质所决定的。企业与顾客不仅仅是商品交换上的经济利益关系,同时还广泛存在信息交流、情感沟通等多方面的社会关系。换而言之,良好的顾客关系是建立和维系稳定的经济利益关系的基础。

与顾客保持良好关系的方法主要有:维护消费者的权益,为顾客提供满意的商品,为顾客提供优质的服务,重视与顾客的信息交流,正确处理顾客意见等。

(2)商贸关系。它是指企业与各类生产、流通企业之间的协作关系,包括供应商关系和经销商关系。处理这方面关系的原则是:互惠互利、加强协作。通过建立信息交流制度,实现信息共享;密切人际交往关系,增加信任与了解。

(3)社区关系。它是指企业与所在地居民及其他社会组织的关系。社区是指人们共同生活、工作的一定区域,如城市、区、街道、乡镇、村庄等。社区对企业而言,既是企业的生存空间,又是企业的服务对象,因而具有公共关系上的重要性。

协调社区关系的主要方法有:增进相互了解,调和矛盾;维护社区环境;支持社区公益活动,为社区提供服务;促进社区繁荣。

(4)政府部门关系。它是指企业与政府主管部门及工商、税收、财政、物价、环保、卫生、审计等部门的关系。企业照章纳税,守法经营,并加强与政府各部门的信息沟通,争取政府各部门的支持,是企业处理好与政府关系的基本要求。

(5)新闻媒介关系。它是指企业与新闻传播机构、新闻界人士的关系。其特征为:一是非经济性。即除商业广告外,企业与新闻界的关系是非经济导向的。换而言之,企业不能用经济利益关系去处理与新闻媒介的关系。二是舆论导向性。这使得企业极其重视新闻媒体在提高企业知名度、树立企业形象等方面的作用。

与新闻界协调关系的主要方法有:熟悉新闻媒介;掌握处理新闻媒介关系的原则,做到以礼相待、以诚相待、平等相待和迅速及时;正视批评报道;保持长期联系。

(6)社会名流关系。它是指企业与那些对公众舆论和社会生活有较大影响力的人物之间的关系。与社会名流建立良好的公共关系,有助于企业扩大社会交往范围,提高企业知名度;有助于利用其专长提高企业经营管理水平;有助于企业扩大市场影响力。

(7)金融关系。它是指企业在生产经营过程中与银行以及非银行金融机构之间产生的关系。企业生产和经营的持续性很大程度上依赖于金融机构的融资支持。

与金融机构协调关系的主要方法有:搞好企业生产经营活动,熟悉银行业务,讲究信用,及时通报企业的经营管理和财务情况,聘请银行有关专家当顾问,组织参观企业。

11.4 公共关系工作的基本程序

为了使公共关系活动顺利地开展,必须对公共关系工作进行全面策划,制订一套完整的实施方案,保证公共关系工作遵循一定的程序有条不紊地进行,其基本程序可分为公共关系调查、公共关系策划、公共关系实施和公共关系评估四个步骤,我们通常称之为公共关系的“四步工作法”。

在公关工作的四步循环程序中,公关调查是起点,是基础;公关策划是关键,是公关实施的指南和效果评估的标准,离开了公关策划,公关工作就会漫无目标,不得要领,难以协调统一,成效甚微;公关实施是核心,是执行公关策划,取得公关成效的具体行动,离开了公关实施,再好的策划也只是纸上谈兵;效果评估是重要的反馈环节,也是下一轮公关活动的起点。

11.4.1 公共关系调查

公共关系调查是运用科学的方法,有计划、有步骤地搜集相关信息,综合分析相关的因素及其相互关系,以考察企业的公共关系状态,了解企业面临的公共关系方面的实际问题,从而为企业的形象设计、公共关系活动的策划提供依据。

1. 企业形象调查

企业形象是指社会公众心目中对一个企业机构的全部看法和总体评价,亦即一个企业的实际表现在公众中的投影。对于企业而言,良好的社会形象是最重要的无形资产。拥有它,就会得道多助,兴旺发达。

企业形象调查包括企业内部形象调查与企业外部形象调查。企业内部形象调查调研对象主要是:企业领导层、中级干部层与操作员工层三级代表。其调研课题着重包括:经营方针、经营政策、决策能力、计划能力、预算能力、信息通畅度、办公环境、生活环境、生产状况、技术优势、协同能力、财务状况、薪资福利、发展前景、员工关系等,并应认真听取、详细记录员工的意见和建议;企业外部形象调查调研对象主要是:各外部公众一定数量的设定代表。其调研课题着重包括:品牌影响力、产品质量、包装形象、供货速度、服务态度、售后服务、信誉度、价格等,并应认真听取、详细记录外部公众的意见和建议。

2. 企业所处的社会环境调查

社会环境是指与企业有关的各类公众和各种社会条件的总和,它影响着企业的生存和发展。社会环境主要包括企业的政治环境、经济环境、法律环境、人文环境、技术环境、公众环境等。进行社会环境调查的目的是找出影响企业发展的主要因素,预测其变化规律,为企业的发展决策提供依据。

11.4.2 公共关系策划

公共关系调查使企业获得了客观的社会形象地位,但从企业的发展来讲,企业应在社会公众中不断完善自身的形象和进一步提高自己的形象地位。这就需要根据公共关系存在的主要问题确定公共关系活动目标,制订公共关系活动方案,寻求解决问题的方法和途径,也就是需要开展公共关系策划工作。

策划一般可以理解为"出谋划策",而公共关系策划就是指公关人员根据企业形象的现状和目标要求,分析现有条件,设计最佳活动方案的过程。公共关系策划包括六个工作步骤:确定公关目标、确定公众、设计主题、选择媒介、编制预算、审定方案。

1. 确定公关目标

公共关系目标是公共关系行为期望达到的成果。它是公共关系活动的方向,也是公共关系活动成功与否的衡量标准。

2. 确定公众

公共关系是以不同的方式针对不同的公众展开的,而不是像广告那样主要通过大众传媒那样把各种信息传播给大众。要使活动能有效实施,需要确定目标公众。

目标公众的确定,有利于选定具体公关方案的实施;有利于确定工作的重点、科学地分配力量;有利于更好地选择传播媒介和传播技巧等。

目标公众确定之后,公关人员还应对目标公众进行详细的了解和深入的研究,主要是分析目标公众的权利和要求。一般说来,不同的公众有不同的权利要求,了解目标的权利和要求,并将其与本企业的目标和利益加以权衡、比较,以便确定公关计划的基本要求。

3. 设计主题

公共关系活动主题是对公共关系活动内容的高度概括,提纲挈领,对整个公共关系活动起着指导作用。任何一个成功的公共关系活动都是由一系列活动项目组成的系统工程。为避免活动项目过多给人杂乱无章的印象,需要设计出一个统一、鲜明的主题,以统领整个活动、连接各活动项目。

主题的表现方式有多种多样,它可以是一个口号,也可以是一句陈述或一个表白。主题设计得是否精彩恰当,对公关活动的成效影响很大。要设计出一个好的主题,必须满足四个要求:

(1)必须与公关目标相一致,并能充分表现目标;

(2)适应公众心理的需要,既要富有激情,又要使人感到亲切;

(3)独特新颖,富有个性,突出活动的特色,使人留下深刻的长久印象;

(4)表述应简短凝练,易于记忆和传播,如2012年奥运会申办城市的申奥口号。

巴黎申奥口号:"倾情奥运"。

纽约申奥口号:"让梦想开始"。

莫斯科申奥口号:"在一个城市举办所有奥运会比赛"。

马德里申奥口号:"为你准备好一切"。

伦敦申奥口号:"运动员友好相处"。

4. 选择媒介

不同的传播媒介都有自身的特性,既各有所长、又各有所短,只有选择合适媒介,才能取得良好的传播效果。在选择传播媒介时,应注意以下几个方面:

(1)要与公关目标相结合。各种传播媒介都有其特定的功能及优势,适合为公共关系的各种类型目标服务。选择传播媒介时应首先考虑组织的公关目标和要求。

(2)要与传播内容相结合。不同的传播信息内容有着不同的特点,而不同传播形式也有着各自特点和适用范围,在选择时应将所传播的信息内容的特点和传播媒介的优缺点结合起来综合考虑。

(3)要与传播对象相结合。不同的公众对不同的传播方式和传播媒介的接受机会和感受是不同的,组织应根据目标公众的年龄结构、职业性质、生活方式、教育程度、接受信息的习惯等选择合适的传播方式来传播信息。

(4)要与经费预算相结合。由于公共关系活动的经费是有限的,组织应根据自己的具体经济条件选择传播沟通媒介,尽可能用有限的经费和资源创造最大的效益。

5. 编制预算

任何一项公关活动都需要花费一定的人力、物力和财力,通过编制预算,使公关人员预先了解活动的投入成本,做到心中有数并能在事前进行统筹兼顾的全面安排,保证公关工作正常开展,便于监督管理,堵塞漏洞。公关预算主要包括经费预算、人力预算和时间预算三个方面。

6. 审定方案

审定方案是公共关系策划的最后一项工作。公关人员根据组织的现状,提出各种不同的活动方案,每一个方案都是策划者智慧的结晶,但这些方案未必都适宜,也未必能同时采用。因此对这些方案进行优化和论证才能选定最终方案。审定方案工作可分为两个步骤。

第一步,优化方案。就是尽可能地将公关方案完善化、合理化,提高方案合理值,强化方案的可行性,降低活动耗费。通常可采用重点法、转变法、反向增益法、优点综合法等方法进行方案优化。

第二步,方案论证。一般由有关高层领导、专家和实际工作者对方案提出问题,由策划人员进行答辩论证。论证方案应满足系统性、权变性、效益性和可操作性要求。

11.4.3 公共关系实施

正确地制定具有创意的公共关系计划方案固然重要,但更重要的是将公共关系计划付诸实施,才可能真正产生效用。公共关系实施是在公共关系计划方案确定后,将方案所确定的内容变为现实的过程,它是整个公共关系工作的中心环节。

企业在公共关系实施的过程中要坚持准本充分原则、目标导向原则、控制进度原则、整体协调原则和反馈调整原则,除此,要提高策划方案实施的成功率在实施过程中还要做好以下工作。

1. 有效地排除实施中的障碍

虽然公共关系计划经过认真论证,但在实施过程中也难免遇到这样那样的障碍,这些障碍有内部的也有外部的,有主观造成的也有客观造成的。正视种种障碍并采取有效的措施予以排除,才能保证计划的有效实施。影响公共关系实施的障碍主要有以下几方面:一是主体障碍。这类障碍主要是产生于实施主体自身,包括企业的人员素质、管理水平、计划与论证存在问题与失误等,从而造成公关目标障碍、公关创意障碍、公关预算障碍等。这些障碍将会直接影响到实施的效果和目标的实现。二是沟通障碍。公关方案的实施目的在于实现企业和公众之间的双向沟通。但在沟通过程中有不少障碍因素,比如,语言障碍、习俗障碍、观念障碍等。这些障碍都会影响信息传播的真实性,使企业无法顺利实现与目标公众的沟通。三是环境障碍。公共关系实施环境障碍是来自于实施环境的各种制约因素、对抗因素和干扰因素。这些因素会从正面(促进)和反面(制约)影响着实施工作的开展。

2. 及时妥善处理实施过程中的突发事件

对公关方案的实施干扰最大的莫过于重大的突发事件。如果企业不能及时妥善地处理,不但使整个方案无法实施,甚至会给企业带来巨大的危机。产生突发事件的原因有多种,但不论何种原因导致的突发事件,最关键的做法是应当保持头脑冷静,防止感情用事,认真剖析原因,正确选择对策,以使对企业形象损失降到最低。

3. 正确选择方案实施时机

正确选择时机是提高公关方案成功率的必要条件。如果在方案实施过程中,对于时机进行精心选择与安排,整个公关方案将会借助于恰当的时机而收到良好的效果。

(1)要避开或者利用重大节日。凡是同重大节日没有任何联系的活动都应避开节日,以免被节日活动冲淡。凡是同重大节日有直接或者间接联系的公关活动方案则可考虑利用节日烘托气氛,扩大公关活动影响。

(2)要注意避开或者利用国内外重大事件。凡是需要广为宣传的公关活动都应避开国内外重大事件,以免被重大事件所冲淡。凡是需要为大众所知,又希望减小震动的活动则可选择重大事件发生之时。

(3)避免同一天或同一段时间里同时开展两项重大的公共关系活动,以免其活动效果相互抵消。

11.4.4 公共关系评估

它是整个公共关系策划过程的最后一个步骤,又是新一轮公共关系工作的起点。评估过程有以下三个环节: